戦後司法制度の経済学的分析

「小さな司法」とそれからの転換

木下富夫

日本経済評論社

はしがき

　本書は経済学的視点から，戦後司法制度の分析を試みたものである。大まかな構成は，第1章は序論，第2章～第7章が戦後司法制度の実証分析あるいは制度史分析であり，第8章～第10章は，平成の司法制度改革による新しい制度（弁護士費用の敗訴者負担法案，裁判員制度，法科大学院制度）に関する分析である。また，第2，第7，第8の三つの章は教量的な分析であるが，それ以外の章は制度的あるいは歴史的な分析である。

　平成の司法制度改革の胎動が始まるのは周知のように1980年代の後半のことであるが（第1章の表1-2を参照），それからの20年間にわが国の司法制度改革は急ピッチで進められた。因みに，法曹基本問題懇談会（法務省）が設置されたのは1987年で，1990年には司法試験合格者数を700人に増加することが法曹三者間で合意された。また1999年には司法制度改革審議会が設置され，2001年の最終意見書では3,000人／年の司法試験合格者数が提言され，それが2002年に閣議で了承された。一方，制度面でも大改革が行われ，裁判員制度と法科大学院制度などが導入された。

　著者が司法制度の経済学的分析に取り組むことになったきっかけは，平成司法制度改革の潮流に刺激されたことと，もう一つは M. ラムザイヤー（Ramseyer 1986）と S. ローゼン（Rosen 1992）の二つの論文に出会ったことである。どちらも弁護士市場に関するものであるが，これら二つの論文からヒントを得て木下（1997），Kinoshita（2000）を作成し，それが本書の第2章の元になった。その後，著者の興味は司法書士制度，裁判所の内部組織，裁判官の独立性，米国の連邦裁判所組織との比較分析等へと派生的に広がっていった。

　法律と経済学との両分野にわたる学際的業績は古くは J. ベンサム（Bentham, 1748～1832）にまで遡るが，1960年代以降はミクロ経済学などを

基本ツールとした法と経済学（law and economics）と呼ばれる分野が生まれ，R. コース（Coase 1960），G. カラブレイジ（Calabresi 1970），そしてわが国では浜田（1977）らによって発展させられてきた。そして，本書もジャンル分けをすると法と経済学に属するといえる。ただし，本書が扱っているテーマは，わが国では法社会学者の研究が活発に行われており，著者は川島（1967），潮見（1982），六本（1986）らの先行研究から多くの示唆を受けている。

以下，各章の簡単な紹介を行いたい。第2章が取り上げたテーマは"わが国の弁護士市場が小さいのは，供給規制によるものか，あるいはそもそも弁護士需要が小さいからであるのか"という疑問に答えようとしたものである。経済学の教科書には，供給規制があると競争的水準よりも価格が上昇し，供給者が独占的利益（準地代）を獲得するという周知の命題がある。わが国の弁護士市場もこの命題が適用されるのではないか，と考えたわけである。結論は，確かに供給規制があり，なるほどサーヴィス価格は競争的水準より高くなっているが，弁護士は独占的利益を受け取っていないというものである。

第3章は司法書士制度に関するものである。弁護士市場を調べてみると，それと代替的な職種である司法書士制度を避けて通れないことに気がついた。そしてその歴史を調べると，それは明治初期から一貫して，政府による法律家規制の歴史そのものであることが分かった。戦前の帝国憲法下，そして戦後の日本国憲法下のいずれにおいても，政府は司法書士による法律サーヴィスの提供を厳しく規制してきたのである。戦前はともかく，戦後も厳しい規制が続いたのは一見すると奇妙に見える。なぜなら日本国憲法は基本的人権の尊重を基本理念の一つに掲げているが，それを実現するには法律家サーヴィスは潤沢に供給されなければならないからである。このような疑問をもとに書いたのが第3章である。

第4章は簡易裁判所に関するものである。簡易裁判所と司法書士は密接な関係にあり，両者はいわば補完的な立場にあるといえる。国民のニーズから考えれば，簡易裁判所の規模は極力抑えられてきた（簡易裁判所サーヴィスの供給規制）といえるが，それは何ゆえだったのであろうか。例えば，一般庶民がも

っとも必要としている少額訴訟制度は，その規模や体制がきわめて不十分であった。そしてそれが整えられ始めたのは，ようやく1990年代の司法制度改革を通じてなのである。

　第5章は，経済学の内部労働市場分析の手法を用いて裁判所の組織を調べ，そしてそれが裁判官の独立性（政治権力の強さ）にどのような影響を与えているかを分析したものである。そもそもわが国の裁判官はどれくらいの独立性が与えられているのであろうか。戦後史を概観すると，砂川事件と東京地裁伊達判決（1959），長沼ナイキ事件と札幌地裁福島判決（1973），そしてこれに関連しておきた平賀書簡問題（1969），宮本判事補不再任問題（1971），これらはいずれも裁判官の独立性に関連した問題であったといえる。

　第6章は，米国の連邦裁判所と日本の裁判所における裁判官選任制度と裁判所組織の比較を行ったものである。なぜ米国の連邦裁判官はわが国より強い政治権力（独立性）を与えられているのであろうか。これはそもそも両国の三権分立のフレイムワークが異なるからともいえるが，これに答えるには歴史的視点からの分析も不可欠であろう。

　第7章は，経済学のコスト・ベネフィット分析を，わが国の地方裁判所の民事部門に応用したものであり，裁判所の規模を拡大することにより，国民が受ける経済的利益がどれくらい増加するかを計測したものである。ここでは，裁判所サーヴィスの需給構造を簡単な計量モデルで表したが，計量モデルのフィットはきわめて良好であり，裁判所サーヴィスの計量経済モデルによる分析はきわめて有効であると思われる。

　最後の三つの章（8，9，10章）は，司法制度改革に関連したテーマを取り上げたものである。第8章は，2004年に国会に上程されたが廃案になった"弁護士費用の敗訴者負担法案"に関する分析である。ここでは期待効用モデルを用いて敗訴者負担ルール（英国ルールとも呼ばれる）を分析した。このルールはヨーロッパでは広く採用されているが，米国と日本では採用されていない。そして，一般に，敗訴者負担ルールは勝訴確率の低い原告の提訴を抑制する効果があること，同時に資産規模の小さい（あるいは低所得層の）原告には不利

なルールであるといえる。今般は，敗訴者負担ルールの導入は不成立に終わったが，将来この問題が改めて議論される時が必ず来ると思われる。

第9章は，裁判員制度の導入と国民の司法参加をテーマにしたものである。わが国ではすでに大正期に陪審制が導入された貴重な経験をもっている。三谷(1995a p.34)が述べるように，戦後の民主主義政治が再生するとき，その依るべきものは大正デモクラシー以外になかったとすれば，陪審制が復活すること（裁判員制度の設立）は必然であったとも言える。それ故，裁判員制度を導入したわが国の政治体制は，新しい段階に入ったといえるのかもしれない。

第10章は，法曹養成と法科大学院制度を労働経済学の視点から考えたものである。司法制度改革審議会の掲げた法科大学院の理念は真に崇高なものであった。しかし実現した法科大学院制度は，司法試験合確率が30％程度に低迷することにより，司法改革審議会意見書の理念とは大きくずれたものになってしまった。制度設計にどのような問題があったのか，何ゆえ，このようなことになったのかを考えたものである。

さて著者のような浅学の身にとって，ささやかではあるが研究成果を上梓する機会を得られたことはこの上ない喜びである。そしてこれが可能になったのは，偏にこれまでご指導頂いた諸先生の賜物である。大学院でご指導頂いた木村健康，内田忠夫，大石泰彦，宇沢弘文，村上泰亮の諸先生，そして卒業後も今日までご指導を頂いてきた根岸隆，浜田宏一の両先生には心から感謝申し上げる次第である。また，佐野陽子先生からは労働経済学の手ほどき，共同研究，出版などで色々ご指導をいただいた。先生のご指導なくして本書は実現しなかった。また人的資本研究会の小池和男先生からは拙論へのご批判とコメントを頂いた。とくに第5，6章での分析は小池先生の内部組織論に多くを負っている。そして色々な研究会，コンファランスや勉強会などでお世話になった猪木武徳，宇田川璋仁，大橋勇雄，ハロルド・ソロモン，蔵本嘉久，佐々木彈，常木淳，向山巌，星野誉夫，横倉尚，今井勝人の諸先生にも心から感謝申し上げたい。また，日本司法書士連合会の浅田和雄氏からは貴重な資料の提供をいただいた。同氏のご厚意に心からお礼申しあげる。

著者は2004年秋から1年間，ハーヴァード大学ロースクール（EALS：East Asian Legal Studies）に訪問研究員として滞在する機会を与えられた。受け入れを快諾して下さったラムザイヤー教授には心から感謝申し上げる次第である。同教授からは第6章について多くの有益なコメントをも頂いた。またEALSではAlford, W. 所長，中里実教授，Cecere, L. 研究員，Melissa Smith, Juliet Bowler, Honshuku Mariko の諸氏からもご指導とご厚誼を頂いたことに感謝申し上げたい。

　司法制度は巨大な建造物のようなものであると言われるが，本書はそのごく一部分を描写，分析したものにすぎない。遣り残したものは多いがその一つに，法テラスと法律扶助制度がある。法の支配と法の下の平等が社会の隅々にまで行き渡るには，わが国の法律扶助予算はまだ少なすぎる。プルードンの批判（法律は強い者には蜘蛛の糸だが，弱い者には鉄の鎖である）が成り立たないような社会になってこそ，司法制度改革が成就されたと言えるのではないだろうか。

目　　次

はしがき　i

第1章　小さな司法 … 1

 1-1　序：「小さな司法」　2
 1-2　白木屋事件（1958）：「小さな司法」を象徴する事件　3
 1-3　「小さな司法」を表す統計指標　4
 1-4　三権分立制度と司法権　11
 1-5　公共哲学と政治権力構造が司法権に与える影響　16
 1-6　戦後司法制度史の概観　21
 1-7　要約：資本の論理が要請した平成司法改革　29

第2章　弁護士市場の規制とその帰結 … 35

 2-1　序　36
 2-2　弁護士市場を規制する二つの政策手段　36
 2-3　弁護士市場の計量モデル　40
 2-4　モデルの推計　43
 2-5　弁護士の人的投資収益率　49
 2-6　弁護士サーヴィスの独占的価格水準　55
 2-7　要約　57

第3章　司法書士制度の史的展開 … 61

 3-1　序　62
 3-2　司法書士制度の沿革　63
 3-3　「司法書士実態調査（平成2年12月実施）」　73

3-4　「新人研修受講者アンケート調査（平成16年）」　78
　　3-5　要約　80

第4章　簡易裁判所の理念とその社会的役割⋯⋯⋯⋯⋯⋯⋯⋯⋯⋯85
　　4-1　序　86
　　4-2　簡易裁判所の理念とその抱える諸問題　87
　　4-3　簡易裁判所の利用状況　90
　　4-4　簡易裁判所の制度改革　97
　　4-5　簡易裁判所の裁判官養成　99
　　4-6　簡易裁判所の制度上と組織上の問題　103
　　4-7　要約　105

第5章　裁判所の内部組織と裁判官の独立性をめぐって⋯⋯⋯⋯109
　　5-1　序　110
　　5-2　裁判所の内部組織分析　111
　　5-3　裁判所の特急組：行政キャリア　125
　　5-4　官僚制的裁判所組織と司法の独立　131
　　5-5　要約　136

第6章　裁判官選任制度と裁判所組織の日米比較⋯⋯⋯⋯⋯⋯⋯141
　　6-1　序　142
　　6-2　司法権の説明可能性（accountability）と
　　　　　独立性（independence）　143
　　6-3　実証分析　146
　　6-4　「集権的組織」対「分権的組織」の視点からの
　　　　　日米比較　165
　　6-5　要約　167

目　　次　ix

第7章　司法規模拡大のコスト・ベネフィット分析……………171

　　　7-1　序　172
　　　7-2　裁判所の組織　174
　　　7-3　地方裁判所民事部の計量モデル　176
　　　7-4　推計　181
　　　7-5　コスト（費用）とベネフィット（便益）の計算　189
　　　7-6　要約　192

第8章　弁護士費用敗訴者負担法案（2004年）の経済学的分析…197

　　　8-1　序　198
　　　8-2　基本モデル　200
　　　8-3　日本ルールへの転換は裁判へのアクセスを
　　　　　　抑制する蓋然性が高い　203
　　　8-4　日本ルールへの転換は弁護士費用支出を
　　　　　　増加させる蓋然性が高い　208
　　　8-5　原告の裁判の貨幣等価額（MVT）と
　　　　　　被告の損失貨幣等価額（MVL）　210
　　　8-6　米国ルールから日本ルールへの転換は
　　　　　　和解率を高める　214
　　　8-7　弁護士費用支出に対する資産効果　220
　　　8-8　要約　226

第9章　裁判員制度の導入と国民の司法参加……………………231

　　　9-1　序　232
　　　9-2　英国における陪審制度の歴史　233
　　　9-3　米国における陪審制とトクヴィルの分析　240
　　　9-4　ヨーロッパ大陸諸国における陪審制　244

9-5 陪審法（大正12年）と裁判員法（平成16年）の
導入過程の比較　247

9-6 大正陪審法（大正12年）と裁判員法（平成16年）の
構造比較　253

9-7 要約　261

第10章　法科大学院の設立と法曹養成制度：　265
人的資本理論の観点から

10-1 序　266

10-2 法科大学院制度の概要と新・旧司法試験制度の
比較　267

10-3 法科大学院進学を決断する司法試験合格率：
モデル分析　273

10-4 新司法試験における合格率の実証分析　276

10-5 選抜の時期をいつにするべきか：
労働経済学の視点から　280

10-6 法務省の司法試験行政をめぐる問題　283

10-7 文部科学省の法科大学院行政をめぐる問題　288

10-8 要約　291

参考文献　297
初出一覧　313

第1章　小さな司法

「司法権ハ天皇ノ名ニ於テ法律ニ依リ裁判所之ヲ行フ」
（大日本帝国憲法57条）

「すべて裁判官は，その良心に従ひ独立してその職権を行ひ，この憲法及び法律にのみ拘束される」。　　　　　　　　　（日本国憲法76条③）

---- 本章の主な内容 ----
(1) 第二次大戦後，法律家（裁判官，検察官，弁護士）の数は厳しく制限されてきたが，それは「小さな司法」と呼ぶべきものであった。
(2) 裁判官数の少なさは裁判審理期間の長期化となって現れ，また弁護士数の少なさは本人訴訟率の高さとなって現れている。
(3) 司法権は違憲立法審査権の行使に対して消極的であり，これは司法消極主義とも呼ばれている。
(4) 平成の司法改革によって法科大学院が設立されて，法律家の数は飛躍的に増加することになった。この改革のもっとも強い推進力となったのは財界や企業であり，この意味で資本の論理が歴史を動かしたといえる。

1-1　序:「小さな司法」

　小さな政府,大きな政府の比喩を用いるなら,わが国の司法は「小さな司法」ということができる。ここで小さな司法とは,司法制度の規模が小さいこと,すなわち裁判所組織の規模が小さく,かつ法律家(裁判官,検察官や弁護士)の数が少ないことである。明治期から,そして第二次大戦後もわが国の政府は法律家の数を厳しく制限してきた。なるほど明治憲法下の絶対王政的な体制では行政府が強い力をもち,民権活動などを行う弁護士の活動やその数が抑えられてきたことはよく知られている。しかし,戦後の日本国憲法下でも弁護士の数は厳しく制限されてきたのである。日本国憲法第11条は,基本的人権の保障を高らかに謳っているが,弁護士数の制限はこれと大きく矛盾するものであろう。この原因は奈辺にあったのであろうか[1]。

　「小さな司法」政策は平成13(2001)年の司法制度改革審議会を契機に大転換を遂げることになる。法科大学院(ロースクール)が創設され,毎年の司法試験合格者数の目標が3,000人と設定された。また平成14年から,司法書士が簡易裁判所の法律事務サーヴィスを取り扱えるようになった。それではなぜこの時期に司法規模拡大への大転換が断行されたのであろうか。本章の結論は,「資本の論理」こそがこの大転換の中心的な推進力であったというものである。すなわち,経済のグローバリゼーションと規制緩和の進展とともに,経済界が司法規模の拡大を要請し,これに自民党政府が応えたというものである。

　ところで20世紀に入ると世界的な傾向として,三権のなかで行政府がより優越的な位置を占めるようになり,各国は「立法国家」から「行政国家」に転換していったといわれる。そもそも市民革命後の欧米諸国では立法府(議会)が政府の中枢であり,国権の最高機関であった。しかし,19世紀後半から各国において政府の行政機能が拡大するとともに,国家権力の中心が立法府から行政府に移行していったからである。翻ってわが国の場合,明治憲法下では絶対王政的な行政国家であった。そして第二次大戦後も,行政府権力の強い新しいス

タイルの行政国家になったと考えられる。それゆえに，明治期から今日にいたるまで，わが国では行政府が司法府に対して優越的な地位を保持し続けてきたと言える[2]。

　本章の構成は以下のようになっている。第2節では，わが国の小さな司法を象徴する白木屋事件（1958）を紹介し，第3節では，統計指標を用いて小さな司法の実態を見分する。第4節では，三権分立制度のスタイルが各国それぞれの歴史と深く関わること，そしてそれと関連してわが国の司法消極主義を考える。第5節では，公共哲学と政治権力構造の歴史的変化が司法に与えた影響を見る。また第6節では，戦後の司法制度史を概観し，平成司法改革の最大の推進力は経済界であったこと，言いかえれば資本の論理であったことを見る。

1-2　白木屋事件（1958）：「小さな司法」を象徴する事件

　白木屋事件はある実業家が，債権取立ての依頼を受けた暴力団から襲撃された事件であるが，これは小さな司法が機能不全に陥っていたことを象徴するものである。

　白木屋事件の主人公は小説のモデルにもなった実業家の横井秀樹氏である。同氏は蜂須賀元侯爵夫人から2千万円の借金の返済を迫られていた。そして最高裁でも敗訴が確定したが，彼は返済を行わなかった。おまけに彼の財産は全部，他人名義になっていた。業を煮やした貸し手は，その取立てを暴力団に依頼したといわれる。そして，同氏は銃撃されて瀕死の重症を負ったのであった。

　白木屋事件の背景について三ヶ月（1958，1960）は次のように述べている。

　　「白木屋事件なるもので勇名（？）を馳せた戦後派の実業家がピストルで撃たれるという事件は，この人物が大金を借りていながら，自分名義の財産は殆ど作らず，債権者がわいわい言ってもらちが明かなかったこと，債権者の方でも手を焼いて債権取立てを一つの仕事とする暴力団的存在を利用しようとしたことが一つの核心であるように報道されている」（ジュリスト158号，昭和33年）。

「債権の取立ては経済の論理に従う面があり，道徳的な説教だけでその動きを支配できるものではない。"訴訟を起こしなさい，強制執行で取り上げなさい，それが法の認めているところだから"と説くことはたやすい。しかしその説教通りにして，結局もみにもみ，長い時日と費用を費やして得たものと，（暴力団に）50％の分け前を吐き出してもすぐとった場合とを"経済人"が冷ややかに比べてみて，前の方法が割が悪いと考えるときは，もうこの説教は迫力を失ってしまうのである。」（ジュリスト197号，昭和35年）

三ヶ月が解説するように，白木屋事件は小さな司法の機能不全を如実に物語っている。裁判と判決結果の執行に長時日を要したこと，そしてそれゆえに暴力団による取立てが広く行われていたことを窺わせる事件である。

1-3 「小さな司法」を表す統計指標

「小さな司法」を示す統計として，(1)裁判の審理期間の長期化，(2)本人訴訟率の高さ，があげられる。そしてこれらの原因は(3)裁判官数の少なさと，(4)弁護士人口の少なさである。また，少ない裁判官数は(5)裁判官一人当りの処理件数の多さ（裁判官の過重負担）となって現れている。

1-3-1 平均審理期間と本人訴訟率

(1) 平均審理期間の推移

「古来公事三年」といわれ，わが国の訴訟は時間がかかるものではあった。そして時間がかかり過ぎると裁判は割にあわなくなり，政治家に解決を頼んだり，あるいは自力救済を企てて暴力団に依頼するようになる。しかし，これでは裁判制度への信頼が損なわれてしまうことになる。

図1-1は地裁民事事件の平均審理期間を推計したものである。平均が15～20ヵ月であるから，複雑な裁判になると2年を超えることも少なくないと

図 1-1　平均審理期間（地裁，民事通常訴訟）

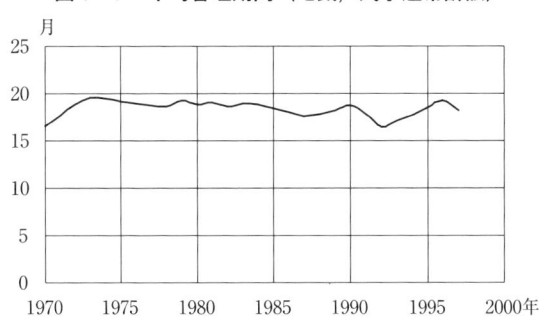

注：推計は訴額をウエイトにした加重平均による。詳細は第2章を参照。
出所：『司法統計年報』。

推測される。このような事態が長期間にわたって続いてきたわけである。

1970〜75年は，審理期間がやや長くなった時期であるが，このとき総新受件数を見るとそれはさほど増えてはいない。したがって，その原因は供給サイドである裁判所側にあったと推測される。すなわち70年代は，宮本判事補の不再任，司法修習生の任官拒否など青年法律家協会の問題をめぐってわが国の司法が危機的な状況にあった時期であり，これが一因だったとも考えられる。また1995年頃も審理期間が長くなっている。この時はバブル経済崩壊の影響で総新受件数が増えたことが考えられる。いずれにしても，平均審理期間が20ヵ月に近い時期が長く続いたのである[3]。

(2) **本人訴訟率の推移**

本人訴訟とは，原告と被告の双方に弁護士がつかない訴訟である。裁判手続きは複雑であり，法廷でのやり取りは高度の法律知識や法廷技術を要するから，当事者にとって本人訴訟というのはきわめて不便なものであろう。同時に，それは裁判官にとっても円滑な裁判がやりにくく，制度的に不効率なものであろう。地裁における本人訴訟率をみると（図1-2）趨勢的にやや低下してきているものの，20％程度である。次に「弁護士なし訴訟の割合」とは，両当事者の片方に弁護士がつかなかった場合を考慮した数値である。これによれば，全

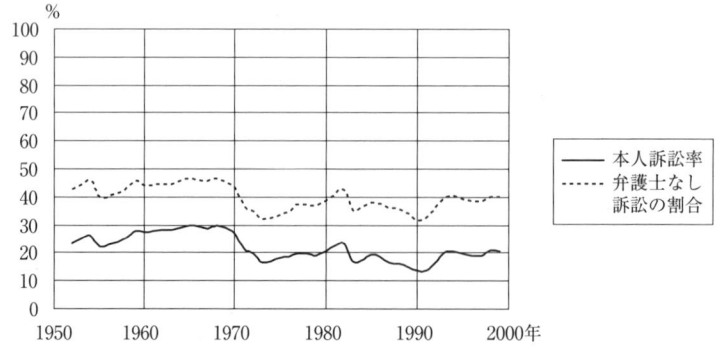

図1-2　本人訴訟率と弁護士なし訴訟の割合

注：地裁民事第1審で，本人訴訟率とは双方に弁護士のつかない事件の割合。また，弁護士なし訴訟の割合は以下の算式で求めた：|原・被告のどちらかに弁護士のつかない事件の割合|／2＋|本人訴訟の割合|。
出所：林屋・菅原（2001）pp.9, 10, 217。

体の40％は弁護士がつかずに裁判が行われていることになる。

　わが国が範としたドイツの民事訴訟法は弁護士強制主義をとっているが，わが国では弁護士強制主義をとれなかった。その理由は何よりも弁護士数が少なかったからである。明治23年の立法過程ではドイツにならって強制主義をとろうとしたものの実現できず，爾来，弁護士数の不足は今日まで続いており，本人訴訟制度も維持されてきたのである[4]。

1-3-2　法曹人口

(1) 裁判官の総定員数

　図1-3は裁判官の定員数を見たものであるが，平成21（2009）年現在，総定員数は3,543名（うち簡裁判事806名）である。これは昭和22（1947）年の1,732名，昭和30（1955）年の2,327名に比べて増員されてはいるが，経済規模の拡大を考慮に入れるときわめて低い伸び率である。裁判官の定員数が増加に転じるのは1990年頃からであるが，これは司法制度改革の動きを反映したものである。

　やや長期的に総人口と比較しながらみると，明治23年の（3,990万人，1,531

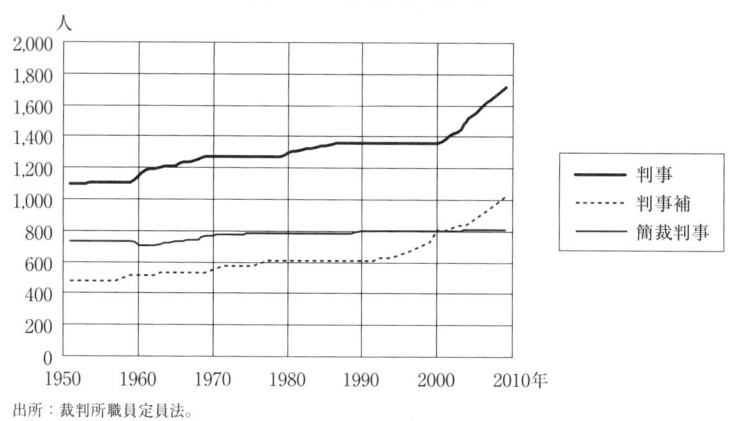

図 1 - 3　裁判官の定員数

出所：裁判所職員定員法。

人）に対して、平成 3 年では（1 億2,404万人，2,828人）であり、人口は 3 倍になっているのに対して、裁判官定員数は1.8倍になったにすぎない。これから司法規模を抑制しようとする政策は、明治期以降に一貫していたものであることが分かる。

次に図 1 - 4 は法曹人口の新規増加数（判事補と検察官の任官者数，弁護士資格の新規獲得者数）を見たものである。判事補については、毎年80人前後が任官しているが、この数値は1990年まで変化していない。すなわち「小さな司法」政策は戦後50年間にわたり維持されてきたことが分かる。

国際比較（表 1 - 1 ）によっても、わが国の裁判官数が少ないことは明白である。人口10万人当りの裁判官数は、米国が11.6人、ドイツ25.6人、英国6.1人、フランス8.4人、そして日本は2.3人である。もっとも少ない英国と比べてもその 3 分の 1 なのである。

(2)　弁護士数

弁護士資格の獲得者数は1960年頃にやや増加し，400～500人の期間がしばらく続いた（図 1 - 4 ）。そして1990年頃から、司法改革の動きを反映して増加に転じた。弁護士の総数は、1960年の6,439人から1990年には14,081人へと、2.2

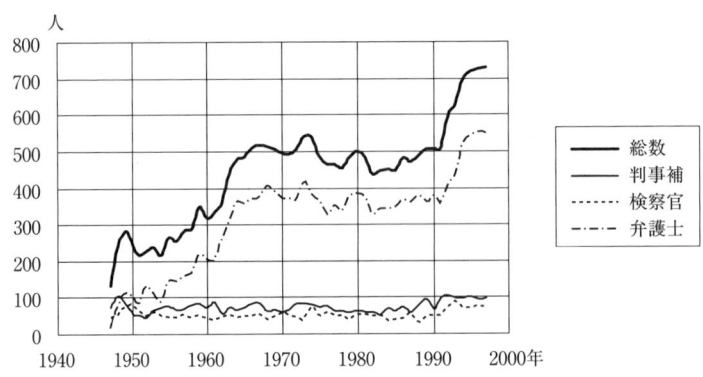

図1-4 法曹人口の新規増加数

出所:法務大臣官房司法法制調査部編『法曹養成制度改革』ジュリスト(1991)。

表1-1 裁判官と弁護士数の国際比較

	米国	英国	ドイツ	フランス	日本
裁判官数(人) (人口10万人当りの人数)	30,888 (11.6)	3,170 (6.07)	20,999 (25.6)	4,900 (8.4)	2,899 (2.3)
弁護士数(人) (人口10万人当りの人数)	906,611 (339.9)	80,868 (154.9)	85,105 (103.8)	29,395 (50.2)	16,398 (13.0)

出所:司法制度改革審議会(2001),第8回資料16。

倍になっており,裁判官の増加よりも高い割合で増えている。この理由は,司法試験合格者のうち弁護士になるものの割合が8割程度で相対的に多いからである。

　国際比較(表1-1)によっても,わが国の弁護士人口が少ないことは明白である。人口10万人当りで見ると,米国が340人,ドイツ104人,英国155人,フランス50人,そして日本は13人である。米国は例外的に多いとしても,もっとも少ないフランスと比べてもその4分の1なのである。

1-3-3 事件数

(1) 裁判官の年間処理件数

　図1-5は，地方裁判所における，判事1人当りの民事裁判事件数を推計したものである。1人当りの既済件数は1960年代には約40件であったが，1970年以降には60件程度と1.5倍に増加している。一方，在庫として前年から繰り越された「旧受」件数もほぼ同様に，両期間の間に40件から60件へと1.5倍に増加している。この推計には刑事事件担当の判事も含まれているので，実際の件数はこの2倍以上になるであろう。田宮（1989 p.28）によれば，東京地裁の民事部では一人の裁判官が年平均300件程度の事件を担当してその処理に当たっているという。また秋山（2002 p.21）もほぼ同様の経験を述べている。すなわち，「大都市の裁判官は，民事事件を年当り250～300件処理しているが，（これは）毎月20～25件くらい新受事件があり，同数を処理してゆくのが常態である」という。

(2) 未済事件の総数

　裁判所の供給力の不足は未済事件数（未処理で翌年に回される事件）の増加となって現れる。図1-6は地裁の未済民事事件総数（通常訴訟）について見たものである。総数は1970年代に入り急激に増加し，ほぼ30年間にわたり10万件を超える状態が続いた。この事態は2000年代に入ってやっと収束し始め，やや落ち着いた状態になったといえる。先に見たように（図1-1），1970～75年は審理期間が長くなっているが，これと未済事件数の増加は対応したものであると考えられる。

(3) 弁護士1人当りの訴訟処理件数

　図1-7は「弁護士1人当りの訴訟処理件数」である。弁護士1人当りの処理件数（地裁）は年間10件程度であり，この数値は50年間にわたってほぼ安定している。これは，弁護士自身の処理可能な訴訟件数を表しており，弁護士は

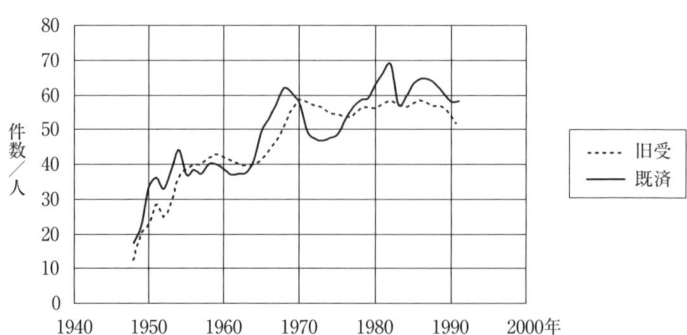

図1-5　地裁判事1人当りの民事事件数

注：1人当りの件数は"通常民事事件の総処理件数／(判事＋判事補の定員数)"で求めた。この推計には刑事部の判事も含まれているので，実際の件数はこの2倍以上になると思われる。
出所：『司法統計年報』。

図1-6　通常未済事件数（地裁第1審）

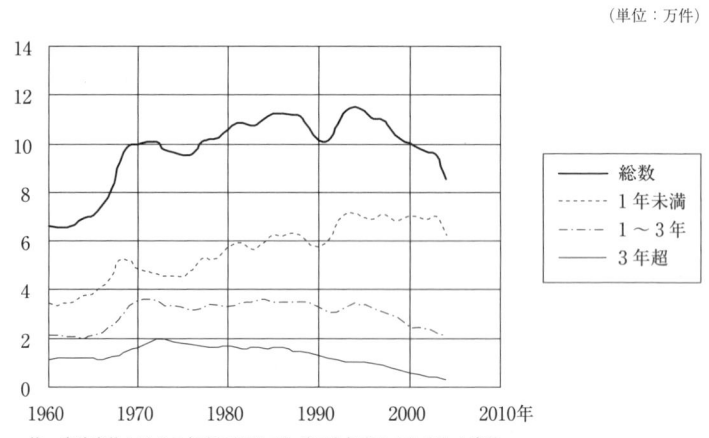

注：未済事件とはその年度で処理できずに次年度にまわされた事件。
出所：『司法統計年報』。

その範囲でしか受任しないからであろう。とすれば，弁護士1人が増えれば裁判所に持ち込まれる訴訟件数は10件程度増えることになる。そして，裁判官数が増えずに弁護士数だけが増えていけば裁判官の負担は増大することになる。故に「小さな司法」政策をとるかぎり，弁護士数は極力抑制されなければならなかったわけである。

図 1-7　弁護士 1 人当りの訴訟処理件数

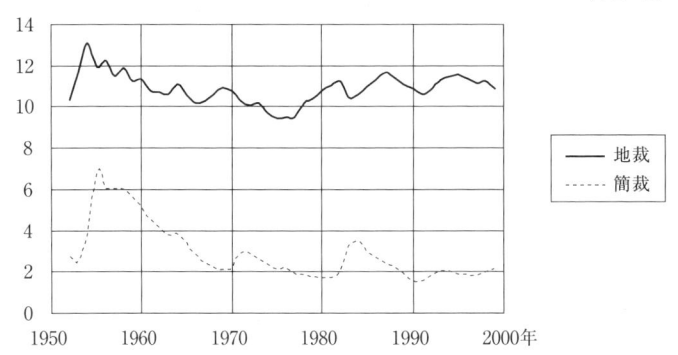

(単位：件)

注：1 人当りの処理件数の推計は次式による。
　　既済件数×(双方に弁護士のつく割合× 2 ＋片方に弁護士のつく割合× 1)／弁護士数。
出所：林屋・菅原 (2001) p.218。

1-4　三権分立制度と司法権

1-4-1　三権分立制度

　民主主義的な政治制度では，司法，立法，行政の三権が分立するように設計されている。これは三権が互いにチェック・アンド・バランスを行い，政治権力の集中と権力の乱用・腐敗を防ぐためであるが，ロック (1632-1704) やモンテスキュー (1689-1755) 以来の歴史と経験に基づいている。
　司法権が他の二権と異なる点は，その担い手（裁判官）が選挙によっては選ばれず，しかもその任期が長いことである。民主主義における権力の正当性は，国民による定期的な選挙によって与えられ，しかも権力の腐敗を防ぐためにその任期は一般に長くないことが通例であるが，裁判官にはこの原則が適用されない。その理由は，(1)裁判官が特別な法律知識と技術を必要とすること，(2)法律の解釈や適用を長期にわたって安定的に行うことが重要であることなどが考えられる。

(1) 三権分立制度の歴史性

　三権分立のスタイルは大別すると，三権を憲法のもとで同格と見るアメリカ型と，議会を中心とする立法権優位の権力分立を考えるフランス型に分かれる。この違いは各国の歴史に由来しているが，芦部（2007 p.272）によれば，「アメリカ合衆国は，圧倒的なイギリス議会の制定法と人権を侵害した州の法律に対する抗争を通じて形成されたので，立法権の不信の思想が強く，その結果，三権は憲法のもとに平等の地位を占めると考えられたが，大陸諸国（とくにフランス）では，圧倒的な支配者であった君主と君主に隷属して権力を振るった裁判所に対する抗争を通じて，近代立憲主義国家に生まれ変わったので，三権は同格ではなく，立法権が中心的地位にあると考えられた」。

　日本の三権分立体制はどちらの型に属するのであろうか。芦部（前掲書 p.273）によれば，日本国憲法は裁判所の違憲審査権を認めており，どちらかと言えばアメリカ型に近い考え方をとっているという。ただし明治憲法では，民事裁判と刑事裁判を通常裁判所に属せしめ，行政事件は別系統の行政裁判所の所管としたが，これは仏・独などヨーロッパ諸国でとられてきたものであった（前掲書 p.322）。このように新憲法になって，わが国の権力分立体制はアメリカ型の方向へ大きく変化したのである。

　ところで現在，日本の司法権は合衆国のそれほどには強い位置におかれていないといえよう。その理由はいくつかあるが，第1に，立法府優位の原則（Principle of Legislative Supremacy）である。立法府は定期的な選挙によって選ばれるから，民主主義における政治権力の正当性を与えられている。そして，立法の権限を与えられているから，裁判所や裁判官に関する法律の制定権をもっている。

　第2は，議院内閣制のもとでは，内閣（行政府）と議会（立法府）が一体化し，二権が分立せず互いに牽制しなくなり，そのために司法権はそれだけ弱い立場になる。

　第3に，内閣と議会は予算の決定権をもっており，司法はこれに従わざるをえないことである。例えば，裁判官の定員数や裁判官の給与水準に対しても内

閣と議会はその決定権を持っているのである。

　第4に，政権交代の有無をあげることができる。わが国では戦後長らく自由民主党のいわゆる一党支配が続いたが，これは司法権の立場を弱める要因であったと考えられる。なぜなら，政党による定期的な政権交替（憲政の常道）は，立法府と行政府内での権力の分立を起こし，これは司法権を相対的に強めると考えられるからである。実際，米国では二大政党の政権交代が続いており，これは司法権を強めその独立性を高める一因になっていると考えられている[5]。

　第5は，戦前期の裁判所は天皇制のもとにあり，思想統制や社会主義運動を弾圧する機関として機能した歴史を持っているが，これが戦後における国民の十分な信頼を得ていないことの一因であると考えられる。第6は，英米両国の裁判制度は長い歴史と伝統によって国民の信頼を蓄積していること，また陪審制による国民の司法参加も裁判制度への信頼を高めているが，これに対して，わが国の裁判制度の歴史はまだ百年余でしかなく，また陪審制の歴史も限定的で短いことが挙げられる。

(2) 司法権の独立

　司法権独立の原則には二つの意味がある。第一は，司法権が立法権・行政権から独立していること（広義の司法権の独立）であり，第二は，裁判官が裁判をするにあたって独立して職権を行使することで，裁判官の職権の独立とも呼ばれる。司法権の独立は，裁判が公正に行われ，人権の保障が確保されるためには不可欠なことであり，近代立憲主義の大原則として諸外国の憲法において広く認められてきた。（芦部 2007 pp.339-342）。

　わが国で司法権の独立が確立した契機とされるものに大津事件（1891）があるが，その時の政治状況も興味深い。ときの大審院長・児島惟謙が津田三蔵被告に皇室に対する罪（死刑）を適用すべきでないと主張した論理は，刑法の厳格適用という法律論とともに，刑法の運用を誤ることは天皇の大権に背く，というものであった。また当時の司法部（裁判所）には薩・長閥の影響力が大きくなかったという政治状況も重要な原因としてあげられている[6]。

司法権の独立と関係したものに検察権の独立がある。検察は行政的には独立せず，法務省の所管にあるが，それは司法権と密接な関係にある。というのは，刑事裁判において，裁判所は検察が起訴したもののみを審理するからである。これに関して有名な造船疑獄事件（1954）がある。同事件は昭和29年におきた贈収賄事件であるが，法務大臣の指示によって検察当局が捜査を中止するにいたった事件である。

造船疑獄は1954年に発覚した事件で，計画造船をめぐって政・官・財を巻き込んだ大規模な贈収賄事件である。当時，政府が進めていた「計画造船の的確船主選考」は，大規模な利権が絡むものであった。計画造船には巨額の国家資金が投入され，そしてその割当を得ることができた船主には莫大な利益がもたらされる仕組みになっていた。同年4月，事件の捜査が自民党の幹事長に及び，検察庁は衆議院に対しその逮捕許諾請求を決定した。これに対して犬養法相は吉田茂首相の意向を受けて，検察庁法14条により指揮権を発動し，佐藤幹事長の逮捕延期を指示したが，このため捜査は事実上の中断を余儀なくされたのであった。

この事件に対して団藤（1953）は，司法権の独立が侵されかねない憂慮すべき問題であるとして，以下のように述べている。「犯罪についてそれが政治的意味合いを持つばあいに，捜査や起訴・不起訴について，政治的ことに政党的勢力による影響が心配されるのである。（中略）裁判所は起訴されない事件を審判するわけには行かないし，起訴された事件は必ず審判しなければならない。その意味で司法権の行使は，検察権の行使にかかっているのである。だからもし時の政府の都合によって，法務大臣の命令一下，ある種の事件は不問に付され，またある種の犯罪は一斉に検挙され起訴されるというような事態がおこったとすれば，それはまさしく政治的司法を現出させることになるであろう。司法権独立の主眼は司法権の行使を政治的影響から自由にするところにあるといってよい。だから万が一にも，かような事態がおこれば，司法権の独立は名のみになるといっても過言ではない」[7]。

これに対して兼子一（田中・兼子・団藤 1954 ジュリスト58, pp.2-9）は以

下のように反対の意見を述べている。「現行制度として検察権はその性質からいえば行政権であり，指揮権の行使そのものは違法ではない。一方，検察権の行使を官僚的な機構である検察制度にまかせるか，あるいは検察官の任命を米国の州のように民主主義的方法（選挙）によるか，という選択もあり得る。前者の場合には検察ファッショという問題がでてくるし，後者の場合には検察官の腐敗が起こりえる。いずれにしても一長一短がある」。

指揮権の発動が司法権の独立を侵すものであるかどうかについては上記のような議論があった。指揮権の発動は，犬養法相の辞任，そして吉田内閣の退陣につながったが，この事件は，司法権の独立がきわめて政治的な要素をもつものであることを示しているであろう[8]。

(3) 違憲審査制と司法消極主義

違憲審査制とは，行政機関の行為や立法府の成立させた法律が，最高規範である憲法に反しないかを，裁判所が審査する制度である。したがって裁判所が違憲審査権を積極的に発動できるか否かは，司法権の強さにかかっている。

違憲審査制の理論は二つの根拠に支えられている。第一は，憲法の最高法規制の観念であり，第二は，基本的人権尊重の原理である。基本的人権の確立は近代憲法の目的であるが，それが立法・行政両権によって侵害される場合に，それを救済する「憲法の番人」として裁判所の違憲審査制が要請されるのである（芦部 2007 p.360）。

わが国の最高裁がこれまでに下した違憲判決は①尊属殺人重罰規定（1973.4.4），②薬事法距離制限規定（1975.4.30），③衆議院議員定数配分規定（1976.4.14），④衆議院議員定数配分規定（1985.7.17），⑤森林法共有林分割制限規定（1987.4.22），⑥郵便法免責規定（2002.9.11），⑦在外邦人の選挙権制限規定（2005.9.14）等である。これらは③と④を除いて，政治的・経済的に大きな影響をもつものではない。また，③と④に関する判決も，法令は違憲だが選挙自体は有効であるとして，結果を追認するものであった[9]。

一方，地裁レベルで下された違憲判決が，最高裁，高裁で破棄あるいは差し

戻された著名なものとしては，砂川事件の東京地裁判決（1959.3.30，いわゆる伊達判決）と長沼事件の札幌地裁判決（1973.9.7，いわゆる福島判決）がある。これらの判決に用いられた理論として周知の統治行為論がある。統治行為とは，「直接国家統治の基本に関する高度に政治性のある国家行為は，司法審査の対象から除外される行為」をいい，その論拠には自制説と内在的制約説の二つがある。自制説とは，統治行為に対して司法審査を行うことによる混乱を裁判所が自制すべきであるというものであり，また内在的制約説とは，政治的に無責任な（国民によって直接選任されていない）裁判所の審査の範囲外にあり，その当否は国会・内閣の判断に委ねられているとするものである。（芦部 2007 p.328）

統治行為論の適用範囲がどのようなものになるかは，歴史，政治制度，政治状況，法理論，国民の司法権への理念的支持等々に依存するであろう。わが国の裁判所が違憲審査権を持つのは新憲法になってからのことであり，また，司法の違憲判断に対して国民がどれほどの理解と支持を与えるかは定まってはいない。したがって裁判所が違憲審査権の発動に慎重であることは理解できる。

一方，合衆国の裁判所はきわめて多数の違憲判決を下しているが，これにはマーベリー対マディソン（Marbury v. Madison 1810）以来の長い歴史と国民の支持がある。フット（2006 p.156）によれば，米国の連邦・州最高裁判所は19世紀末から20世紀にかけて何百という数の違憲無効を宣言したという。また裁判所の改善命令に，公立学校や州立の刑務所や精神病院が従わなかった場合に，裁判所が直接管理を行った場合もあるという。このように裁判所が政策形成的な判決を積極的に下すことは「司法積極主義」と呼ばれている。これに対してわが国の司法は，司法消極主義と言えるが，これは三権の力関係を反映したものともいえるであろう。

1-5　公共哲学と政治権力構造が司法権に与える影響

司法権が独立性を高め，司法積極主義のスタンスをとるには二つの要因が重

要であろう。第1は，国民がどのような権力分立のスタイルを望み，積極主義的司法に対してどの程度の理念的支持を与えるかであるが，本書ではこれをロウィ（Lowi 1981）に倣って公共哲学（public philosophy）と呼ぶことにする。第2はその時代の政治権力構造である。第1については，裁判官は選挙による選任という民主政治的正当性を持たないから，国民の理念的な支持が重要になるわけである。また第2については，立法府と行政府における権力が分立し，しかも互いに牽制し合う権力構造の方が，司法権は相対的に強くなれるといういわば政治力学である。

1-5-1　明治憲法体制から日本国憲法体制への転換

(1)　明治憲法下での公共哲学と政治権力構造

　明治憲法下での公共哲学は，天皇制とそれに基づく国体の護持ということに要約される。大日本帝国憲法には，「大日本帝国ハ万世一系ノ天皇之ヲ統治ス（第1条）」とあり，「司法権ハ天皇ノ名ニ於テ法律ニ依リ裁判所之ヲ行フ（第57条）」とある。

　一方，明治憲法下の主な政治集団には①薩長を中心とした藩閥官僚勢力，②経済発展とともに力をつけてきたブルジョワジー（資本家階級），③統帥権の独立をもった軍隊，④社会主義思想に基づいて団結を強めつつあった労働者階級の4グループがあった。明治維新当初から権力を握ったのは藩閥官僚勢力であるが，経済発展とともにブルジョワジーが力をつけ，大正期には政党政治が定着しつつあった。ところが，昭和に入り，金融恐慌，世界的不況，農村の疲弊とともに軍部の独走が制御できない状況になり，日中戦争，太平洋戦争へと自壊の道を突き進んだ。

　明治末頃から労働者階級が台頭してきたが，政府は治安維持法を成立させ（大正14＝1925年），苛烈な弾圧を行った。そして取締りには裁判制度が用いられ，その取締まりにあたったのが思想係検事と特高警察であった。要するに明治憲法下では，思想統制と総動員体制を確立するために司法制度が重要な役割を果たしたのであった。

(2) 日本国憲法下での公共哲学と政治権力構造

　敗戦によりわが国の公共哲学は大きく転換した。日本国憲法の基本理念は，国民主権，平和主義，基本的人権の保障である。日本国憲法の制定はGHQの影響下で行われたものであったが，その理念は明治期の自由民権運動や大正デモクラシーの延長線上にあるとも言える（三谷1995a p.34）。しかし戦後民主主義は内生的に成熟したものではなく，それゆえに裁判所が日本国憲法の理念をどのように具現化していくかを国民は注視してきたといえる。

　第二次大戦後の政治権力構造は「55年体制」と呼ばれている。その特徴は国内的には自民党政権が続き，国際的には東西冷戦が続いたことであった。政府にとっての課題は，何よりも戦後経済復興であったが，1960年の安保条約改定後は高度成長時代に入り，経済成長の成果は米価維持政策などによって農民層にも分配された。

　この時代の特徴は，行政府主導の経済復興が優先され，司法権は行政府に協調的なスタンスをとったことである。そして統治行為論に基づき，高度に政治的な判断を回避する傾向をもった。一方，行政府と立法府は裁判官や弁護士の数を抑える「小さな司法」政策をとったが，それは国民が行政訴訟や人権訴訟を起こしにくくするもので，司法に対して行政府（と立法府）が優越的な権力構造を維持しようとする政策であったと考えることができる。

1-5-2　米国における公共哲学と政治権力構造の転換：
　　　　ロウィ（Lowi 1981）の分析

　建国時の米国は政治権力の中心が議会（立法府）にある立法国家であった。その支配的な公共哲学は自由主義（Liberalism）であり，古典的な資本主義観と契約の自由が重視された。しかし，19世紀の後半から企業の大規模化と集中が進み，それに伴って公共哲学も変化していったが，この新しい公共哲学をロウィは利益集団自由主義（interest group liberalism）と名づけている。そしてこのイデオロギーの隆盛とともに司法府の権力は相対的に低下して，行政府の役割が高まっていったという[10]。

(1) 米国における19世紀の公共哲学

19世紀米国における公共哲学には，二つのイデオロギーの対立があった。それは民衆支配のイデオロギー（popular rule）と資本主義のイデオロギー（capitalism）であった。前者は民主主義（democracy）と，そして後者は自由主義（liberalism）と言いかえてもよい。

南北戦争のころから，二つのイデオロギーの対立が増大したが，重要な局面では常に資本主義が勝利したという。例えばドレッド・スコット対サンフォード判決（Dred Scott v. Sanford 1857）においては，奴隷制が契約の自由主義原則から合憲とされた。また，ロックナー対ニューヨーク州判決（Lochner v. New York 1905）においては，州法による労働時間制限は契約の自由主義原則から違憲とされた。

(2) 新しい公共哲学（利益集団自由主義）の誕生

19世紀後半になって企業組織が大規模化していき，同時に行政府の機能も膨張し始める。この新しい時代の状況認識は「国家権力以外にも，権力と支配を持つ多くの組織や集団（企業や労働組合など）がある」というもの（多元主義的理論）であり，そして様々な集団の利益を実現することが公共の利益であると考えられるようになった。これが「利益集団自由主義」とロウィが名づけた新しい公共哲学である。

ロウィによれば新しい時代の象徴的出来事は州際通商法（1887）の成立とその執行を委任された州際通商委員会（ICC：Interstate Commerce Committee）の設立である。州際通商法とは，複数の州にまたがる鉄道事業に対して連邦政府が行う規制に関する法律であり，議会はICCに非常に広範な権限（行政，立法，司法の全分野にわたる）を委任したのであった。ICCは大企業の経営陣に歓迎されたが，それは価格競争を抑制し，競争企業の新規参入を防ぐものだったからである。ただし，委任という制度は全く新しい制度であったので，立法府の議員たちは憲法上の問題で大いに悩まされたし，また司法府（最高裁）がICCに対して敵対的である時期がしばらく続いた[11]。

ICCのもたらした成果は大企業の経営者にとって魅力的なものであったために，1887年以降，公的統制がより広く，そして新しい分野に拡大されていった。例えば，1914年にはウイルソン大統領によって連邦取引委員会（FTC）が設置された。この委員会の目的は「不公正」な競争を取り締まり，消費者保護を図り，反トラスト法違反を監視することであった。これには過度な価格引下競争を防止し，企業の収益を守る効果もあった。FTCの発足に対しても，連邦最高裁は当初それに大いに抵抗したが，しかし公的統制が拡大するにつれて，国民はそれが有用な制度であると積極的に評価するようになっていった。

(3) 行政府優位の政府への転換

新しい公共哲学（利益集団自由主義）のもとでは，多様な集団の要求を実現することが「公共の利益」とみなされるようになり，そして彼らの要求を実現してゆくために行政府の役割が増大してゆくことになった。かくして，国家権力の中心は行政府（大統領）に移ってゆくことになる。

ロウィによれば，政府権力の中心が立法府から行政府へ移り始めた時期は，1930年代のF.ルーズヴェルト大統領のときであり，1960年代のケネディ大統領のときに決定づけられたという。ルーズベルトは世界的大不況への対策としてニューディール政策を打ち出した。例えば全国産業復興法（NIRA 1933）を制定し，その所轄官庁として全国産業復興局（NRA）を設置した。NIRAは企業間の過当競争を抑制し，適正利潤を確保させ，一方，労働者には団結権や団体交渉権を認め，最低賃金の確保をめざすものであった。しかし，NIRAは連邦最高裁より違憲判決を受けたために（1935年），労働関係に関する部分が切りはなされてはワグナー法（1935）として成立した。

このようにルーズベルト（行政府）の諸政策と連邦最高裁判所は鋭く対立したのであった。そこで大統領は最高裁をコントロールしようとして，最高裁判事の定員を増やしニューディール政策に好意的な判事を送り込むことを画策したのであった。コートパッキング（Court Packing）と呼ばれるこの政策は結局成功しなかったが，その後，連邦最高裁も方針を転換してニューディール政

策を受け入れてゆくようになる。

1-6 戦後司法制度史の概観

公共哲学と政治権力構造の視点から戦後司法制度史を概観すれば，なぜ戦後司法が「小さな司法」と「司法消極主義」であったかが鮮明になるであろう。また，平成司法改革の主たる推進力が経済界（資本家）であったことがよく分かるであろう。

戦後司法制度史を二つの時期に分けて考えよう。前期は1955年から1993年まででそれは「55年体制」と呼ばれる時期である。後期は1993年より後で，それは司法改革の時期である。前期は「小さな司法」と「司法消極主義」の時代であるが，その原因には二つのことが考えられる。第1は，政治家と官僚主導による「規制政策」の役割が大きかったことである。第2は，自由主義対社会主義，あるいは保守主義対民主主義というイデオロギー対立の時代であり，これが裁判所にも持ち込まれたことである。この中でもっとも重要だったのは青年法律家協会問題であろう。

1-6-1 前期（55年体制時代）の司法制度史概観

前期に起きた主要な四つの出来事について年代順に概観する。

(1)「臨時司法制度調査会報告（我妻栄会長，1964年）」

日米安保条約の改定（1960年）を経て，日本経済が高度成長に入ったこの時期に，司法制度の見直しを行うために設けられたのがこの調査会である。司法制度全般にわたり調査，提言が行われたが，裁判制度に関する主な結論は次の3点(1)裁判官数の不足，(2)訴訟の遅延，(3)法曹一元論への消極的立場，であった。裁判官数の不足，訴訟の遅延はこの時期には，すでに大きな問題だったのである。そして臨司意見書を受けて法制審の答申（昭和40年）が出されるが，法案化にはいたらなかった。臨時司法制度調査会は改革へは結びつかなかった

のである[12]。

(2) 青年法律家協会（青法協）問題（1969〜1985年）

臨時司法制度調査会が制度改革の起爆剤にまではいたらなかったとき，制度改革の気運をいっきに吹き飛ばしたのが青法協問題であった。青法協とは，日本国憲法と基本的人権の擁護をスローガンに掲げた法律家のグループであるが，青法協問題は裁判所内におけるイデオロギー対立でもあった。加入者は裁判官，弁護士，大学教授などであり，総数は2,000名にも及び，裁判官の加入者数も一時は200名を超えた。

青法協問題に関連した事件として，「長沼ナイキ訴訟」がある。これは裁判官の独立に関して問題となる「平賀書簡問題（1969）」を惹起し，そして札幌地裁判決（1973）が自衛隊違憲判断を下すことにより大きな問題に発展した。福島裁判長は青法協会員であったことから，最高裁は青法協会員を裁判所からパージするために様々な手段を講ずることになる。1970年には，青法協会員の裁判官任官を拒否し，それ以降，任官拒否は1983年まで続いた。また，1971年には青法協会員であった宮本判事補が不再任になっている（表1-2参照）。

青法協会員に対する任官拒否は，任官者を保守的・中道的なイデオロギーを持つものに限定することになり，その結果，適任者数が制限されることになった。そのため裁判官の増員に困難をきたし，小さな司法が続く一因となった。

(3) 法曹三者協議会（1975）：供給者カルテルの形成

「法曹三者協議会」は最高裁，法務省，日弁連によって構成され，1975年からスタートした。これは供給サイドである法曹三者が互いの立場を主張し，協調して司法制度を運営していこうとするものである。重要な点は，この協議会には需要サイドのメンバーがおらず，供給カルテル的な機能をもつことであった。

法曹三者協議会のもとになったものは1970年，参議院法務委員会における「裁判所法の一部を改正する法律案」への付帯決議であり，その内容は「今後，

表1-2 戦後司法制度小史

年	事項
1947	日本国憲法，裁判所法の施行
1954.4	指揮権発動（造船疑獄事件）
1958	白木屋事件
1959.3	砂川事件東京地裁判決（伊達判決）
1964.8	臨時司法制度調査報告
1969.8	平賀書簡問題
1970.5	裁判所法の一部を改正する法律案（法曹三者合意の付帯決議）
.8	最高裁，青法協会員2名を含む3名の任官拒否
1971.3	宮本判事補不再任
	最高裁，23期修習生7名の任官拒否（内6名は青法協会員）
1972.3	最高裁，24期修習生3名に任官拒否（内2名は青法協会員）
1973.9	長沼ナイキ事件札幌地裁違憲判決（福島判決）
1975	法曹三者協議会スタート
	最高裁，27期修習生4名の任官拒否（内2名は青法協会員）
1979	司研教官，31期任官志望者に内容証明で青法協脱会を勧告
1983	最高裁，35期修習生5名に任官拒否
1987	法曹基本問題懇談会の設置（法務省）
1988.1	最高裁，日弁連に人事交流の積極化申し入れ
3	法曹基本問題懇談会意見書
11	弁護士から5人が判事任官
1989.5	日弁連の「司法改革宣言（第1回）」
.11	「司法試験制度改革の基本構想」合格者数700人に増加を提案（法務省）。
1990.5	法曹三者の「司法試験制度に関する基本的合意」（合格者数700人で合意）
1991.6	「法曹養成制度等改革協議会」の設置（法曹人口論がテーマ）
1992	司法試験の合格枠制を96年より導入することを決定
1994.6	経済同友会，「日本社会の病理と処方」（司法人口の大幅拡大を提言）
.12	行政改革委員会発足
1995.4	規制緩和小委員会を行革委内に設置，法曹分野が規制緩和の対象に
.11	法曹養成制度改革協議会意見書，合格者数1,500人が大勢
.12	行革委員会意見書，改革協議会の多数説（1,500人）を支持
1996	行革委，合格者数1,500人を重ねて求める意見書
1997.10	法曹三者協議会「司法試験制度と法曹養成制度に関する合意」
12	行革委，合格者数1,500人を速やかに実現すべきとの意見書
1998.2	規制緩和委員会，合格者数1,500人の早期実現を要請
.6	自民党・司法制度調査会報告「21世紀の司法の確かな指針」
1999.4	規制改革委員会設置
7	司法制度改革審議会設置
	規制改革委員会，司法書士など隣接職種の参入認可を検討
2000.5	自民党・司法制度調査会報告書「21世紀の司法の確かな一歩」
11	司法制度改革審議会・中間報告，法科大学院構想と合格者数3,000人を提唱
2001.6	司法制度改革審議会・最終報告書
.12	司法制度改革推進本部設置
2004	法科大学院学生の募集開始

司法制度の改正にあたっては，法曹三者の意見を一致させて実施するように努めなければならない」というものであった。

(4) 「法曹基本問題懇談会（1987）」と「司法制度改革審議会（2001年）」

　1980年代の後半になると「小さな司法」は日本経済の大きな桎梏となるにいたった。経済界も，「大規模になった日本経済が事前規制型から事後調整型に移行する」ことを必至とみなし，裁判官と弁護士の大規模な増員が不可欠であるという認識が高まった。

　1987年法務省内に「法曹基本問題懇談会」が設置され，それから司法制度改革の機運は急速に高まっていった。そして1999年には「司法制度改革審議会」が設置され，2001年にはその最終報告が出された。その主な提言は①制度的基盤の整備と審理期間の半減，②法曹人口の拡大と法科大学院の設立，③裁判員制度の導入などであった。司法制度改革審議会の提言をもとにした平成の司法改革は，大規模な司法制度改革をもたらすことになる。

1-6-2　平成の司法改革：制度改革の推進力は経済界

　平成司法改革のもっとも強力な推進力は経済界であり，市民勢力（基本的人権の擁護を掲げる市民団体など）ではなかった。いわば「資本の論理」が司法改革の最大の推進力であったといえる。これを見るには，司法改革の各段階で，経済界，法曹三者，市民団体などがどのように影響力を発揮したかを検分すればよい。

　平成司法改革の重要な提言の一つは法曹人口拡大と法科大学院設置であるが，その過程は3段階に分けて考えることができる。第1段階（1987～1994年）は，法曹三者協議会が中心になって，司法試験合格者数を増加させる議論が行われていた時期で，この段階では司法試験合格者数は700人程度という小規模な増加が構想されていた。第2段階（1995～1998年）では「政府の規制緩和小委員会（1995行革委員会内）」が発足し，法曹分野を規制緩和の対象に含めることになった。この段階では合格者数を1,500名まで増やすという案が多数派を占めるようになった。そして第3段階（1999～）は「司法制度改革審議会」の設置（1999年）以降で，この時期には法科大学院を設立し，合格者数を最終的には3,000名とする決定がなされた。

(1) 第 1 段階（1987〜1994年）：法曹三者協議会の話合いによる法曹改革

　最高裁は裁判官の慢性的な不足に苦慮していたが，増員のためには司法試験合格者数の増加が必要であった。青法協問題のしこりは法曹三者の間にはまだ残っていたが，折しも新自由主義の時代が到来しており，憲法観や戦後民主主義に対する国民間のイデオロギー的分裂は縮小していた。最高裁は日弁連との関係修復を意図して「人事交流の積極化（1988.1.25）」を申し入れたが，日弁連もこれに答えて「弁護士からの判事任官（同年11月）」が実現する。日弁連は「弁護士の判事任官」を悲願である法曹一元制への大きな一歩とも位置づけたであろう。

　法務省は諮問機関として「法曹基本問題懇談会」を設置（1987）し，翌々年1989年3月にその意見書が出された。同意見書は「司法試験の極端な合格難（平均受験期間6〜7年，合格平均年齢約28歳）により，大学生などが受験を敬遠することから，フレッシュで優秀な人材の確保が困難化しているなどの問題点があり，その早急な改善が必要」としていた（ジュリスト1198号，p.214）。

　法務省は意見書を受けて「司法試験制度改革の基本構想（1989.11）」を打ち出すが，これが法曹三者の議論のたたき台になった。その主な提案は次の2点，即ち，合格者数を700人へ増加することと受験回数に関する制限（いわゆる甲乙丙の三案併記）であった。受験回数制限の意図は，若い人材を確保してキャリア制をとる裁判官ならびに検察官になりうる合格者を多く採りたいという最高裁と法務省の思惑が反映されたものである[13]。

　基本構想の翌年，法曹三者は「司法試験制度に関する基本的合意（1990.5.15）」に達する。合意の内容は，現行法で司法試験合格者数を700人まで増やし，丙案の評価は5年後（1995）に改めて行うというものであった。

　法曹三者はその後も協議を続け，司法試験制度の改革を目指した「法曹養成制度改革協議会（改革協）」の設置（1991.3）に合意し，同年6月には改革協が発足した。改革協の特徴は，法曹三者のほかに学識経験者が加わったことである。これは法曹三者協議会という言わば供給カルテルのなかに新しいメンバ

一が加わり，初めて供給カルテル体制が崩れたという点で重要な意義を持つものである。

　経済同友会は1994年6月「日本社会の病理と処方」において司法人口の大幅拡大を提言して以下のように述べている。「規制政策に導かれてきた日本経済（55年体制）は制度疲労をおこし，一方，世界情勢を見ると，ソ連の崩壊と中国の市場経済化によって東西冷戦構造が終焉し，米国によるグローバル・スタンダードが確立しつつある。このとき，我が国の法曹インフラはまことに貧弱であり，経済の国際競争力を脆弱化させかねない」。そして，法曹の国民に対する割合を欧米並みにまで高めることと，司法試験合格者枠の大幅な拡大が必要であることを主張した。

　日弁連は1994年末の臨時総会（1994.12.21）において，翌年にせまった「法曹三者合意に基づく丙案の見直し」に備えて次のような決議を行った：①（合格者数を）当面5年間は100名増員して800人とする。②5年間を経過して，その時点で新たな対応を考える。この臨時総会決議は，他の諸グループに比べて法曹人口拡大に，もっとも消極的であったが，これには日弁連の基本姿勢が表れている。

　ところで，この時期の法曹養成制度改革協議会の議論では第三者（学識経験者）がもっぱら発言し，法曹三者は黙していたといわれる。それは翌年が丙案見直しの年にあたるため，とりあえず様子見の姿勢をとったものといわれている（鈴木2001 p.52）。

(2) **第2段階（1995～1998年）：司法制度が規制緩和政策の対象とされる**

　1995年に入り，法曹養成制度改革協議会の議論は活発になった。これは前年末の日弁連臨時総会決議を機に，法務省，最高裁，第三者（学識経験者）がそれぞれの態度を明確にしていったからである。日弁連以外のメンバーは概ね1,500人への増加策を支持したと言われる（鈴木2001 p.55）。

　1995年には三つの重要な出来事が重なった。第1は，法曹養成制度等改革協議会が4年余の審議をへて意見書の提出（1995.11.13）を行ったことである。

その主な内容は以下のようなものである（なお，少数説は日弁連で，多数説は法務省，最高裁，学識経験者である）。

① 合格者数については中期的に1,500名程度（多数説）と1,000名程度（少数説）の二案併記。

② 修習期間については，大幅に短縮（多数説）と短縮反対（少数説）の二案併記。

③ 今後，法曹三者はこの意見書の主旨を尊重して，協議し速やかに具体策をとる。

第2は，合格枠制に関する丙案の実施が決定されたことである。この年は「司法試験制度に関する基本的合意（1990）」に盛り込まれていた丙案の見直しの年にあたっていたが，この年の司法試験合格者の割合が結局，予め定められた基準に達しなかったのである。そこで，司法試験管理委員会は翌年から丙案の実施を決定したのである。

第3は，行政改革委員会が意見書を発表（1995.12.14）し，「法曹人口の大幅増員」を提言したことである。それは次のように述べている：「規制緩和が進み自己責任の原則が徹底する社会では，意見の対立は，行政によってよりも，むしろ司法によって解決されることが原則となる。その意味で，司法は規制緩和後の世界の基本インフラといえる」。そして，法曹養成制度等改革協議会の意見書（1995.11.13）における「合格者数の目標を中期的に1,500人程度とする」という多数説を積極的に支持し，その具体化を早急に行うように要請したのである。これは行革委員会が，法曹養成制度を規制緩和の対象とみなしたことと，同時に政府が法曹三者協議会に，法曹人口の積極的拡大を要請したとみなすことができよう。

1997年，法曹三者協議会は2年前に出された法曹養成制度改革協議会意見書を受けて「司法試験制度と法曹養成制度に関する合意（1997.10.28）」に達する。その内容は以下のようなものである。

① 合格者を平成10（1998）年度800人程度へ，同11年度1,000人程度へ増加する。

② 司法修習期間を平成11年度から1年6ヵ月へ短縮する。
　③ 合格者数の1,500人程度への増加について調査・検討の上協議を行う。

　この時点で，合格者数の1,000名が確定したが，1,500名への増加は，なお検討課題になっていた（1,000名で歯止めがかかったのは，おそらく日弁連の意見が尊重されたためであろう）。
　この年，行革委はその意見書で再び「合格者数1,500人を速やかに実現すべき」と提言している。これは法曹養成制度等改革協議会に対し拡大策の速やかな実現を催促したものであろう。
　1998年6月，自由民主党が「司法制度特別調査会報告（21世紀の司法の確かな指針）」をまとめ，政府に司法制度改革審議会の設置を要請する。これを受けて，政府は翌1999年7月，内閣に「司法制度改革審議会」を設置し，検討を開始することになった。なお，この年2月には規制緩和委員会が規制緩和小委員会（1995）を受け継ぐ形で設置されるが，同委員会も1,500人の合格者数を早期に実現することを要請している。

(3) **第3段階（1999年〜）：法科大学院構想の浮上**
　法曹養成制度の大転換を起こす「司法制度改革審議会（佐藤幸治会長）」が1999年7月に設置される。同審議会は足掛け2年，63回に及ぶ審議会をへて最終意見（2001.6.12）を提出した。審議の範囲は司法制度全般に及ぶが，ここでは法曹養成制度に関するもののみをとりあげる。
　司法制度改革審議会は小渕内閣のもとで設置され，委員の総数は13名であった。その構成は，法曹三者を代表するものとしては，藤田耕三（元広島高裁長官，弁護士），水原敏博（元名古屋高検検事長，弁護士），中坊公平（弁護士）の3人がおり，佐藤幸治会長，竹下守夫会長代理を含めて大学教授が5人（うち3人は法学専門家），企業経営者2人，労働組合代表1人，主婦連1人，作家1人の計13人である。一見して分かるように，法曹三者の代表より学識経験者の人数が多く，また経営者，労組代表，主婦連，作家など需要サイドのメン

バーが6人も加わっている。これから分かるように，法曹三者協議会（1990）⇒法曹養成制度等改革協議会（1995）⇒司法制度改革審議会（2001）となるにつれ，法曹三者のウエイトは相対的に小さくなっていった。

同報告書（2001）は司法試験合格者数については以下のように提案し，最終的（平成22年）には司法試験合格者が3,000人／年となるように提言した。

① 現行司法試験合格者数の増加に直ちに着手し，平成16（2004）年には年間1,500人達成を目指すべきである。
② 法科大学院などの整備状況をみながら，司法試験合格者数を平成22（2010）年には年間3,000人達成を目指すべきである。
③ このような経過をへて平成30（2018）年には法曹人口が5万人規模に達することを見込む。

法科大学院の設立は，法曹三者がこれまでもっていた法曹への新規参入をコントロールする力を低下させた。かくして，法曹三者が供給カルテルを形成していた時代は終わり，やっと需要サイドの声が反映されるようになったわけである。このことを強調して司法制度改革審議会の中間報告（2000.11.20）は次のように述べている。

「……法曹人口の大幅な増加を図ることが喫緊の課題である。法曹三者は，司法試験合格者数を三者間の協議で決定することを当然とするかのごとき発想から脱却し，国民が必要とする質と量の法曹につき，その確保と向上に積極的に取り組まなければならない」。

この文言は新しい時代の到来を宣言するものであるが，同時に法曹三者のこれまでのカルテル体制に対する厳しい批判とも言えるであろう[14]。

1-7　要約：資本の論理が要請した平成司法改革

戦後の司法制度と三権分立制度は，戦前のそれとは大きく異なるものになっ

た。何よりも大きな違いは、日本国憲法に基本的人権の保障が高らかに謳われたことであろう。そして、基本的人権の保障には、何よりも多数の弁護士と整った司法制度が必要であったはずであるが、ほぼ半世紀にわたって「小さな司法」の時代が続いたのであった。これは戦後司法制度の実態が、憲法の理念と乖離していたことを表している。

「小さな司法」が続いた理由は、55年体制の時代的な制約から来ているといえるが、その主なものとして、行政府主導の経済復興政策が優先されたことと、左右のイデオロギー対立が裁判所にも持ち込まれたことがあげられる。特に後者については青年法律家協会問題が重要であった。

平成の司法改革とそれに伴う法科大学院の開設は、「小さな司法」政策の終焉を告げるものである。なぜこの時期に司法改革が実現したのであろうか。その最大の理由は、55年体制の終焉と経済のグローバル化といえるであろう。すなわち、日本経済の巨大化や経済のグローバル化により、国内外の経済取引や紛争の処理に「大きな司法」と多数の弁護士が不可欠になってきたのである。このように考えれば、法科大学院の開設をもっとも望んだのは大企業であり、言いかえれば「資本の論理」が働いたといえるであろう。

戦後の裁判所は、憲法によって違憲立法審査権を与えられた。しかし、違憲審査権の発動は極力控えめに抑えられてきた。その理由としては、(1)立法府と行政府の法制的に優越した地位、(2)裁判官が選挙による選任でないために、民主主義的権力としての正当性が低いこと、(3)国民の理念的支持が十分ではなく、英米のように歴史的に信頼性が蓄積されていないこと、(4)政権交代がなかったこと、などが挙げられる。

平成司法改革によって、法科大学院が設立されて弁護士数の増加は着実に実現しつつある。また、裁判員制度の導入により、国民の司法参加が実現した。これらは国民の司法への信頼性を徐々に高めてゆくであろう。そしてそれにつれて、国民が司法に対して持つ公共哲学も徐々に変化してゆくであろう。おりしも2009年には政権交代が実現したが、これも司法権に何がしかのインパクトを与えるものであろう。

注

1) 日本の司法制度の規模が小さいことの主な理由として，政府による供給サイドの規制政策（供給規制説）をあげるものと，一方，需要サイドの要求が欧米諸国と比べて小さいから（需要過小説）というものがある。後者の代表として川島（1967）や六本（1986）がある。彼らによれば，そもそも日本人は「法意識」や「権利意識」が低くそのために法役務の需要が小さいというのである。また別の考えとして，日本人は儒教の影響が大きく，ピューリタニズムのように普遍的な倫理（universalism）である法律を尊重するよりも，個別的な倫理（paticularism）を尊重する傾向が強いからというものがある。例えばベラー（1966）は，儒教倫理の国々では一般に政治システムが経済システムに優越しており，また政治システムにおいても，普遍的な倫理（例，法律）よりも個別的な倫理（組織内倫理，共同体倫理）が優先されているのだという。そして，このような世界では，普遍的な倫理としての法律の適用ではなく，相手に応じて異なる個別的な対応（個別倫理）が尊重されるというのである。

　一方，前者（供給規制説）にはラムザイヤー（Ramseyer 1986）やウォルフレン（1994）などがある。彼らによれば，この背後には体制の維持や特定集団にとって有利な所得分配を図ろうとするグループ（政府，官僚，保守主義者，様々な利益集団）の政治的な意図があるのだという。法律（あるいは普遍的倫理）とは，紛争に関わる個人が，集団や組織に対して対等な交渉力を与えられるものであるが，これを抑制するには法律家の供給制限はもっとも有効な手段である。そして，"和をもって尊しとなす"という（あるいは訴訟は悪徳であるという）価値観や，個人よりも集団，市民よりも国家の価値を優先させるという集団主義的なイデオロギーが需要過少説の正当化に利用されているのだという。なお，このような「訴訟行動と訴訟意識」に関する興味深い日米比較としてフット（2006）がある。同書（pp.46-52）では「津市の隣人訴訟」と米国における類似した話が紹介，比較されている。

2) 19世紀の後半から英米仏などの諸国では，政府権力の中枢が立法府から行政府に移り，いわゆる「行政国家」に転じたと言われている。それ以前の時代は「立法国家」と呼ばれ，政府権力の中心は議会にあり，議会は文字通り国権の最高機関であり，内閣は議会の委員会にすぎず，官僚制も政党政治の支配下に置かれていた。「行政国家」への転換が生じた理由について西尾（1990）は次のように述べている。「19世紀後半以降，行政の機能が膨張し質的に変化して，官僚の専門能力を再強化せざるを得なくなった。重要事項が行政立法にゆだねられ，実質的な決定が行政裁量となっただけではなく，法案の提案・立案まで議会は行政機関に依存するようになり，行政機関を統括する内閣ないし大統領の権能が強まったのである。そしてこのように立法権に対して行政権が優越化し，議会支配から内閣支配ないし大統領指

導へと移行した現代国家を行政国家と呼ぶ」。なお，行政国家に関する所論としては西尾・村松（1994），第1巻，第6巻をも参照されたい。
3) 林屋（1993 pp.ii-iii）は裁判所の供給能力不足の兆候として，地裁の訴訟終結状況において「和解」が「判決」に対して相対的にふえていること，また，一件当りの「証人尋問」の平均人数が減っていることを挙げている。裁判に多くの時間を要する場合に，裁判官と弁護士がともに示談を薦めることも考えられるわけである。しかし，裁判が長くかかるために訴訟当事者がやむを得ず和解に応じるという状況は望ましいことではないだろう。
4) 内田（1997）によれば，弁護士の都市部への偏在も弁護士強制主義を困難にしている一因であるという。そして，弁護士強制主義を採用するには約3万人以上の弁護士が必要ではないかと推測している。
5) 政権交代が司法権の相対的強さに影響を与える可能性についてフット（2006 pp.199-209）が興味深く論じている。なお，三権分立と司法権との関係については樋口（1989），Glendon Ann et al.（1999）をも参照されたい。
6) 尾佐竹（1991 p.191）は次のように述べている：「もし大審院長が薩長出身ならば，局面がどう変転したかも興味ある問題である。由来司法部は薩長以外の人材の淵藪であった。その創設の当時は行政部，軍部は薩長人士の独占する所となっておったから，志を得ざる他藩の人材は競うて司法部に来たったのである」。すなわち，児島惟謙は伊予・宇和島藩の出身であったが，このように司法権の独立は，権力の分立が促したという側面があるいえよう。
7) 平成の司法制度改革を経て検察審査会法が改正（平成16）されて，検察の起訴独占主義は一部変更された。すなわち検察の不起訴に対して，検察審査会が起訴相当の議決を再度行ったときは，裁判所が指定した弁護士が公訴を提起し，公判が開かれることになった。なお，明石花火大会歩道橋事件は，同改正法の初の適用事件になった。
8) 戦前期において，司法権の独立は「検察ファッショ」と呼ばれる状況を生み出していたが，三谷（2001 pp.73-74）はこれについて以下のように述べている。「『統帥権の独立』に依拠していわゆる『軍ファッショ』が生まれたように『司法権の独立』に依拠していわゆる『司法ファッショ』が生まれたことは，特定の政治状況の下においては，両者が同一の機能を営む積極的な政治的イデオロギーに転化しうる可能性を示している。（中略）そしてこうした両者に共通するイデオロギー的機能の転化，すなわち，明治憲法体制の分権的性格を象徴するイデオロギーから集権的攻撃的イデオロギーへの転化が激成されたのも，昭和期の戦時体制下であった。これが当時『ファッショ』と呼ばれた現象の一面である。それが明治憲法体制それ自身の深刻な変化を意味するものであったことは否定できない」。

9) 伊藤博 (1988) は，最高裁の持つ次の三つの政治的機能，すなわち，(1)違憲法令審査権の行使，(2)政治体制維持機能，(3)基本的人権の確立，から最高裁の態度を分析している。(1)は司法の立法府に対するチェック機能であり，(2)は行政府や官僚組織に対するチェック機能，そして(3)は憲法が謳う基本的人権の擁護と確立を目指すものである。伊藤によれば，(1)について最高裁の態度は「消極的」であり，一般に統治行為論などをもちいて政治部門に最終的な判断を委ねているという（例えば防衛問題における，長沼ナイキ事件）。(2)については「現状維持的」である。最高裁は「国家機関の一部門として，できるだけ立法府，行政府の法令の妥当性を支持することが，日本の政治体制を維持するために重要であると信じている」という。あるいは違憲判断の行使などは，立法府，行政府との対立を招き，政治全体の不安定を招くことになり，これを最高裁は恐れているのではないかという。また，(3)については，「保守的」である。すなわち，国家ないし集団と個人との相互関係において，個人の自由や権利よりも集団の利益が尊重されるという意味で「保守的」であるという。

なお最高裁の「尊属殺人重罰規定」違憲判決にいたる過程については夏樹 (2010 pp.171-193) がくわしい。

10) 公共哲学の重要な役割を強調するために，ロウィはその著書の巻頭に，J. M. ケインズの有名な以下のような箴言を引用している：「政治家や実践家（社会的リーダー）の考えや行動は，彼らよりほんの少し前の経済学者や政治哲学者の思想に大きな影響を受けている。多くの場合，彼らは過去の経済学者たちの思想的奴隷である」。

11) ライシュ (2008) によればICCの機能は「標準的な鉄道運賃を定め，これにより鉄道会社に健全な利益を保証するもの」であった。

12) 臨時司法制度調査会報告についての解説書として，大内・我妻 (1965) がある。

13) 甲乙丙の三案とはそれぞれ以下のようなものである。甲案は，受験資格を5年以内に制限する。乙案は，合格者の8割以上を5年以内の受験者から出し，残りの2割を6年以上の受験者から出す。また丙案は，合格者の3割は受験回数3回以内のものから決定し，7割は受験回数にかかわらず決定する。

14) 法曹人口の増大に関して，日弁連はもっとも消極的な態度をとり続けたが，これは利害関係からいって当然ではあった。その五回に及ぶ司法改革宣言 (1990, 1991, 1994, 1999, 2000) を見ると，法曹人口増加に対して他のいかなるグループよりも消極的な姿勢が現れていたと言えよう。

第 2 章　弁護士市場の規制とその帰結

　「日本という国は，法曹人口の希薄なことにかけては世界に例をみないほどみじめな国だという現実にぶつからざるを得なくなります。となるとヴァンダービルトの言葉を日本に適用するためにはこう言い直さなければならぬのではなかろうか，すなわち"一国の訴訟制度というものの成績は，最終的には，ローヤー（法律家）の平均水準と絶対量の相乗積に比例する"と」。　　　　　　　　　　　（三ケ月章『民事訴訟法研究』第 4 巻, p.310）

本章の主な内容

(1)　弁護士の供給は，合格率を制限した司法試験によって厳しく規制されてきた。

(2)　裁判の平均審理期間(地方裁判所，通常民事事件)の推計値は19.2ヵ月である。そして，長い審理期間は裁判コストを高めて，弁護士需要を抑制する効果をもっていた。

(3)　弁護士サーヴィス価格は競争的な場合に比べて13.9〜100％高く，これは弁護士供給に関して規制が行われていたことの証左である。

(4)　弁護士への人的教育投資に対する期待収益率（ERRH）は−2.66％〜2.17％であり，ほぼ0％の水準である。大学教育の人的投資収益率が約10％であることを考えると，この値は驚くほど低い。この事実は，規制によってもたらされる準地代（独占の利益）を弁護士が得ていないことを意味している。

2-1 序

「小さな司法」政策とは，裁判官数を抑制する（裁判所の規模を小さくする）ことと，同時に弁護士数を抑制（弁護士市場の規模を小さく）する政策であるが，本章では後者（弁護士市場の規制）について考える。弁護士市場の規制を考えるとき，以下の点が問題になるであろう，即ち(1)弁護士市場の規制を行うのは誰か，そしてそれから利益を得るのは誰か，(2)市場規制がどのような手段によって行われているか，(3)市場規制が弁護士サーヴィスの市場構造にどのような結果をもたらしているか，である。

まず第2節では，二種類の規制政策の手段をとりあげる。一つは「司法試験合格率を厳しく抑制する」手段であり，もう一つは「裁判の審理期間の長期化」である。前者は弁護士総数を抑えるための直接的な手段である。一方，後者は間接的であるが，"裁判審理期間↑⇒裁判への需要↓⇒弁護士への需要↓"という因果連関によって，弁護士の市場規模を抑える手段である。

第3節と4節では弁護士市場の計量モデルを作成し，裁判審理期間が弁護士需要に及ぼした影響を分析する。第5節では，供給規制による準地代（独占の利益）を弁護士が得ているか，について検証する。これは弁護士への教育投資収益率を推計することによって行われるが，もし規制による準地代を弁護士が得ているならば，その教育投資収益率は競争的水準よりも高くなっているはずである。続いて第6節では，弁護士サーヴィスの価格水準について考える。もし，弁護士供給が規制されたものであれば，その価格水準は競争的な場合よりも高くなっているはずである。最後に7節では要約を行う。

2-2 弁護士市場を規制する二つの政策手段

弁護士市場を規制する手段には二種類のものが考えられる。第1は司法試験の合格率を低く抑えることであり，これは弁護士の新規増加数を抑制して，供

給サイドを規制するものである。第２は間接的な手段であるが，裁判の審理期間を長くすることによって，裁判のコストを高めて弁護士サーヴィスへの需要を抑制するものである。

平均審理期間の指標に関してこれまで多くの議論はなされてこなかった。しかしそれは裁判所が提供する司法サーヴィスの質を表す重要な指標であろう。なぜなら，審理期間が長くなるほど，裁判の価値は低下するからである。やや比喩的に述べれば，最高裁判所にとって平均審理期間という指標は，日本銀行にとっての物価指数と同じくらい重要なものであるといえる[1]。

2-2-1 厳しい司法試験の合格率

司法試験の合格率を低く抑えることは，弁護士数を規制する直接的で強力な手段であった。合格者総数が500人／年という低い水準が1990年まで維持されてきたが，受験者総数は２万人を超えており，合格率は２〜４％という凄まじいものであった。それゆえ合格するためには大学卒業後およそ平均７年の勉学期間を要し，また合格のあと最高裁が統轄する司法研修所で２年間の研修とOJTを受けねばならなかった。結局，弁護士を開業するには大学卒業後，平均９年を要したのである。そして米国のように，法律家を養成する専門の大学院（ロースクール）は日本にはなく，大学生にとって法律家（弁護士）を目指すということはきわめてリスクの大きい選択であった。

表２-１は二つのコホート（同年生まれのグループ）について，司法試験の合格率と退出率（受験を断念する率）を推計したものである。コホートＢ（1955年生まれ）は1953年生まれ以降の典型的なパターンを示しているが，一方コホートＡ（1948年生まれ）はやや特異な年である。というのは，彼らは団塊の世代（ベビーブーマー）であり，その大学生時代には学園紛争など少なからぬ混乱（入学試験の中止や卒業の延期など）があったからである。

コホートＢでは，23歳において2,589人の受験者がいた。そして29人が合格し，308人が退出した。この年齢での合格率と退出率はそれぞれ1.11％と11.8％である。注目すべき点は23歳と24歳において退出率がもっとも高くなる

表2-1 司法試験合格率

年齢	コホートA (1948年生まれ)			コホートB (1955年生まれ)		
	応募者数	合格者数（％）	退出者数（％）	応募者数	合格者数（％）	退出者数（％）
21	747	9(0.31%)				
22	1,963		37(1.27%)	2,231	21(0.80%)	
23	2,703	85(2.91%)		2,589	29(1.11%)	308(11.8%)
24	2,725	80(2.74%)		2,252	48(1.84%)	246(9.43%)
25	2,713	76(2.60%)	130(4.45%)	1,958	51(1.95%)	142(5.44%)
26	2,507	59(2.02%)	24(0.82%)	1,765	37(1.42%)	149(5.71%)
27	2,424	47(1.61%)	103(3.52%)	1,579	47(1.80%)	138(5.29%)
28	2,274	41(1.40%)	117(4.0%)	1,394	46(1.76%)	121(4.64%)
29	2,116	32(1.09%)	132(4.51%)	1,227	37(1.42%)	97(3.72%)
30	1,952	44(1.50%)		1,093	27(1.03%)	82(3.14%)
31	1,960	34(1.16%)	411(14.1%)	984	24(0.92%)	NA
32	1,515	23(0.79%)	116(3.97%)			
33	1,376	13(0.44%)	206(7.05%)			
34	1,157	22(0.75%)	161(5.51%)			
35	974	12(0.41%)	136(4.65%)			
36	826	4(0.14%)	115(3.93%)			
37	707	10(0.34%)	51(1.74%)			
38	646	3(0.10%)				
総計		631(21.6%)	1,650(56.4%)		367(14.1%)	1,283(49.2%)

注：(1)退出者数は"応募者数の減少数－合格者数"として求めた。
　　(2)合格者と退出者の割合（％）はコホートAについては2,924（＝2,713＋80＋85＋37＋9）に対する比率として，またコホートBについては2,619（＝2,589＋21）に対する比率として求めた。ここで，これらの総数（2,924, 2,610）をそれぞれのコホートの応募者総数と考えた。
出所：法務大臣官房（1987 pp.36-39）。

ことであり，併せて20％をこえるものがこの２年間に退出したことになる。この数値は彼らが２〜３度受験を試みて，もし失敗すれば何か他の進路に転じるということを示している。総じて，毎年の合格率は0.1％〜2.9％であり，35歳を過ぎると合格率は急速に低下してゆく。また同一コホートの15％は30歳までに合格し，そして40歳までの合格率の総計はおよそ20％である。

2-2-2　長い裁判の審理期間

前述したように，平均審理期間は，裁判の質を表す重要な指標である。ここでは従来の審理期間の計算方法の問題点を指摘して，適切な審理期間の作成方法を提案する。そしてこれを用いて，審理期間の長さがどれくらいであったか

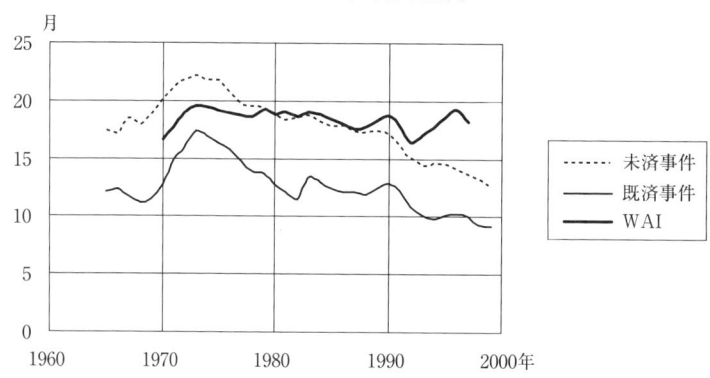

図2-1 平均審理期間

注:地方裁判所の民事事件における平均審理期間。未済事件と既済事件の審理期間は林屋(1993)による。また、WAI(訴額で加重平均した既済事件の審理期間)は著者の推計による。
出所:司法統計年報(最高裁判所)。

を検討する。

わが国において,民事裁判の平均審理期間はどれくらいであろうか。最高裁はこの数値を発表していないが,これに関連した統計を「司法統計年報」において公表している。そしてこれに基づいて林屋(1993)は二つの指標(a)既済事件の平均審理期間(既済平均期間)と(b)未済事件の平均審理期間(未済平均期間)を作成し公表している(図2-1)。ここで既済事件とは裁判が終了した事件であり,未済事件とは裁判が終了せず翌年に持ち越された事件である。

ところで,図2-1を見ると次のような疑問がおきる。なぜ未済事件審理期間のほうが既済事件審理期間より50%も長いのであろうか。この理由は簡単である。未済事件のなかには処理が困難で審理期間が長期に及ぶものが多数含まれているからであり,一方,既済事件の中には,処理が短期間(6ヵ月以内)で終わるものが多数含まれているからである。

二つの審理期間のギャップは,訴訟の金額(訴額)をウエイトにした加重平均を用いることによって容易に解決する(林屋,前掲書の作成した二つの指標はいずれも単純平均によっている)。加重平均による指標(Weighted Average Index: WAI)は次のような方式で算出される。

$$WAI = \left(\sum_i \sum_j V_j T_i N_{ij}\right) / \left(\sum_i \sum_j V_j N_{ij}\right). \qquad (2-1)$$

ここで V_j $(j=1,\cdots J)$ は訴額であり,その額に応じて J 個のランクに区分されている。また T_i は $(i=1,\cdots I)$ 審理期間であり,その長さに応じて I 個の層に区分されている。そして,N_{ij} は審理期間が i の層に属し,かつ訴額が j のクラスに属している事件の件数である(ここで単純平均による指標はすべての j について $V_j=1$ とおけば得られる)。

さて,図2-1には地裁における民事事件(第1審)審理期間に関する三つの指標,既済事件審理期間(SMDC),未済事件審理期間(SMUC),加重平均による既済事件審理期間(WAI)が比較されている(前二者はいずれも単純平均による)。1970～90年の平均をとると SMDC は13.8ヵ月であり,また WAI の平均は19.2ヵ月である。そして,WAI と SMUC(未済平均審理期間)の水準はほぼ同じであるといえる。結論として,裁判の審理期間の長さは,SMUC と WAI の方が的確に表しているといえる。要するに,裁判の平均審理期間は19.2ヵ月ときわめて長く,これは裁判への需要を抑制する大きな効果をもってきたといえるであろう[2]。

2-3 弁護士市場の計量モデル

本節では,弁護士サーヴィスの単位とその価格について定義し,それに基づいてわが国の弁護士市場モデルを推計する。そして,裁判の審理期間と弁護士サーヴィス価格が弁護士需要にどのような影響を与えているかを検証する。

2-3-1 弁護士サーヴィスの単位と価格

専門職(プロフェッション)サーヴィス需給量の単位(unit)として,フリードマンとクズネッツ(Friedman and Kuznets 1954 pp.155-158)は「一人の弁護士や開業医(individual practitioner)」を用いることを,そしてその価格指標として彼らの「平均所得」を用いることを提案している。本章ではフリ

ドマンとクズネッツの方法を踏襲することにする。

　フリードマンとクズネッツの考えは，ヒックス (Hicks 1946) の複合財 (Composite Commodity) の概念を用いることによって正当化されるであろう。まず，弁護士サーヴィスはヒックスのいう複合財であると考えられる。弁護士サーヴィスの種類は民事裁判の弁護人，和解交渉の代理人，契約書の作成，遺言の作成など多岐にわたっている。そしてこれらのサーヴィス価格はそれらに要する労働時間と作業の複雑さに比例するから，これらの価格は比例的に変動するであろう。ゆえに，弁護士サーヴィスを複合財として扱えることになる。そして，この複合財を供給するのは一人一人の弁護士であるから，その総供給量は｛弁護士総数×1人当りの生産性｝で与えられる。ゆえに，平均的な生産性を持った一人の弁護士を「需給量の単位」と考え，弁護士総数を総供給量と考えることができる。

　次に，需要サイド（消費者）にとって，この複合財の価格指標は，（1人当り）弁護士の粗収入 (Gross Income) で測ることができる。他方，供給サイドにとって，その価格指標は弁護士の純収入 (Net Income) と考えられる。そして，わが国の弁護士にとって，純収入は粗収入のほぼ半分であり両者の比率は安定している（日本弁護士連合会 1981，1991）。以上から，弁護士の純収入を，弁護士サーヴィスの価格指標として用いることが出来るであろう。

2-3-2　理論モデル

　わが国は47の都道府県からなっているが，都道府県ごとの弁護士市場を「県別（ローカル）市場」と呼び，日本全体の市場を「マクロ市場」と呼ぶことにしよう。まず初めにマクロ市場を考える（図2-2(A)）。マクロ市場における供給曲線は，価格に対して完全に非弾力的である。なぜなら，総供給量は1万5千人程度で固定されているからである。一方，マクロ需要曲線は価格の減少関数であり，GDPと人口の増加関数であると考えられる。なぜなら，経済取引

図2-2　弁護士市場のモデル

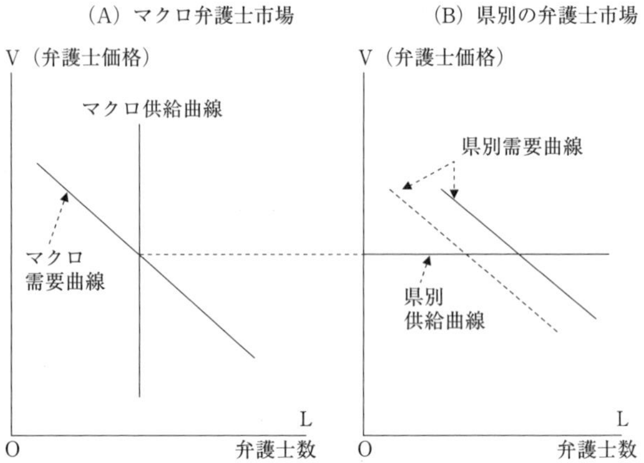

に関連した弁護士需要は経済活動水準の増加関数であり，また人権問題などに関する弁護士需要は人口に比例すると考えられるからである。

次に県別市場を考えよう（図2-2(B)）。県別供給曲線は完全に価格弾力的であり，水平な直線になると考えられる。なぜなら，県別市場はマクロ市場のごく小さな部分であり，しかも弁護士は価格の高い地域へ自由に移動できるからである（実際，弁護士はその資格をとれば日本のどの都道府県においてでも開業できる。そして，弁護士の地域分布をみると，その数は経済規模に比例している。例えば，東京には全体の46.1%が，そして大阪14.0%，愛知4.63%である)。

次に，県別需要曲線のスペシフィケーションについて考えよう。これはマクロ需要曲線と同様に，価格の減少関数であり，また経済規模（県民所得）と人口の増加関数であると考えられる。

最後にマクロ市場と県別市場の関係は以下のように考えられる。マクロ市場の総供給量と総需要量は，それぞれ各県別市場の供給量と需要量を合計したものである。そして，マクロ市場で決定された均衡価格が，それぞれの県別市場の価格水準を決定することになる。

2-4 モデルの推計

本節では初めに，クロスセクション・データを用いて県別の弁護士需要曲線を推計する。次に，この結果を利用してマクロ弁護士需要曲線を推計する。

2-4-1 県別需要曲線と供給曲線の特定化（スペシフィケーション）

県別需要曲線が次式のように特定化されると仮定しよう：

$$\log L_i = \log A + \alpha \log(Y_i/P) + \beta \log(V/P) + \gamma \log(N_i) \qquad (2-2)$$

ここで L_i は第 i 県における弁護士への需要，Y_i はその県民所得，V は弁護士サーヴィスの価格（弁護士の純所得），P は物価指数（消費者物価指数），N_i はその県民人口である。また，α, β, γ はパラメターで（$\alpha > 0$，$\beta < 0$，$\gamma > 0$），A は定数項である。

次に，県別供給曲線は次式のように特定化される。

$$V = V^* \qquad (2-3)$$

ここで V^* は弁護士サーヴィスの価格であり，これはマクロ市場の需給均衡条件から決定される。

2-4-2 所得弾性値の推計

まず，（2-3）式を（2-2）式に代入すれば次のような均衡式が得られる。

$$\log L_i = \log A + \alpha \log(Y_i/P) + \beta \log(V^*/P) + \gamma \log N_i. \qquad (2-4)$$

次に47都道府県のクロスセクション・データを用い，最小二乗法（OLS）によって α （所得弾性値）と γ （人口に対する弾性値）を求めよう。なお，ここで β （価格弾性値）は識別できない。なぜなら，弁護士価格は全国的に同じ水準だからである（ただし，これは理論的な仮定であり，現実には弁護士の所得

表 2-2　都府県別の弁護士需要曲線（1990年）

［被説明変数：log(L)］

説明変数		(1)	(2)	(3)	(4)
(a)	定数項	−13.9227*	−5.9248*	−13.8576*	−15.6823*
		(0.4862)	(0.5037)	(0.4916)	(0.3691)
(b)	log(N)		1.3907*	−0.0476	−0.6576
	(N＝人口)		(0.1024)	(0.8063)	(0.6264)
(c)	log(Y)	1.2003*		1.2408	1.6267*
	(Y：県民所得)	(0.0846)		(0.6901)	(0.5401)
(d)	ダミー変数(#1)				0.7372*
					(0.1661)
重相関係数 R^2		0.8173	0.8039	0.8173	0.9013
サンプル数		47	47	47	46

注：(i) 直接最小二乗法（OLS）による。括弧内は標準偏差。
　　(ii) ＊は5％水準で有意を示す。
　　(iii) ダミー変数(#1)は，高等裁判所があれば1を，しからざる場合は0の数値をとる。
出所：経済企画庁（1990）。

は地域ごとにかなり異なっている［日本弁護士連合会 1991 pp.78-86］)。

　表2-2は推計結果を示したものである。所得弾性値は約1.2であり，県民所得（Y）の方が人口（N）よりも大きな説明力をもっている。県民所得と人口はどちらも95％水準で有意である（1式と2式）。しかし，両変数が同時に用いられたときには（3式）どちらも有意でなくなる。この原因は多重共線性に基づくものであろう。因みに，YとNの相関係数は0.9846である。

　他の年度（1960，1970，1980，1990）における所得弾性値もほぼ同じ水準で（1.157～1.257）あり，安定している（木下 1997）。他方，米国における時系列データからの推計結果では，所得弾性値の大きさは1.5～2.0という結果が得られている（Pashigian 1977）。米国の所得弾性値の方がやや大きいが，これは自然な結果であると思われる。というのは米国においては，弁護士の役割はより大きく，経済活動や人権問題など様々な領域でより深く社会に関わってい

るからである。以上から，わが国の弁護士需要に関する所得弾性値はおよそ1.2と結論してもよいであろう。

2-4-3　マクロ需要曲線の推計

本節では県別需要曲線をアグリゲートしてマクロ需要曲線を導き，次にマクロ需要曲線の推計を行う。そして，この推計結果から弁護士市場への規制政策について考える。

(i) 県別需要曲線からマクロ需要曲線へのアグリゲーション

アグリゲーションのために次のような仮定を置くが，この仮定は過去30年 (1960～90年) のデータからみて妥当なものと考えられる。

仮定：各都道府県の県民所得 (Y_i) が国民所得 (Y) に占める割合 ($w_i = Y_i/Y$, $i = 1 \ldots 47$) は多年度にわたって一定である。

さて，マクロ需要曲線へのアグリゲーションは以下のように簡単に行える。まず，県別需要曲線 (2-2) 式から多重共線性のある変数 (人口, N) をはずして，次のような式を仮定する。

$$\log L_i = \log A + \alpha \log(Y_i/P) + \beta \log(V/P), \quad (i = 1 \ldots 47) \qquad (2-5)$$

つづいて，(2-5) 式に $w_i = Y_i/Y$ を代入して整理すると以下のようなマクロ需要曲線が得られる。

$$\begin{aligned}\log(L_M^D) &= \log(L_1 + L_2 + \ldots + L_{47}) \\ &= \log A + \log(w_1^\alpha + w_2^\alpha + \ldots + w_{47}^\alpha) \\ &\quad + \alpha \log(Y/P) + \beta \log(V/P).\end{aligned} \qquad (2-6)$$

(2-6) 式右辺の第1項と第2項は定数である。したがってマクロ需要曲線と県別需要曲線は同じ関数型 (スペシフィケーション) になることが分かる。すなわち，マクロ需要曲線は国民所得 (Y) と弁護士サーヴィス価格 (V) の

関数であり，その所得弾性値（α）と価格弾性値（β）は県別需要関数のそれと同じであることが導かれる。

(ii) マクロ需要曲線の推計

2-4-2で得られた所得弾性値を用いて，マクロ需要曲線を推計するが，その前提条件として，マクロ市場における弁護士の供給数（L_M^S）は外生的に与えられると仮定しよう（総数は1万5千人で，毎年，新規に開業する人数は300～400で一定である）。すると（2-6）式から，以下のような均衡式が得られる。

$$\log(L) = \text{constant} + \alpha\log(Y/P) + \beta\log(V/P). \qquad (2-7)$$

ここで $L = L_M^S = L_M^D$ である。

次に，弁護士数，国民所得，弁護士所得（弁護士のサーヴィス価格）の時系列データを用いて（2-7）を推計する。ただし，これら三つの変数はいずれもトレンド・コンポーネントが大きい。そこで次のような推計式を用いることにする。

$$\log(L) - \alpha\log(Y/P) = \text{constant} + \beta\log(V/P), \qquad (2-7)$$

ここで，α（所得弾性値）には前節で得られた1.2を用いる。また，Yは国民所得，Vは弁護士の純所得，Pは消費者物価指数を用いる。

前述したように，弁護士所得に関するデータは多くない。利用可能なのは1960，1980，1990年の三ヵ年のみであり，したがって時系列データは入手不可能である。そこで以下のような方法で近似的な時系列データを作った。まず初めに，1960，1980，1990年の弁護士の名目所得を，消費者物価指数を用いて1990年の実質所得に変換する。次に，1960年から80年にかけての実質弁護士所得の伸び率が一定であると仮定して，各年度の弁護士所得を求める。1980年から1990年にかけても同様に伸び率が一定であると仮定して各年度の実質所得を求める（このように，ここで用いる弁護士所得の時系列データがもつ情報は，

趨勢的なもののみで、景気変動的な情報は含まれていない。その意味で完全なデータではない)。

(iii) 推計結果

表2-3は推計結果をまとめたものであるが、説明変数に裁判の審理期間（地裁民事、第1審）を加えている。その理由は、審理期間が長くなるほど、裁判への需要が減り、引いては弁護士への需要が減ると考えられるからである。

(b)行は価格弾性値を表しているがその大きさは−0.35〜−0.44であり、いずれも有意である。しかし前述したように、弁護士所得の時系列データは十分満足できる精度ではない。したがってこれらの価格弾性値は大まかな推計値というべきであろう。Houthakker and Taylor (1946) によれば、米国での価格弾性値はおよそ−0.5である。これと比較すれば、わが国の弾性値はやや小さいということになる。

もう一つの重要な説明変数は「審理期間」である。ここでは三種類の審理期間（いずれも地裁、民事、第1審)、すなわちWADC（加重平均による既済事件審理期間)、SMDC（単純平均による既済事件審理期間)、SMUN（単純平均による未済事件審理期間）が用いられている。WADCは5％水準で有意であり、その数値は−0.5584である。単純平均による審理期間（SMDCとSMUC）はいずれも有意ではなく、このことから加重平均による審理期間の方が優れているといえるであろう。

変数RACJは「旧受件数／裁判官総数」である。これは地裁が抱えている裁判の総件数を裁判官総数で割ったものであり、「裁判官1人当りの受け持つ件数」の代理変数である（なお、地裁に所属する裁判官の数は裁判官総数の約半分でほぼ安定している)。もし、RACJが増加すれば、それは裁判への需要が増加していることを意味し、したがって弁護士への需要を増やすであろうと

表2-3 マクロ弁護士需要曲線

[被説明変数：$\log(L) - 1.2\log(Y/P)$]

	(1)	(2)	(3)	(4)	(5)
(a) 定数項	-2.862*	-0.9991*	-3.4241*	-2.5125*	-3.4728*
(b) $\log(V)$	-0.3891*	-0.4195*	-0.3540*	-0.4125*	-0.4402*
	(0.0345)	(0.0289)	(0.0620)	(0.0455)	(0.0348)
(c) $\log(\text{WADC})$		-0.5584*			-0.4205*
		(0.1612)			(0.1742)
(d) $\log(\text{SMDC})$				-0.0695	
				(0.0834)	
(e) $\log(\text{SMUC})$			0.1111		
			(0.1668)		
(f) $\log(\text{RACJ})$					0.5477*
					(0.3005)
重相関係数 R^2	0.8694	0.9217	0.8725	0.8734	0.9154
推計期間	1970～90	1970～90	1970～90	1970～90	1970～89
サンプル数	21	21	21	21	20

注：(i) 括弧内は標準偏差を表す。
(ii) V：弁護士の実質所得
WADC：既済事件の審理期間（加重平均）
SMDC：既済事件の審理期間（単純平均）
SMUC：未済事件の審理期間（単純平均）
RMCJ：民事事件旧受件数／裁判官総数（除く簡裁）
(iii) *は10%水準において有意を表す。
出所：弁護士の実質所得（V）は日本弁護士連合会（1981，1991）をもとにした筆者による推計。
WADCとRACJは司法統計年報をもとにした筆者による推計。
SMDCとSMUCは林屋（1993）による。

考えられる。この変数は10%水準で有意であるが，このことは裁判所サーヴィスと弁護士サーヴィスが互いに補完財であることを示しているであろう。

第(2)式によれば，WADCに関する弾性値は-0.56である。これを解釈すれば，もし審理期間（WADC）が10%短縮されれば，それは弁護士需要を5.6%あるいは840人（＝0.056×15,000）増加させることになる。この結果から，「最高裁は裁判需要，そしてそれから派生する弁護士需要を抑制するために，審理期間の短縮に積極的でない」という仮説が妥当性を持つと言えるであろう。

2-5　弁護士の人的投資収益率

本節では，弁護士の人的投資収益率について考える。もし供給が規制されて，弁護士が独占的利益（準地代）を得ていれば，その人的投資収益率は競争的水準より高いことが推測される。果たしてそのような推計結果が得られるであろうか。

結論を先に述べれば，弁護士の人的投資収益率は意外にも０％前後の大きさで，予想よりはるかに低い水準である。言いかえれば，弁護士は独占の利益を享受していないことになるが，それはなぜであろうか。

2-5-1　人的投資収益率の考えかた

人的投資（あるいは教育投資）とは，実物投資の考え方を教育（人への投資）に適用したものであり，ベッカー（1975）らによって発展されてきた。本節で用いる方法はローゼン（Rosen 1992）に基づくもので，より簡便化されたものである。

まずその概略を述べよう。弁護士になるには，その教育のために一定の年月と費用をかけねばならないが，資格取得後はより高い所得を得ることができる。いま，大学卒業者が得られる年所得をU，弁護士になった場合の年所得をLとする（ここで簡単化のために毎年のUとLは一定額であるとする）。そして弁護士になるためには，その教育を受ける期間（N年）に毎年一定額（I）を投資する。これらを表にすると以下のようになる。

大卒労働者者と弁護士の年所得の比較（N＝3の場合）

年　齢	22歳	23歳	24歳	25歳	26歳	…		
大卒所得	U	U	U	U	…			
弁護士の所得	$-I$	$-I$	$-I$	L	L	…		

さて，弁護士になるために行った教育投資の収益率（r）は，教育投資期間

の年数をN，リタイアーするまでの勤続年数をTとすれば，次の式で表される。

$$L\{1/(1+r)^{N+1}+1/(1+r)^{N+2}+\cdots+1/(1+r)^T\}$$
$$-U\{1/(1+r)+1/(1+r)^2+\cdots+1/(1+r)^T\} \quad (2\text{-}8)$$
$$=I\{1/(1+r)+1/(1+r)^2+\cdots+1/(1+r)^N\}$$

上式の意味は，所得と教育投資費用を大学4年生（21歳）の現在価値で評価したとき，投資の総額（右辺）が，弁護士所得の流列から大卒所得の流列を引いたもの（左辺）に等しくなるような割引率（r）が，教育投資の収益率になるというものである。この投資収益率の概念は一見複雑そうにみえるが，銀行預金の利子率と全く同じものである。

ところで，ローゼン（ibid.）は上式にさらに次の二つの仮定をおいて，簡便に操作が行えるようにしている。

(a) リタイアー後も，未来永劫に同じ所得を得る。
(b) 教育投資額（I）はゼロとして無視する。

前者の仮定は，リタイアー後の所得の割引現在価値（21歳における）は全体の10％程度でそれほど大きくないこと，また後者の仮定は，教育投資のデータが得にくいことからきている。ただし，教育投資費用を無視すると，推計された投資収益率が高めになることに留意する必要がある。

これら二つの仮定をおくと，上式は以下のように簡単な形になる。

$$L\{1/(1+r)^{N+1}+1/(1+r)^{N+2}+\cdots\}=U\{1/(1+r)+1/(1+r)^2+\cdots\}$$

そして，両辺の ｛ ｝内は無限等比級数の和であるから，結局，次のような簡単な式になる。

年平均所得の比と教育投資収益率の関係：$L/U=(1+r)^N$ （2-9）

すなわち，弁護士と大卒者の年平均所得の比（L/U）は，"1＋収益率"のN（投資期間の年数）乗になる。

第2章 弁護士市場の規制とその帰結 51

表2-4 弁護士（東京都）の平均所得（年齢別）

(単位：100万円)

年齢（歳）	20～	30～	40～	50～	60～	70～
日弁連調べ（1980）	3.47	5.48	8.38	11.34	8.42	5.30
Alexander & Tan（1984）						
国際弁護士	3.98		15.48		29.11	
一般の平均値	NA		NA		6.43	

注：(1) 国際弁護士とはもっぱら国外の顧客に特化した弁護士をいう。Alexander & Tan（1984）によれば，彼らは一般弁護士の4倍以上の所得を得ているという。
(2) Alexander & Tan（1984）推計は，東京の弁護士所得を国税庁データに基づいて行っている。
(3) 日弁連推計とAlexander & Tan推計を比較すると，両者はおおよそ一致している。これから日弁連推計の信頼性を窺うことができよう。
(4) 日弁連サーベイのサンプル数と回収率は以下のようになっている。

日弁連調査のサンプル数と回収率（全国）

	(a)1960年調査	(b)1980年調査	(c)1990年調査
母集団数	6,312	11,466	13,919
サンプル数	1,000	4,036	4,000
回答数	296	1,639	1,032
回収率	29.6%	41.3%	25.8%

2-5-2 弁護士への人的投資収益率の推計

弁護士への人的投資収益率を次のような手順で求める。

(1) 生涯所得の推計

大卒者の賃金プロファイルから，その生涯所得 S_U（25歳での現在価値）を求める。同様にして弁護士の生涯所得 S_L（25歳での現在価値）を求める。データは1960，1980，1990年の労働統計年報による賃金プロファイルと弁護士所得のプロファイル（表2-4には1980年のみ掲載）とを用いる。なお，弁護士所得には司法研修所において与えられる給与も含める。そして表2-5は，弁護士と大卒男子労働者の生涯所得（25歳での現在価値）の比（S_L/S_U）を求めたものである。

ある年の賃金プロファイルから生涯所得を推計する方法は，その年（例えば1960年）の賃金プロファイルが彼らの生涯にわたって維持されていくという仮

表 2-5　生涯所得（S_L/S_U）の比（割引率は 5 %と10%）

	1960年		1980年		1990年	
	5%	10%	5%	10%	5%	10%
弁護士を始める年齢						
25歳（N＝1）	2.19	1.81	1.33	1.19	1.88	1.65
（1年間の追加投資）						
27歳（N＝3）	2.08	1.63	1.26	1.09	1.77	1.47
（3年間の追加投資）						
29歳（N＝5）	1.97	1.48	1.21	0.999	1.68	1.32
（5年間の追加投資）						
31歳（N＝7）	1.85	1.31	1.14	0.897	1.57	1.17
（7年間の追加投資）						
裁判官	1.85	1.44	1.52	1.24	1.52	1.23
（25歳で任官）						
公務員（キャリア）	1.59	1.38	0.935	0.918	0.932	0.927
（22歳で就任）						
男性労働者	1.0	1.0	1.0	1.0	1.0	1.0
（22歳就業）						

注：(1)生涯所得の算定は25歳時点での割引価値によって求めた。
　　(2)弁護士の生涯所得は日本弁護士連合会（1981, 1991）による年データから推計した。
　　　裁判官，公務員，男性労働者の生涯所得は月次額（M）から次の算式で求めた。
　　　$\{$裁判官と公務員：$1.3M \times 12 + 4M\}$
　　　$\{$男性労働者：$1.1M \times 12 + 4M\}$
　　　ここで4Mはボーナスの大きさが4ヵ月であるとの仮定に基づく。また，1.3と1.1はそれぞれの手当てなどを考慮した数値である。
　　(3)定年は裁判官と弁護士は70歳，それ以外は60歳と仮定した。より詳しくは木下（1996, 1997, 1998）を参照されたい。
出所：『労働統計年報』（1960, 1980, 1990），日本弁護士連合会（1981, 1991），法律時報編集部（1960），人事院（1960, 1980, 1990）。

定に基づいている。もちろんこれは事実としては成り立たないが，近似的な方法としてしばしば用いられる方法である。

(2)　生涯所得を「年所得」に変換する。

　大卒者は，就職後毎年一定額Uの賃金を未来永劫にわたって受け取り，同様に弁護士も開業後，毎年一定額Lの所得を未来永劫にわたって得ると考える。また，割引率をd，弁護士の教育投資期間をNとすると，次の関係が成り立つ。

$$S_U = U/d,$$
$$S_L = L/d - L[(1+d)^{-1} + (1+d)^{-2} + \cdots + (1+d)^{-N}]$$
$$= (L/d)(1+d)^{-N}$$

そして，両式から次式が導かれる。

$$L/U = (S_L/S_U)(1+d)^N. \qquad (2\text{-}10)$$

これから生涯所得の比 (S_L/S_U) を年平均所得の比 (L/U) に変換できるが，これらは表2-6に記されている。例えば，表2-5の一行目 (N=1)，1960年の欄を見ると，割引率5％では$S_L/S_U=2.19$である。したがって，L/U=2.19×$(1+0.05)^1=2.30$となり，これが表2-6の対応した欄に記されている。

(3) **年所得の比 (L/U) から教育投資収益率 (r) を求める。**

上述したように，年所得の比と投資収益率との関係はL/U=$(1+r)^N$であるから，これを用いて，年所得の比率を人的教育投資の収益率 (r) に変換することができる。例えば，表2-6の一行目 (N=1)，1960年の欄で割引率5％の場合ではL/U=2.30であった。このとき，$(1+r)^1=2.30$であるから，r=1.30 (130％) となるが，これが (2.30) の上段に記入されている。

表2-6をみると，人的投資の期間 (N) が長くなるほど，投資の収益率 (r) は低くなることが示されている。もし29歳で弁護士を開業する場合（合格までに5年間を要しN=5，2年間の司法研修を受ける），人的投資の収益率は1960年では20～19％，1980年では9～10％，そして1990年では16％ということになる。Danielson and Okach (1971) によれば，日本における大学教育の投資収益率はおよそ10.5％であり，また米国のそれもほぼ10％程度であるという。それらと比較すると，弁護士への人的投資収益率はこれらよりやや高いようにも見える。

しかし，実際に合格するまでの平均期間はほぼ7年を要している。この場合には投資収益率は1960年では14～15％，1980年では7～8％，そして1990年で

表2-6 弁護士の教育投資収益率（%）

割引率	1960年		1980年		1990年	
	5%	10%	5%	10%	5%	10%
弁護士開業の年齢						
25歳(N=1)	130%	99%	40%	31%	97%	82%
(L/U)	(2.30)	(1.99)	(1.40)	(1.31)	(1.97)	(1.82)
27歳（N=3）	34%	29%	13%	13%	27%	25%
(L/U)	(2.41)	(2.17)	(1.45)	(1.45)	(2.05)	(1.96)
29歳（N=5）	20%	19%	9%	10%	16%	16%
(L/U)	(2.51)	(2.38)	(1.54)	(1.61)	(2.14)	(2.12)
31歳（N=7）	15%	14%	6.9%	8.3%	12%	12%
(L/U)	(2.61)	(2.56)	(1.60)	(1.75)	(2.21)	(2.27)

注：括弧内の数値はL/U。ただし，ここでL，Uはそれぞれ弁護士と男子大卒労働者の（生涯にわたって一定と仮定した場合の）「年所得」である。

は12%である。これらの数値は7年間の教育投資をかろうじてペイするレベルの収益率であるといえよう。それゆえ，もし大学卒業後7年間で確実に司法試験に合格することができれば，投資コストを回収できるといえる。しかし，ここでもう一つの条件，すなわち司法試験の合格確率を考慮しなければならない。

2-5-3 司法試験合格確率を考慮した期待収益率

司法試験の合格率はきわめて低く設定されており，受験者が30歳までに合格する確率は15%にすぎない。また，35歳まで受けつづけたとしても合格する確率はやっと20%である（表2-1）。そこでこれらの合格確率に基づいた収益率，すなわち期待投資収益率（ERRH）を求めなければならない。

表2-7は期待投資収益率（ERRH）を求めたものである。二種類のケースが仮定されているが，ケースAは合格確率（Pr）が0.1のとき，またケースBは合格確率（Pr）が0.2のときである。そして，それぞれ開業する年齢は29歳と31歳の場合が想定されている。また前提条件として，もし司法試験を断念した場合には，大卒者の8割の年所得しか得られないと仮定する。

ケースAにおいて29歳で開業する場合，その期待投資収益率（ERRH）は，

第2章 弁護士市場の規制とその帰結 55

表2-7 期待投資収益率（ERRH, 割引率5%）

開業する年齢	1960年	1980年	1990年
ケースA．（弁護士になれる確率 Pr=0.1）			
29歳	−0.59%	−2.66%	−1.36%
（N=5）	(0.971)	(0.874)	(0.934)
31歳	−0.28%	−1.80%	−0.86%
（N=7）	(0.981)	(0.880)	(0.941)
ケースB．（弁護士になれる確率 Pr=0.2）			
29歳	2.69%	−1.06%	1.34%
（N=5）	(1.142)	(0.948)	(1.068)
31歳	2.17%	−0.58%	1.14%
（N=7）	(1.162)	(0.960)	(1.082)

注：表中の数値（%）は「期待収益率（ERRH）」で、また下段括弧内は「期待所得の比率（EIR）」である。算出の手順は以下のように求めた。ただしX2は弁護士の年所得、X1は大卒の年所得でX2/X1=L/Uは表2-6の括弧内に与えられている数値である。また、Prは弁護士になれる確率、そしてZは大卒中途採用者（弁護士を諦めたもの）の年所得で、男子大卒者所得の80%（Z/X1=0.8）と仮定した。
EIR = (Pr)(X2/X1) + (1−Pr)(Z/X1),
ERRH = (EIR)$^{1/N}$ − 1.

1960年では−0.59%、1980年では−2.66%、そして1990年では−1.36%になる（計算の手順は同表の注を参照）。次に、ケースBにおいて31歳で開業する場合、そのERRHは1960年では2.17%、1980年では−0.58%、そして1990年では1.14%になる。現実はこの二つのケースの中間と考えてよいであろう。

ERRHについてのこれらの数値、すなわち−2.66%～2.17%はほぼ0%レベルの水準であり、大卒者の教育投資収益率10%からは遥かに低い水準である。この結果は弁護士になるための教育投資が全く元のとれないものであることを示している。したがって、弁護士は人的資本投資に全く適さない職業だったということができる。そして、大学卒業後、数年にわたって弁護士にチャレンジし続けるというのは非合理的な行為だと言ってもいいすぎではないことになる。

2-6 弁護士サーヴィスの独占的価格水準

供給制約により、弁護士サーヴィス価格は独占的な高い水準になっていることが予想されるが、果たしてそうなっているだろうか。弁護士サーヴィスの価

格水準が，競争的な場合よりどれくらい高くなっているかを見るには，二つの要因を考慮しなければならない。第一は，能力が十分な弁護士を養成するために必要かつ十分な訓練期間は何年かという問題であり，第二は，弁護士の人的投資に対して適切な収益率はどれくらいかという問題である。

米国やヨーロッパ諸国では，法律家の養成に大学卒業後およそ3年間を費やしている。そして，合格率は80〜90%であり，弁護士の開業は25歳からというのが標準であろう。次に適切な収益率はどれくらいであろうか。大学教育の投資収益率が10%であるとすれば，弁護士のそれは15%とみるのが妥当であろう。

この考えを，前節のモデルにあてはめてみよう。大学卒業後3年で開業というのは$N=1$の場合，すなわち弁護士を25歳で開業することである。まず，割引率が5%である場合を考える。1990年において，年所得の比率は$L/U=1.97$であった（表2-6の下欄括弧内）。ここでもし，適切な人的投資収益率が15%であって，しかも市場への規制が全くなかったとすれば，$X2/X1=(1+RRH)^1=1.15$という関係が成立しなければならない。したがって，$(1.97-1.15)/1.15=0.713$となり，これは弁護士サーヴィス価格が，競争的な場合に比べて71.3%高いことを意味している。同様にして，割引率が10%である場合には，価格水準は58.3%　$[0.583=(1.82-1.15)/1.15]$高いことになる。

表2-8は，実際の価格水準と競争的な場合のそれとがどれくらい乖離しているかをまとめたものである。1980年は弁護士にとってそれほど景気のよい年ではなかったようである。このとき弁護士サーヴィス価格は21.7%から13.9%高かったことになる。また1960年は，100%から73.0%高かったことになる。以上から，弁護士サーヴィス価格は，供給制限による独占的な高価格水準にあったと結論できる[3]。

弁護士サーヴィス価格は，上記のように独占的な高価格水準になっている。しかし前節で述べたように，弁護士の教育投資収益率は異常に低く，したがっ

表2-8 弁護士サーヴィスの独占的価格

割引率	1960年		1980年		1990年	
	5%	10%	5%	10%	5%	10%
(1) X2／X1 （実際値）	2.30	1.99	1.40	1.31	1.97	1.82
(2) X2／X1 （競争的な場合）	1.15	1.15	1.15	1.15	1.15	1.15
(3) 独占による価格の乖離	100%	73.0%	21.7%	13.9%	71.3%	58.3%

注：(3) = [｜(1) − (2)｜/(2)]*100で求めた。
ただし，ここでX2，X1はそれぞれ弁護士と男子大卒労働者の（生涯にわたって一定と仮定した）「年所得」。

て彼らは独占利益（準地代）を得ていないということになる。それゆえ規制による準地代は，弁護士以外の誰かが得ていることになる。

2-7 要約

本章は以下のように要約できるであろう。
(1) 弁護士の供給は，合格率を制限した司法試験によって厳しく規制されてきた。一つのコホートでの毎年の合格率は0.1～2.9％であり，最終的な合格率の総計は20％であり，残りの80％は合格を諦めている。また，もっとも年長の合格者は40歳である。
(2) 平均審理期間は裁判の質を表す重要な指標である。訴額をウエイトにして算定した平均審理期間（地方裁判所，民事事件，第1審）は19.2ヵ月である。この加重平均による審理期間は単純平均による審理期間より約6ヵ月長い。指標としては加重平均の方が合理的である。
(3) 弁護士サーヴィス価格は競争的な場合に比べて13.9～100％高い。これは弁護士供給の制限に伴い，独占的な価格水準になっていたことを意味している。
(4) 弁護士への人的投資に対する期待収益率（ERRH）は−2.66％～2.17％

であり，ほぼ０％の水準である。大学教育の人的投資収益率が約10％であることを考えると，これは驚くほど低い数値である。この事実は，弁護士が弁護士市場規制によってもたらされる準地代を得ていないことを意味している。そして，弁護士以外の誰かが規制による準地代を得ていることを意味している。

以上から，日本の弁護士市場は厳しく規制されてきたと結論できるであろう。消費者はより高い価格を支払っていながら，一方で弁護士は規制のもたらす準地代を受け取っていない。とすれば，一体だれがこの準地代を得ているのであろうか。これに対して Ramseyer（1986）はきわめて興味深い仮説を提起している。彼によれば，自民党などの保守主義者や官僚組織が準地代の分け前を得ていたのではないかと推測している。

純粋に経済学的な見地からみても，弁護士市場は大学生にとって人的教育投資に適した市場ではなかったと言わざるをえない。もっとも合理的な選択は，司法試験を一度か二度試みて，もし不成功に終われば，どこかほかの進路に転じるということであろう。

それにしても，毎年50倍に及ぶ人たちが司法試験に挑戦を続けてきた。そして，平均的な合格者は大学卒業後７年間を要している。０％の教育投資収益率という司法試験に，一体どのような人たちが挑戦を続けていたのであろうか。

弁護士は医者とならんで，我々の社会においてもっとも尊敬される専門職（profession）である。このようなもっとも尊敬されるべき職業への機会が，大学生にとってかくも長く閉ざされてきたことは非常に不幸なことであった。

ところで，法科大学院の開設（平成14年）は，これまでの弁護士市場規制政策を大きく変更するものになった。もし３年（あるいは２年）の法科大学院の修了によって弁護士資格の獲得がほぼ確実になるとすれば，それはどのような事態をもたらすのであろうか。おそらく今しばらくは弁護士の不足状態が続く

であろうと思われる。とすれば，新たに参入し始める法科大学院卒の弁護士たちが準地代を獲得するのであろうか。あるいは，法科大学院も準地代の分け前にあずかるのであろうか。

注
1) 日本国憲法37条①は，刑事裁判における迅速な裁判を宣言している。民事裁判についてはこのような条項はないが，迅速な裁判が重要であることに変わりはない。
2) 1990年までSMUCとWAIはほぼ同水準で似た動きをしているが，1993年以降，両者には乖離が生じている。この原因としては，バブル経済の崩壊に伴い新受件数が急増したことが考えられる。1997年以降，両者の乖離は収束して行くようにも見えるが，その動きは定かではない。なおWAIを推計するもとになる表を，最高裁は1998年以降の司法統計年報から削除している。そのため残念ながら，それ以降のWAIの推計は困難になった。
3) 次のようなケース，すなわち大学卒業後5年の教育を要し（N=3），割引率が5％である場合を考えてみよう。1990年において，もし適切な収益率（RRH）が15％であり，かつ規制がないとすれば，年所得の比率は1.15^3 [$(X2/X1) = (1+RRH)^3$]になる。したがって，価格水準は競争的な場合にくらべて34.8%（$0.348 = [2.05 - 1.15^3]/1.15^3$）高くなっているということができる。

第3章　司法書士制度の史的展開

　「わが国の制度は，弁護士にしても全部上からつくられてきたわけでしょう。ところが，司法書士の場合には明治以来見てきてもわかるように，実態ができると，ようやく法改正ということになるのです。……だから私は，司法書士を'生成中の法律家'とよぶのです……」。

江藤价泰（『月報司法書士』1993.1, p.19）

……本章の主な内容……

(1) 司法書士制度の淵源は明治5年の「司法職務定制」に遡る。

(2) これまで，司法書士の経済的基盤はもっぱら登記業務であったが，それは明治19年の「登記法」に由来する。

(3) 平成14年の司法書士法改正以前は，司法書士の裁判事務に関連した業務は，弁護士法72条などにより厳しく規制されてきた。しかし，微々たる規模ではあったが，司法書士は本人訴訟のサポートを行ってきた。

(4) 平成14年の司法書士法改正により，簡易裁判所における訴訟代理業務が認可され，司法書士の役割と職域は大きく変化することになった。

3-1　序

　司法書士制度の歴史は，法律家に対する規制の歴史でもある。制度の淵源は明治5（1872）年の司法職務定制にまで遡るが，爾後，明治憲法下の絶対主義的政府も，そして第二次大戦後の政府もともに，司法書士の法律家的活動を厳しく取り締まってきた。

　司法書士制度の歴史には二つの大きな転機があった。一つは前述した「平成14年の司法書士法改正」であり，もう一つは「明治19（1886）年の登記法」である。今日まで司法書士の経済的側面を支えてきたのは登記の仕事であったが，それは帝国憲法発布（明治22年）の前にまで遡るのである[1]。

　司法書士が法律家として一人前の資格を与えられたのは，平成の司法改革に伴う「平成14（2002）年の司法書士法改正」に至ってのことであるが，それまでにおよそ130年が経過したことになる。法律家たらんとしてきた司法書士がかくも長く規制されてきたその時代的背景はいかなるものであったのだろうか。

　「平成の司法改革」は司法書士の新規供給者数も増加させることになった。司法書士国家試験の合格者数は1990年までは400人／年程度であったが，その後漸増して2005年には800人以上へと倍増している。これを反映して登録者総数もここ数年増加傾向にある（表3-1）[2]。

　本章の構成は以下のようになっている。第2節では，司法書士制度の沿革史を概観する。これによって，明治以来わが国における法律家に対する規制が，いかに大きかったかが，そして戦後の55年体制においても，司法書士に対する規制は依然として強かったことが分かるであろう。

　第3節では，「司法書士実態調査（平成2年）」に基づいて，平成14年改正法前の司法書士制度をみる。この時点では司法書士の法律業務がいかに厳しく規制されていたか，そして登記業務が彼らの経済を支えていたことが分かるであろう。続いて第4節では，「平成16年度新人研修者アンケート調査」によって，平成14年の法改正後における新人司法書士の意識を見る。二つの調査を比較す

表 3-1　司法書士関連統計

	登録者総数(人)	新規登録者数(人)	登録取消し数(人)	国家試験合格者数(人)	合格率(％)	合格者平均年齢(歳)
1980				372	1.9	
1981				371	1.9	
1982				382	2.0	
1983				383	2.2	
1984				370	2.0	
1985				374	2.1	
1986				388	2.2	
1987				404	2.2	
1988				404	2.2	
1989				406	2.2	
1990				408	2.2	
1991	16,728	506	378	408	2.2	
1992	16,856	565	435	403	2.2	
1993	16,986	446	414	405	2.2	
1994	17,018	497	463	440	2.4	
1995	17,052	465	419	479	2.7	
1996	17,098	447	459	504	2.6	
1997	17,086	451	459	539	2.5	
1998	17,078	449	454	567	2.6	30.22
1999	17,073	483	481	577	2.6	29.66
2000	17,075	494	474	605	2.7	30.62
2001	17,062	521	534	623	2.7	30.64
2002	17,211	621	546	701	2.8	31.56
2003	17,376	695	530	790	2.8	31.20
2004	17,442	618	552	865	2.9	31.15
2005	17,608	945	779	883	2.8	31.59

出所：「登録者総数」以外のデータは「月報司法書士」による。また，登録者総数は2000年の17,075人に「新規登録者数－登録取消し数」を加減して求めた。

れば，平成14年改正法がいかに大きなインパクトを与えたかが分かるであろう。

3-2　司法書士制度の沿革

　本節では司法書士制度の歴史を年代順に記述し，明治期から様々な規制を受けてきた司法書士が，平成の司法改革をへて法律家としての地位を確立するまでの生成過程を概観する。いま司法書士の法律家への発展史を見るとき，それ

を現代の弁護士制度を比較基準にして見ていくのが有効であろう。より具体的に言えば，以下のような諸点に着目しながら見ていく。

(1) 司法書士の資格が法制度的にどのように位置づけられているか。たとえば，行政府（法務局）の管轄下にあるか，あるいは司法府（裁判所）の管轄下にあるか。
(2) 司法書士の主たる職域が何処にあるか。たとえば，行政事務（登記業務など）かあるいは法律事務（訴訟代理，法律相談など）か。
(3) 資格の認定が，認可制度と試験制度のいずれによるか。
(4) 司法書士の団体が強制加入であるか否か。そしてその団体が倫理規定を持つか。

3-2-1 「司法職務定制（明治5年）」：司法書士制度の淵源

司法書士制度の淵源は明治5年の司法職務定制に遡る。それは明治憲法制定（明治22年）よりもさらに17年前のことであり，新国家の制度づくりがまさに緒に就いたばかりのときであった。不平等条約の改正を急ぐ明治政府にとって，近代的な司法制度を構築することは焦眉の急務であり，その責を担ったのは初代司法卿・江藤新平であった。彼は御雇い外国人 G. H. ブスケの助力のもとにフランスにならった近代的司法制度をつくり上げようとしたが，江藤が司法卿に就任したのは明治5年4月で，わが国最初の裁判所法である司法職務定制（明治5年8.3）が太政官無号達をもって布告されたのは，そのわずか3ヵ月後のことであった。

司法職務定制第10章は証書人／代書人／代言人について定めているが，これらはそれぞれ今日の公証人，司法書士，弁護士に対応するものである。その仕組みは当時先進的であったフランスの二元的弁護士制度における代訴士（avoué）と弁護士（abocat）にならったものといわれている（江藤1970 p.14）。この中で代書人の職分は「人民ノ訴状ヲ調成シテ其詞訟ノ遺漏無カラシム（第42条）」ことであり，一方，代言人の職分は「自ラ訴フル能ハサル者ノ為ニ代リ其訴エノ事情ヲ陳述シテ枉冤無ナカラシム（第43条）」ことであっ

た。このように、代書人と代言人はいわば双生児として誕生したのであった。

　その1年後に、訴答文例（太政官布告第247号、明治6年7.17）が定められた。これは訴状とそれに対する答書の形式を定めたものであるが、これらの作成には必ず代書人を用いるべきことが、言いかえれば、「代書人強制主義」が定められた。江藤（1966 pp.294-306）は代書人と代言人の分業関係について「代言人が訴訟上の原則の一つとして口頭主義を担保する役割を果たすべき存在として性格規定されているのに照応して、代書人は書面主義を担保する役割を果たすべき存在として性格規定された」と述べている[3]。

　ところで、当然ながらこれらの制度は全く未完成であり、誰を代書人にできるかなどその運用に混乱をきたした。そのために代書人強制主義はわずか1年たらずのうちに廃止されることになるが、これは「代書人用方改定（明治7年7.14太政官布告第75号）」をもって布告された。同布告には、代書人を伴わないときは「親戚又ハ朋友ノ者ヲモッテ差添人ト」なすと定めた。さらに翌明治8年（2.3）太政官布告第13号によって、差添人も不要とする布告が出されたが、『日本司法書士史』（日本司法書士会連合会 1981 p.150）によれば、この布告の意義は「本人訴訟（当事者訴訟）を承認したことにある」という。そして、今日にいたるまでわが国は（弁護士強制主義をとらず）本人訴訟を認めてきたのである。

　しかるうちに「代言人規則」が明治9年（2.22）に公布され、わが国の訴訟代理制度は二元的なものから一元的なものへと大きく転換することになった。というのは、理由は不明であるがこのとき同時に制定されるはずであった「代書人規則」が制定されなかったからである（『東京弁護士会百年史』pp.18-19）。そして、代言人規則は明治13年に改正されるが、その数年の間に代言人規則に関する補充、追加、改正が幾度か繰り返されて制度を整えてゆき、こうして「弁護士法」が明治26年に制定されて代言人（弁護士）はその地位を確立したのである。これに対して代書人についての法的地位は当初のままであり、法制度的には継子扱いされてしまったのであった[4]。

3-2-2　登記法（明治19年8月11日）の制定

　明治19年登記法が制定され，これが司法書士の役割に大きな変化をもたらすことになった。今日まで，司法書士の経済を支えてきたのは登記業務であり法律事務ではない。司法職務定制では裁判事務を行うように構想されていた代書人が，その本務というべき裁判事務ではなく登記業務をもっぱらにするようになったのはこのとき以来である。

　登記法は明治19年に法律第1号として公布された。これは明治政府にとって収税目的上（特に地租との関連）からも重要な法律であり，政府予算との関係もあって急遽公布された。そして，同法第3条により，登記事務が治安裁判所で取り扱われることになった。すなわち，登記事務が行政事務ではなく司法事務に組み込まれたのである。

　ところで登記手続きの担い手として代書人が用いられるようになった理由は，フランスのように登記事務の担い手として十分な数の公証人が存在しなかったことと，一方，すでに一定数の代書人が裁判所の周辺に裁判手続きの代行を業として居を構えていたことにあった（『日本司法書士史』pp.56-58）。さらに，登記を代理人によっても行えることが明治23年の登記法改正で定められ，こののち今日まで，登記事務は代書人（司法書士）の職域の中核となるにいたった。こうして代書人（司法書士）は法律家たるべき理念を持ちながら，登記という行政事務的な職域によってその生活を支えてゆくことになる。

3-2-3　旧民事訴訟法（明治23年4月21日）と旧弁護士法（明治26年3月3日）

　明治23年に民事訴訟法が公布され，訴訟代理は弁護士（代言人）をもってすることが定められたが，これによって一元的弁護士制度への転換が決定づけられた。すなわち，代言人は弁護士と名を変え，その法的地位を確立した。一方，代書人の法的地位は未確立のままで，この状態は大正8年の司法代書人法の制定まで続くことになる（『日本司法書士史』pp.226-227）。

　旧民事訴訟法第63条第1項には「原告若クハ被告自ラ訴訟ヲナササルトキ弁

護士ヲ以テ訴訟代理人トシテ之ヲ為ス」とあり，翌年の司法省訓令第4号で「訴訟中，弁護士の執るべき事務は，代言人をして執らしめる」旨が達せられた。そして，弁護士法が明治26年に公布された。

ただし旧民事訴訟法第63条の第2項では「弁護士のいない場合には訴訟能力のある親族，雇人を代理人にすることができる」とし，また第3項では「区裁判所においては弁護士がいる場合でも，親族，雇人を代理人にすることができる」としている。すなわち，弁護士強制主義は採用されなかったのである。弁護士数の不足している状態，あるいは法律家の数を規制しようとする明治政府のもとで，これは苦肉の措置であったといえるであろう。

3-2-4　「代書人取締り規則」（明治36年頃）と「構内代書人取締り規則」

明治30年代の後半には，府県ごとに警視庁令や府県令によって「代書人取締り規則」が制定されていった。ただし，ここで代書人とは司法代書人以外の代書業をも含み，代書業を営むすべての者に対するものであった。それらの内容はおおむね以下のようなものであった。

(1) 認可権は所轄の警察官所がもつこと
(2) 代書料の金額は所轄の警察官所の許可制にすること
(3) 訴訟事件，非訟事件に関して代書以外の関与をなし，またこれを鑑定，紹介することは許されないこと。

このように，代書人の取締りは警察を通じて，府県ごとに行われた。そして，代書以外の法律事務に関しては許可されなかった。

ところで，裁判所構内で裁判所への代書業を営むものは，「構内代書」として当該裁判所の認可をも要した。大阪地方裁判所管内の区裁判所における「構内代書人取締り規則」（明40年6.28）の第8条には代書業務のほかになす事ができる業務として，'非訟事件の代理'，'登記申請の代理'，'訴訟記録閲覧の付き添い'などが上げられている。興味ある点は，「構内代書取締り規則」が各裁判所で制定されていたことと，これが前記の「代書取締り規則」よりやや広い範囲の法律事務を認めていたことである。（『日本司法書士史』資料

pp.30-31)

　以上のように，司法代書人は「構内代書人」として一般の代書人と区別されていたが，その職域は代書を中心とした狭い領域に限定されていたといえる。(『日本司法書士史』pp.265-284)

3-2-5　司法代書人法（大正8年4月9日，法律第48号）

　明治末から，司法代書人法の制定を目指す国会への請願運動が始まるが，これは大正8年の司法代書人法に結実する。この法律は(1)司法書士が初めて法制度上の地位を認められたこと，(2)'司法'という名称が冠されることにより，法律家としての名称が与えられた，という点で意義をもつものであった。ただしその実質は，法律家としての地位を確立したものではなく，'司法'という名前が冠されることにより，実よりも名をとったものといわれている。

　本法によって，彼らは地方裁判所に所属し（第2条），その認可と監督は地方裁判所長によって行われること（第3条，4条）になった。しかし肝心な職域については，起訴代理権は言うまでもなく，非訟事件の代理，鑑定なども禁ずるものであった。この点では前述した大阪地方裁判所管内の「構内代書人取締り規則」よりも後退したものであった。ただし興味深いことに，非訟事件申請代理については，後に地方裁判所長の裁量による許可をもって徐々に復活していった（『東京司法書士会史』上巻 p.295）。

　翌大正9年には「代書人規則」（大正9年11.25，内務省令第40号）が公布された。これは司法代書人以外の代書人（行政代書人）に関する規則を定めたものであったが，結果的にはこれが司法代書人の職域を確定することになった。というのは大審院の判断が，「代書人規則」の第17条に関して，「行政代書人は裁判所へ提出する書類を代書できないものとする」という判断を下したからである。これによって司法代書人の職域が守られることになったのである（前掲書 pp.346-350）。

3-2-6 （旧）司法書士法（昭和10年4月2日）

昭和2年に日本司法代書人連合会が結成された。司法代書人法改正に関して連合会の目標は,「非訟事件申請代理」「考試制度」「名称改正」などであった。これに関しては,衆議院の支持は得られていたが政府側の反対は強かった。一方,日本弁護士会はその職域を守ろうとして強い反対声明を出した。結局,実現したのは名称の改正のみであり,「司法書士」という名前が司法代書人に替わって用いられることになった。そして,まもなく戦時体制に入ってゆき,司法書士の運動は中断されることになる。

3-2-7 新司法書士法（昭和25年5月22日）の制定と所轄官庁の移管

終戦に続く新憲法のもと裁判所構成法が廃止され,登記事務は法務省・法務局に移管された。そして新しい「司法書士法」が昭和25年に議員立法によって制定された。

新司法書士法よれば,司法書士の職域は戦前と同じく(1)「裁判所,検察庁又は法務局若しくは地方法務局へ提出する書類の作成（第1条）」であり,その認可は(2)「法務局又は地方法務局の長による（第4条）」ことと定められた。そして認可を受けることができる資格は(3)「一,裁判所事務官,裁判所書記官,法務府事務官又は検察事務官の職を通算して三年以上のもの 二,前号に掲げる者と同等以上の資格を有するもの（第2条）」とされた。

同法では,司法書士の定員とか新規の任命権限は法務局または地方法務局に委ねられていたから,その総定員数などは行政当局に規制・管理されていたと言える。かくして,「新司法書士法は旧来の封建的監督規定の復活にすぎなかった」（『東京司法書士会史』上巻 p.496）という不満が司法書士の内部に起きたのも肯ける。しかし新法の制定については,戦後の混乱期のことであり,しかもGHQ,政府それに日本弁護士会等の了承と理解を要したから,これはきわめて難しい立法過程であったことが想像できる。

3-2-8 「司法書士法の一部を改正する法律（昭和31年2月22日）
　　　　法律第18号」

　司法書士連合会による運動は，選考試験制度や強制会制度の設立を求めていたが，その一部が昭和31年の改正で実現した。この改正法の第4条第一項において，「法務局又は地方法務局の長の認可」が「……長の選考によってする認可」に改められた。これは国家試験制度への完全な切り替えを意味するものではないが，選考試験制度による資格認定（いわゆる「選考認可制度」）が加わるものであった。こうして，昭和31年からはいわゆる「統一試験」が実施されることになった。

　統一試験（選考認可制度）の実施によって，司法書士の供給源が大きく変わった。それまでは裁判所書記官，検察事務官などが中心であったものが，試験をへて資格を得るものが増加していった。そして，受験者数も年々増加して昭和40年の後半には1万人を超すようになった。また，合格率は5％未満であったといわれる。(『東京司法書士会史』上巻 pp.654-659)

　本法により司法書士会への強制加入制度が成立した。そして司法書士は，管轄する法務局ごとに司法書士会を設立すること（第11条），全国組織である司法書士連合会を設立すること（第17条）が定められた。統一試験の実施と強制加入制度の成立は，司法書士の専門職としての地位を向上させるものであったといえる。

　この頃，司法書士の職域が裁判事務離れをおこし，不動産登記に偏重するようになったといわれる（前掲書 p.657）。その原因は昭和30年代の高度経済成長によって不動産登記の方がより収益の多いものになったからである。このため，「全国裁判所書記官協議会が裁判書士制度の創設を真剣に検討していた」（前掲書 p.657）といわれる。この事実は，司法書士の仕事が裁判所の事務に深く関わっていたことを窺わせるものとしてきわめて興味深い。

3-2-9 昭和53年「司法書士法の一部を改正する法律（昭和53年6月23日）」ならびに松山地裁西条支部判決（昭52.1.18）と高松高裁判決（昭54.6.11）

昭和53年の司法書士法改正の内容は漸進的なものに見える。また，本法の国会提案は議員立法によるのではなく，政府提案に拠るものであった。この背景について司法書士会側の説明は，日本弁護士会側から法案反対の意見書が出され，これに関して政府の調整を期待したことにあったためという（昭和53年司法書士法を考える会 1999 pp.2-4）。

第1条では「この法律は，司法書士の制度を定め……」とある。これにより司法書士制度が国法レベルで再確認されたといえる。

第3条と第5条は，国家試験制度への転換を定めたものである。それまでは法務局長または地方法務局長による選考認可であったが，本改正により法務大臣が行う国家試験がこれに替わった。ただし裁判所事務官，書記官らの経験者には従来どおり司法書士になる資格を認めた。

ところでこれより少し前，桜田勝義教授（新潟大学）は新聞紙上において，「簡易弁護士制度論」を提案した（昭51.1.17）。それは，「司法書士に簡易裁判所における訴訟代理権を認め法律判断の道を開くべき」ことを提唱したものであった（『東京司法書士会史』上巻 pp.689-671）。いうまでもなく弁護士法72条は司法書士の訴訟代理権や法律相談を認めていなかったが，少額訴訟などにおいて大いに不便をきたしている市民に対し司法書士の能力を活用すべしという主張であった。これに対しては賛否両論が沸き起こった。

この頃，司法書士の弁護士法第72条違反事件は裁判所においても転機を迎えていた。松山地裁西条支部判決（昭52.1.18）はその判決文で以下のように述べて，司法書士による法律相談を部分的にせよ認めたのである。「もとより，前記司法書士の期待像からすれば，右書類の嘱託を受けるにあたって，依頼人から法律相談を受ける場合もあるが，これが報酬を得るのではなく，又右書類作成の嘱託の目的に反しない限り司法書士が有する法律知識を活用して法律相

談に応ずることは何ら差し支えなく、弁護士法72条の規定は何も国民を法律的に無知蒙昧、即ちこれを法律的につんぼさじきに置こうとするものではない」。

一方、控訴審である高松高裁判決（昭54.6.11）は、司法書士の法律判断に対して地裁よりも後退した判断を示した。「制度として司法書士に対して弁護士のような専門的法律的知識を期待しているのではなく、国民一般として持つべき法律知識が要求されていると解され、従って上記の司法書士が行う法律的判断作用は、嘱託人の嘱託趣旨内容を正確に法律的に表現し司法（訴訟）の運営に支障を来たさないという限度で、換言すれば法律常識的な知識に基く整序的な事項に限って行われるべきもので、それ以上専門的な鑑定に属すべき事務に及んだり、代理その他の方法で他人間の法律関係に立ち入る如きは司法書士の業務範囲を超えたものといわなければならない」と判示した。

両裁判所の判決を政策的見地から見れば、地裁判決は司法書士に対する規制を緩めようとするものであったが、一方高裁判決は厳しい規制を維持しようとする従来からの政策態度を踏襲したものといえるであろう（両判決に関する詳細な論評については住吉1985 pp.47-54を参照）。

3-2-10　司法書士法及び土地家屋調査士法の一部を改正する法律
　　　　（平成14年5月2日）

平成14年改正法は、司法書士に対し簡易裁判所における訴訟代理を認めるものであり、これは司法書士制度の歴史において最大の変革ともいうべきものであった。この歴史的転換は、規制改革推進3ヵ年計画（平成13.3.30閣議決定）や司法制度改革審議会の意見に沿ったものである。司法制度改革審議会はその意見書（平成13.6.12）において「国民の権利擁護に不十分な現状を直ちに解消する必要性にかんがみ、利用者の視点から、当面の法的需要を充足させるための措置を講じる必要がある」とした。これは法律サーヴィスの市民への供給に関して、これまで厳しい規制が行われてきたことを確認し、反省したものともいえよう。

平成14年改正法の第一の、そしてもっとも大きな変更点は、司法書士に対し

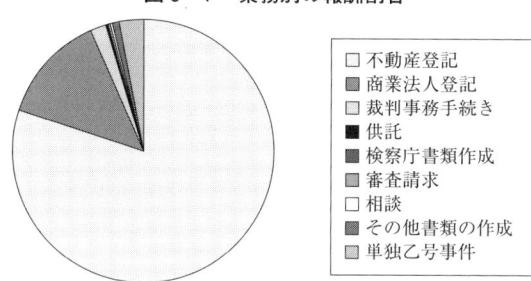

図3-1　業務別の報酬割合

【業務別の報酬割合】

不動産登記	商業登記	裁判事務手続	供託	検察庁書類作成	審査請求	相談	その他書類の作成	単独乙号事件
80.1%	13.1%	2.1%	0.24%	0.022%	0.068%	0.41%	0.94%	2.8%

注：推計方法の詳細については木下（2007）を参照されたい。

簡易裁判所における訴訟代理業務や相談業務を認めたことである（第3条1項）。これによって，当事者訴訟（本人訴訟）の不便が多少とも取り除かれることになった。第二の重要な変更点は，司法書士の法人化が認められたことである。複数の司法書士からなる法人は，サーヴィスの安定的供給や司法書士の分業体制による効率的なサーヴィス供給を行うことができるからである（なお，弁護士についても平成14年の弁護士法改正で法人化が認められた）。

3-3　「司法書士実態調査（平成2年12月実施）」

本調査は平成2年に行われたものであるから，これは平成14年改正法以前の実態を表している。以下，調査の概要を紹介する[5]。

3-3-1　業務別の報酬割合

アンケートから，業務別の報酬割合を推計したものが図3-1である。すなわち不動産登記からの収入が全体の80.1%を占め，商業法人登記が13.1%，そして裁判事務手続が2.1%である。この結果は，不動産登記に偏重しているといわれる実態をよく表している。裁判事務手続が2.1%というのは，司法

書士の面目をかろうじて保ったというべきであろうか。

3-3-2 裁判事務への取り組み

元来，裁判事務は登記事務とならんでもう一つの中心的な業務領域になるべきものであった。ところが裁判事務からの収入は全体のわずか2.1％を占めるにすぎない。この原因が裁判事務に対する厳しい法律規制であることを調査結果は物語っている。

(1) **裁判事務を取り扱ったことのある司法書士の割合は34％**

数量はともかくも，裁判事務を取り扱った経験のある司法書士の割合は以外に多く（34％），またその種類も幅広い。これは弁護士法72条の規制にもかかわらず，司法書士の裁判事務に関する活動がかなりの広がりを持っていたことを表している。

「個人調査（質問25）」によれば，平成2年中に一件でも裁判事務を取り扱ったことがあると答えた者は3,791名（34.27％）で，取り扱わなかったと答えたものは6,869名（62.10％），不明が402名であった。

続く「質問26」では，取り扱った裁判事務事件の具体的項目について聞いており，その結果は以下のようになっている。

質問26：あなたが取り扱った裁判事務事件は何ですか。

アンケート項目	人
1．本案（訴状・答弁書・準備書面）	1,715
2．家事調停	1,035
3．家事審判甲類	1,742
4．督促事件	1,861
5．強制執行事件	1,201
6．民事調停	988
7．仮差押	807
8．手形訴訟事件	530
9．その他	略

注：取り扱った人の総数は3,791人であり，回答方法は複数回答による。また，アンケート項目の総数は18であるが，本表では8項目だけ転載した。

なお,「個人調査」報告書は,「一人平均取り扱い件数は12件であり,その大半が家事審判・督促・強制執行・非訟事件など争訟性のない,あるいは軽微な事件であるとしている。そして,本人訴訟の支援という役割を果たしているものが散在するとは言え,制度的に機能しているとは言えない」(第2章 p.102)と結論づけている。裁判官のなかには,本人訴訟にたいする司法書士の役割を高く評価するものもいるが,量的には微々たるもののようである[6]。

(2) **本人訴訟へ対応した経験は3割**

'本人訴訟への対応'(質問29)への回答者は,質問25において'裁判事務を取り扱ったことがある'と答えた3,791名とほぼ同一のものであると考えられる。したがって,全体の3割の司法書士が本人訴訟に何らかの形で関与した経験があると考えられる。

問29:あなたは本人訴訟を維持する上で,どのような対応をされていますか。(複数回答)

アンケート項目	人
1. 事件記録の管理,進行状況の把握	1,845
2. 証拠資料の収集の指導	1,867
3. 依頼者との十分な打ち合わせ連絡	2,034
4. 法廷での弁論のリハーサル	344
5. 他の裁判を傍聴して裁判に慣れさせる	68
6. 裁判に付き添う(傍聴を含む)	522
7. 相手と交渉する	63
8. 何もしない	384
9. その他	119

(3) **裁判事務を扱わなかった者(62%)の主な理由は法制度上の規制**

質問25・小問1では,裁判事務を取り扱わなかった者に対して,その理由を聞いている。回答者総数6,869人は①依頼がなかったため(5,823人)と②依頼があったが扱わなかった(847人)に分かれる。すなわち85%のものは依頼がなかったからと答えている。

次に依頼がなかったもの（5,823人）に対して，小問2で'依頼があれば扱うか否か'を聞いている。これに対し，2,391人が'依頼があれば扱う'と答え，過半数の3,275人は'依頼があっても扱わない'と答えている。両者の比率は7対10である。

続いて，小問3で'依頼があっても扱わない'と答えた3,275人に対してその理由を尋ねている（複数回答）。回答は①登記のみで十分が1,049人，②裁判事務に不慣れが1,944人，③時間をとられ厄介だから871人，④その他，となっている。この結果は，裁判事務に不慣れであることと，登記のみで経営がなりたっていること，この二つが訴訟ばなれの原因であることを示している。

そして，なぜ'裁判事務に不慣れ'なのかの理由が重要である。質問32（複数回答）は，司法書士がなぜ裁判事務を取り扱っていないかについて，意識調査を行っている。

質問32：'日常の職務を行ううえでの障害（不便）'に回答した人数

1．登記原因証書作成権限が法文上明らかでない	2,852
2．法律相談権が法文上明らかにされていない	3,102
3．官庁への照会権限がない	2,458
4．弁護士会から非弁活動の疑いを指摘される	1,326
5．司法書士会に自主懲戒権等の自治機能がない	1,569
6．裁判事務に関して包括的な受託ができない	1,829
7．相手方と直接交渉する権限がない	2,650
8．法廷での介添え役的な権限がない	1,919
9．保全，執行事件などについて代理権限がない	1,979
10．色々な規制が残存している	3,410
11．当事者への権限が法文上はっきりしない	4,291
12．その他	354

注：回答総数11,062，うち不明は2,603人である。不明者の数は，裁判事務にそもそも興味を持っていない者が中心であると思われる。

「2．法律相談権が法文上あきらかでない」と答えたものがもっとも多いが，これは「4．弁護士会から非弁活動の疑いを指摘される」と関連している。弁護士法72条は司法書士が法律相談や訴訟代理を行なうことは禁止しており，弁護士会は司法書士の非弁活動をしばしば提訴しているが，これによって司法書

士は身動きが取れなかったといえる。'裁判に不慣れ'である原因は，法制度上から裁判事務が禁止されていたからであるといえる。

3-3-3 司法書士の所得：粗収入の平均は約1,120万円

「事務所調査」はその質問7において，事務所ごとに(1)総収入，(2)総経費，(3)司法書士収入，(4)司法書士経費の4項目について尋ねている。

目だつ特徴は，司法書士所得（売上額）の分散が大きく，自営業主的性格をもっていることである。即ち，粗収入2,000万円以上が21.0%，3,000万円以上が11.6%いる。次に司法書士の平均純所得については，平均収入が，1,191.6万円，平均経費支出が791.0万円で平均純所得は400.6万円となっている。

3-3-4 資格取得の方法

戦前期における司法代書人（司法書士）の主な給源は裁判所の書記経験者であり，彼らに対する認可は各地方裁判所所長が行っていた。ただし，その方式は時と場所によって多少差異があり，裁判所書記経験者でないものには試験が行われた場合もあったようである（『東京司法書士会史』上巻 pp.318-371）。

戦後において，資格取得に関して何回かの制度的変更が行われてきた。昭和31年以前にはまだ戦前の制度が続いており，裁判所の書記官などの経験者が法務局長，地方法務局長の認可をへてなった。昭和31年に試験制度（いわゆる統

表3-2　資格別の人数

資格の種類	人数
1．統一試験（昭和31年）以前の認可	1,279
2．統一試験（昭和31年以降）1次2次試験免除	154
2．統一試験（昭和31年以降）1次試験免除	430
4．統一試験合格（昭和31年以降）	3,413
5．国家試験合格（昭和53年以降）	2,585
6．法務大臣認定（特別認可）	2,669
7．不明	543
合　計	10,519

一試験）が導入され，同53年には統一試験は国家試験制度へ移行した。ただし試験制度と併行して，法務大臣による認可制度（特別認可）は現在も続いている。調査結果によれば，それぞれの資格該当者数は表3-2のようになっている[7]。

3-4 「新人研修受講者アンケート調査（平成16年）」[8]

本調査は，平成16年度の新人研修者を対象に行われたもので，簡裁訴訟代理権が付与された平成14年の司法書士法改正後のことである。本調査と平成2年調査を比較すれば，司法書士の意識に大きな変化がおきたことがわかる[9]。

3-4-1 目指す司法書士：登記事務か裁判事務か

目標とする司法書士像について「ジェネラリスト」と答えたものが大半の74.9％で，「登記スペシアリスト」と答えたものは10.9％，裁判業務スペシアリストと答えたものは「7.4％」である。新人にとっては，どのような分野に特化するかが決まっていないということであろう。

裁判業務スペシアリストを目指すと答えたものは7.4％と低いにもかかわらず，「簡裁代理権」については「積極的に取り組む」が545人（83.6％）と高い数値を示している。このことから，今後，司法書士の職域が裁判事務に大きく広がっていくことは確実であるように思える。

「多重債務・クレサラ相談・成年後見などの公益的活動」について，「積極的に取り組む」（49.3％）と「業務に支障のない範囲で取り組む」（36.3％）を併せると85％になるが，これは前記の「簡裁代理権」について積極的に取りくむと答えた者の数値にほぼ対応している。

3-4-2 性別

女性の回答者が24.0％と女性の進出が目立つ。平成2年調査では女性の割合は6.3％にすぎなかった。

3-4-3　資格取得の種類

　資格取得の種類をみると「国家試験合格」が648人（94.2％）で，「法務大臣認可」は40人（5.8％）である。平成２年調査では2,669人（24.1％）が法務大臣認可であるから，その割合は大幅に減ったことが分かる。

3-4-4　受験回数と受験勉強の方法

　「２回」が153人（23.6％），「３回」が140人（21.6％）で平均値は3.52回である。そして，合格者の平均年齢（2004年度）は31.2歳である。合格者の多くは，大卒後会社などに何年か勤め，その後一念発起して司法書士を目指したのであろう。受験勉強の方法は「予備校の司法書士講座」が82.1％ともっとも多い。

3-4-5　合格時の職業

　「無職」が52.9％ともっとも多く，続いて「事務所補助者」が16.2％，「会社員」が11.0％，そして「大学生，大学院生」が2.9％である。したがって，半数のものが受験勉強に専念していたこと，一方，学生のうちに合格したものは３％程度と多くないことが分かる。この状態は旧司法試験受験生の場合と似ている。

3-4-6　資格取得の動機

　「組織の中にいるよりも自分の判断と責任で仕事ができるから」と答えたものが383人（55.7％）でもっとも多く，そして「自分の実力と努力しだいで評価される職業だから」と答えたものが314人（45.6％）である。したがって，一度，会社勤めを経験したのちに，司法書士を目指したものも多いと考えられる。

3-5　要約

　司法書士制度の淵源は明治5年の司法職務定制に遡るが，そのなかで司法書士は代書人として書面主義を担保する存在として，また弁護士は代言人として口頭主義を担保する存在として性格規定されていた。これはフランスの二元的弁護士制度に範をとったものであり，いわば司法書士と弁護士は双生児であった。

　その後，弁護士は一人前の法律家として制度的にその地位を確立していったが，一方，司法書士（代書人）が法律事務に携わることは厳しく規制され続け，この状態は明治憲法下においても，そして戦後の日本国憲法下でも同様であった。これに対して，司法書士は法律家としての地位を求める運動を粘り強く続けてきた。また簡易裁判所などでの本人訴訟のサポートや法律相談などを行ってきたが，これは一般市民からの法律サーヴィス需要に応えるものでもあった。

　司法書士制度は平成14年の法改正によって大きな変化をとげ，一人前の法律家たる地位を与えられた。すなわち，司法書士は簡易裁判所における訴訟代理業務や法律相談業務を認められたのである。

　平成14年改正法より以前の司法書士は，その名前とは裏腹に，不動産登記と商業登記によってその経済基盤を得ており，裁判実務は弁護士法72条などにより厳しく規制されていた。司法書士の登記業務は明治19年の登記法にさかのぼるが，これは明治政府の地租改正と租税政策に由来したものであった。すなわち，明治憲法下の絶対主義的政府の国家的政策に組み込まれ，それが平成14年まで続いてきたのであった。

　平成14年改正法は，簡易裁判所における訴訟代理業務を司法書士に認可したが，「新人アンケート調査」では大多数の新人司法書士が訴訟代理業務に大きな関心を示しており，この分野における司法書士サーヴィスの拡大が今後予想される。

　さて，司法書士制度は将来いかなる問題を抱えているであろうか。第1は，

年々の国家試験の合格者数（言いかえれば新規の供給量）をどの程度にするのか，またその質的水準がどのように決定されるかという問題である。現在，合格者の決定は司法書士試験委員によって行われ，その試験委員は法務大臣により任命されている。したがって，合格者数の決定には法務大臣（行政府）の影響力が大きいと考えられ，これは旧司法試験制度と似た状況にある。

第2は，司法書士の養成制度についてである。司法書士を養成する専門大学はなく，もっぱら試験予備校が試験対策の指導をしている。これも旧司法試験制度と似た状態である。したがって，法科大学院の卒業生が将来，司法書士試験を受験するようになることも考えられる。

第3は司法書士の質の維持である。簡裁の訴訟代理業務はこれまでより高度の法律知識を要するであろう。そして，消費者は個々の司法書士の質あるいは技術水準を見抜けないであろうから（いわゆる非対称情報の問題），司法書士会は司法書士の技術水準や倫理水準を維持する責任があるであろう。

注

1) 明治政府にとって，登記法は地租との関連からも重要な法律であった。1890年当時，地租は政府歳入の60％を占めていた（林・今井 1994 p.70参照）。
2) 国家試験に合格したもの，あるいは法務大臣の認定による資格を得た者すべてが直ちに登録を行うわけではない。例えば，資格を得ても登録しないで企業内で法務的仕事を行う場合もある。また，国家試験の合格率は3％未満であり，合格者の平均年齢は31歳強である（表3-1）。増加策が採られているといっても，依然として難しい試験であることに変わりはない。合格までの平均受験回数は3～4回であると言われるから，何年かの社会経験をへたのちに司法書士を目指す者も多いと考えられる。
3) 江藤（1966）のこのような解釈は，後述する「弁護士法違反事件」（松山地裁西条支部判決，昭和52年1月18日）に影響を与えたといえるかもしれない。同判決は，代書人と代言人の分業関係に関して「代言人が訴訟上の口頭主義を担保すべき役割を果たすべき存在として性格規定されていることに比べ，代書人は書面主義を担保する役割を与えられていた……」と述べている。
4) 二元的弁護士制度としては英国におけるバリスター（barrister）とソリシター（solicitor），そしてフランスにおける代訴士（avoué）と弁護士（abocat）などがよ

く知られている。一方，米国の弁護士制度は一元的制度である。二元的制度を「中世的制度が残存したものであり，近代法的視点から見れば合理性を欠いているもの」（古賀1988）とも，あるいは「弁護士の機能的分化が行なわれ」ある意味で弁護士制度がより進化したもの（三ヶ月1966）という二つの見方がある。一元制と二元制の比較は筆者の能力を超えるが，後述するようにわが国では平成14年の改正で司法書士に訴訟代理資格が与えられ，一種の二元的制度へ移行したとも考えられる。いずれにせよ，弁護士制度の歴史的変化は，二元的から一元的なものへという単方向的なものではないようである。

5) 本調査は，「個人調査」と「事務所調査」の二つからなっている。個人調査は司法書士個人を対象に行ったもので，一方，事務所調査は事務所を対象にした調査である。前者は司法書士個々人の意識調査に重点がおかれているが，後者は事務所の組織的側面に重点がおかれている。調査方法は全数調査である。個人調査の回収結果は，総会員数16,580人に対し回収数11,062で回収率は66.7％であった。一方，事務所調査の回収結果は，総数16,319に対し回収数10,351で回収率は63.4％であった。

6) この点については，住吉（1985），第1章を参照。

7) 資格の取得に関する制度変更の詳細については木下（2007）を参照されたい。

8) 本調査は塩谷弘康教授らによって行われたもので，その結果は月報司法書士2005年8，9月号に掲載されている。新人研修受講者総数は846名で，そのうちアンケートに答えたものは688名（81.3％）であった。このうち，2004年度の合格者は608人で，これは同年度の合格者865名の69.9％にあたる。

9) 平成14年改正法は，その条文数の増加からみても大改正であるが，また質的変化にも重大なものがある。大きな変更点は，業務（職域）が拡大されたことであり，なかでも簡易裁判所における民事事件の訴訟代理関係業務が認められたことである。これにより簡易裁判所における民事事件に限って，司法書士は弁護士に近い機能を持つことになった。

改正法の第3条では，司法書士の業務がおよそ以下のように規定されている。

　一　登記または供託の手続きに関する代理
　二　法務局，地方法務局に提出する書類の作成
　三　登記または供託に関する審査請求の手続きの代理
　四　裁判所または検察庁に提出する書類の作成
　五　全各号の事務について相談に応ずること
　六　簡易裁判所における次に掲げる手続きの代理
　　イ　民事訴訟法の規定による手続き
　　ロ　訴えの提起前の和解（民事訴訟法275条に基づく）の手続き，または支払い督促の手続き

ハ　証拠保全または民事保全の手続き
　　ニ　民事調停の手続き
　七　民事紛争についての相談，裁判外の和解の代理

第一〜第四項までは，従来からあった業務範囲であり，特に登記業務は中心的な部分であった。一方，第五項の法律相談と第六項の手続き代理は，これまでは認められておらず弁護士法72条に違反する非弁行為として弁護士会からしばしば提訴を受けてきた事項である。

第4章　簡易裁判所の理念とその社会的機能

　　　　「一国の司法制度が真に民衆のものとなっているか否かは上告制度，法曹
　　　一元等の取り扱い如何というよりも少額訴訟に対する態度にかかっている」。
　　　　　　　　　　　　　　　　　　　　　　　（沖野威 1968 法曹時報20巻10号）

------- 本章の主な内容 -------
(1) 簡易裁判所の設立理念は，手続きが簡単で迅速を旨とする，少額訴訟の裁判所であった。しかし，実体はそれに反した"簡裁の小型地裁化"であった。
(2) 簡裁裁判官の定員数の伸び率はきわめて低いが，その一因は裁判官養成制度が整備されていないことにあった。また，簡裁は裁判官会議を持たないこと，そして判事の前歴が多様なためにその組織が有機的に形成されていないことなどから，革新性に欠けていた。
(3) 簡裁の主たる利用者（原告）は信販会社やサラ金などの法人であり，被告は個人という図式が多い。
(4) 本人訴訟が多いが，その多くは法人の許可代理である。そして，個人が原告となる本人訴訟は司法書士のサポートを受けて行われているが，量的にはきわめて少ない。
(5) 簡易裁判所の制度改革が始まったのは，平成の司法制度改革以降のことである。その主たるものとして，少額訴訟制度の設立と司法書士に対する訴訟代理権の付与の二つがあげられる。しかし，法律扶助制度は未整備でその充実が急がれる。

4-1 序

「一国の司法制度が真に民衆のものとなっているか否かは上告制度，法曹一元等の取り扱い如何というよりも少額訴訟に対する態度にかかっている」と沖野（法曹時報20巻10号）は述べている。それは，一国の少額訴訟制度を検分すれば，その司法制度の成熟度が分かるという意味でもあろう。本章の主題は，この"沖野の命題"とでも言うべきものを検証することにある。結論を先に述べれば，欧米諸国に比べてわが国の簡易裁判所はいまだきわめて未成熟であると断ぜざるをえない。

民事訴訟を裁判所が受け付けるとき，裁判所は一般に訴額の大きいものから順番に受け付けてゆく。なぜなら，訴訟において弁護士は必須であるが，彼らは訴額の大きい（したがって手数料の大きい）ものから受任する傾向があるからである。そして，裁判所の容量（裁判官数）には限度があるから，訴額の小さい訴訟（少額訴訟）は排除されてしまうのである。

訴額の大きい訴訟は，一般に法人や所得水準の高い者に関わるものであろう。したがって所得水準の低い階層は裁判制度の恩恵を受けにくいということになる。言いかえれば，裁判という公共サーヴィスの分配は不平等に行われることになり，所得の不平等をそのまま反映したものになってしまう恐れがある。

すべての国民が"法の下の平等"を享受するには，裁判という公共サーヴィスが平等に分配されねばならない。そのためには，司法の容量は十分大きくなければならず，そして，少額訴訟制度がしっかりと整えられねばならない。これは法に対する信頼をすべての国民が持つための前提条件である。

以下4-2節では，わが国の簡易裁判所の利用現況について概観する。そして，簡易裁判所を需要サイドと供給サイドに分けて分析し，それぞれがどのように構成されているか調べる。さらに，簡裁がどのような階層によって，どのように利用されているのかを調べる。4-3節では，簡裁の理念と現実との乖離，またそこに内在する問題点について考える。そして4-4節では，簡裁の

戦後史における特筆すべき出来事をとりあげ，その概略を述べる。ここからは最高裁の司法政策の基本姿勢を垣間見ることができるであろう。最後に4-5節で簡単な要約を行う。

4-2 簡易裁判所の理念とその抱える諸問題

4-2-1 簡易裁判所の設立理念：少額訴訟のための裁判所

簡易裁判所は新憲法下の裁判所法で設けられた最下級の裁判所であるが，米国の治安判事（justice of the peace または magistrates）をモデルにしたものと言われている。その理念は「民事については少額，軽微な事件のみを取り扱い，簡易・迅速な手続きによって争議の実情に即した裁判をするよう工夫されたものである。しかして，司法の大衆化に大いに貢献することを期待されていた」ものであると言われている（日本弁護士会 1976 p.6）。設立当初（1947年）における訴額の上限は5千円であったが，物価上昇率を考慮すると，それは現在の10万円程度である。このように，簡易裁判所は少額訴訟制度をその中心に位置づけていたと考えられる。

簡易裁判所が司法の大衆化を目指すとき，その手続きは簡易で，かつその解決は迅速でなければならない。このために民事訴訟法（第2編第4章）には当初から，簡易裁判所の訴訟手続きに関する特則がもうけられていた。また，簡裁へのアクセスは全国のどこからでも容易でなければならないが，このために，簡裁の設置数は全国で557ヵ所と戦前の区裁判所の倍にも及んでいた。この二点からみても，設立当初の簡易裁判所への期待には相当なものがあったと推測されるのである[1]。

小島（1970）は，「少額訴訟制度が有効に機能することは，一般市民が法律と裁判所を社会的制度として受け入れる前提条件である。なぜなら，庶民が裁判所に接触する機会は少額訴訟を契機として訪れることが多いが，少額事件の処理が適切に行われることが庶民の信頼を獲得することにつながる」と述べて

表4-1 少額裁判所における処理件数の国際比較

	件数（万件）（人口）	訴額の上限	取り扱い裁判所名	資料出所
英国（イングランドとウェールズ）(1969)	144.4万件（5,200万人）	100ポンド（約8万円）	カウンティ・コート	田中英夫(1973 p.168)
フランス(1991)	55.4万件（5,800万人）	3万フラン（約60万円）	小審裁判所	山本和彦（判時1459号）
ドイツ(1984)	121.7万件（6,100万人）	5千マルク（約40万円）	区裁判所	林屋礼二(1994 p.181)
米国・加州(1969)	33.7万件（3400万人）	500ドル（約15万円）	州裁判所	田中英夫(1973 p.168)
日本(1998)	30.6万件（12,000万人）	90万円	簡易裁判所	司法統計年報（最高裁判所）

注：国際比較を行う場合，人口比，訴額の上限，年度を考慮しなければならない。人口が多いほど，訴額の上限が大きいほど，また年度が新しくなるほど，訴訟件数は増加する傾向にあると考えられるであろう。

いる。もし地方自治が民主主義の学校であると言うのであれば，少額訴訟制度は法治主義の学校であるとも言えるであろう。

4-2-2 未成熟なままの少額裁判所

　簡易裁判所は，昭和22年5月3日，裁判所法施行とともにスタートした。その理念は，「簡易な手続きと迅速な処理を行う少額裁判所」であったが，その後の経過は当初の理想とは隔たってものになっていた。表4-1は，人口比当りの少額訴訟件数を比較したものであるが，日本のそれはフランスの3分の1，ドイツの8分の1，英国の10分の1である。したがって，少額裁判所としての簡易裁判所の規模はきわめて小さいと言える。

　沖野（1968）が述べるように「一国の司法制度が真に民衆のものとなっているか否かは上告制度，法曹一元などの取扱如何というよりも少額訴訟に対する態度にかかっている」とすれば，わが国の司法制度はいまだ成熟していないことになる。そして，わが国に本格的な少額訴訟制度が出来たのは，後述するようにようやく1998年のことなのである。

4-2-3　実現しなかった訴訟手続きの簡易化

簡易裁判所の訴訟手続きには，簡易な手続きと迅速な解決を旨とした特則が設けられている（民訴法第2編第4章）。簡易な手続きは多数の一般国民にとって，簡裁を親しみやすくし，簡裁へのアクセスを容易にすることを意図したものである。しかし，この特則は今日まで十分には活用されてこなかった[2]。

裁判所（供給サイド）にとって，手続きの簡略化は生産性（裁判官1人当りの処理件数）を高め，総処理件数を増やすだろうか。坂井（1967）によれば「判決書の簡略化（民訴法359）は処理時間を短縮して，生産性を高める」ように思われるが，しかし「口頭による訴提起（民訴法353）」は裁判所側の負担を増やすという。なぜなら，この方法では，本人訴訟において司法書士が作成する書面を，その代わりに書記官が聞き取りながら調書を作成することになるからである。したがって，現在以上に書記官を専任的に置かねばならず，これには書記官の増員が不可欠になるという。そしてより根本的な問題として，最高裁は簡裁の供給能力拡大に熱心ではなかった。あるいはむしろ「小さな司法」の枠組みのなかで，簡裁はそのしわ寄せを最も強く受けたのである。この点について三ヶ月（1981）は「最高裁内に少額訴訟局を作り，さらには，簡裁裁判官の養成所や研修所をつくるべきである」と述べている。

利用者（需要サイド）についてはどうだろうか。手続きの簡略化が国民のアクセスを容易にすれば，簡裁への需要が急増したのは間違いないであろう。このような需要爆発は簡裁の裁判官，書記官には容易に予見できたはずである。したがって簡裁が，簡易な手続きの特則の活用に積極的になれなかったのは当然である。また，司法書士の本人訴訟をめぐる弁護士法違反事件に対して，裁判所が厳しい姿勢で臨み続けたのも需要を抑制するためであったろう。

4-2-4　事物管轄の拡大と小型地裁化

最高裁が簡易裁判所に対してとった政策は，少額訴訟制度の充実ではなく簡裁の小型地裁化と言われるものであった。これは供給力の不足に悩む地裁の負

担を少しでも軽くしようとする苦肉の策であったろうが，その背景には「小さな司法」という枷があったことは言うまでもない。

簡裁の小型地裁化として採られたのは，訴額の上限を高めていく政策であった。簡易裁判所の事物管轄は昭和22（1947）年の発足当初，訴額の上限が5千円であったが，その後，以下のように順次拡張されてきた。

年	訴額の上限（増加率）	消費者物価指数（上昇率）
1947年	5千円	109.1
1951年	3万円（6.0）	255.5（2.34）
1954年	10万円（20）	301.8（2.77）
1970年	30万円（60）	577.9（5.30）
1982年	90万円（180）	1474.1（13.5）
2004年	140万円（280）	1776.7（16.3））

事物管轄を拡大していった理由としては，第1に，インフレと経済成長に伴う所得水準の上昇，第2は，地裁の負担を軽減すること，第3は，上訴制度と関連して最高裁の負担軽減を目的とした，といわれている。第1のインフレに関する論点を考えると1947～1982年の間に，訴額の上限は180倍になっているのに対し，その間の物価上昇率は13.5倍である。したがって実質ベースで考えると，訴額の上限は13.3倍（＝180/13.5）引き上げられたことになる。

簡裁が小型地裁化していったもう一つの理由は，わざわざ民法で整えられていた「特則を用いた審理手続きの簡略化」が実現しなかったことである。その実情について前田（1967）は「その（簡裁の）運営の実情によると，審理手続き上の特則はほとんど適用されていなく，判決書も形式上は地方裁判所のものと差がないものとなっている。その結果は，事件の簡易迅速な処理という特色は失われて，戦前の区裁判所のように地方裁判所を小型にしたような裁判所になっている」と述べている[3]。

4-3　簡易裁判所の利用状況

簡易裁判所は第1審を地方裁判所と分担して受け持つ重要な役割を担ってい

表4-2　簡易裁判所の取扱い事件数（民事・行政事件，平成10年）

	新受件数	既済件数	未済件数
民事・行政総数	1,846,692	1,841,585	140,857
民事総数	1,846,383	1,841,276	140,857
行政総数	309	309	
通常訴訟	306,169	305,801	51,962
手形・小切手訴訟	815	805	150
少額訴訟	8,348	6,819	1,529
控訴提起	2,375	2,167	208
和解	5,548	5,526	649
督促	614,642	617,099	7,856
保全命令	11,143	11,147	90
過料	68,553	69,199	8,394
雑	572,838	572,749	17,061
調停	246,702	240,692	46,734

出所：『司法統計年報』平成10年, p.48, 第6表。

る。簡裁の管轄区分は訴額が140万円以下の民事事件と罰金刑以下の軽微な刑事事件である（裁判所法33）。地裁に比べると少額事件を扱うわけであるが，その件数はより多い。

4-3-1　事件の種類と処理件数

簡裁の処理事件（1998，平成10年）の概要をまとめたものが表4-2である。3種類の主要な事件についてその新受件数をみると，通常訴訟が30.6万件，調停事件が24.7万件，そして督促事件が61.5万件である。1998年から新たに始まった少額訴訟はまだ8千件であるが，将来は簡裁の重要な柱になる可能性を持つものであろう。

簡裁と地裁の通常訴訟を比較すると（表4-3(a)），新受事件総数では約2倍であり，訴額の総計では18分の1，したがって訴額の平均は52.7万円で地裁のそれの36分の1である[4]。

民事調停は通常訴訟におとらず重要な処理事件であり，件数でみると通常訴訟の8割程度である（図4-1）。調停の審理期間は通常訴訟のそれに比べて必ずしも短くないから（図4-2），調停の方がより迅速というわけではない。ま

表4-3(a) 簡裁と地裁の比較（通常訴訟件数，事件の種類別）

	簡易裁判所	(比率%)	地方裁判所	(比率%)
総数	306,169	100.0	152,678	100.0
人事を目的とする訴え	—	—	7,869	5.2
金銭を目的とする訴え	300,541	98.2	101,693	66.6
建物	2,694	0.9	22,008	14.4
土地	1,785	0.6	14,376	9.4
その他	1,149	0.4	6,732	4.4

出所：『司法統計年報』平成10年版，第10表。

図4-1 民事訴訟新受件数（簡易裁判所）

(単位：万)

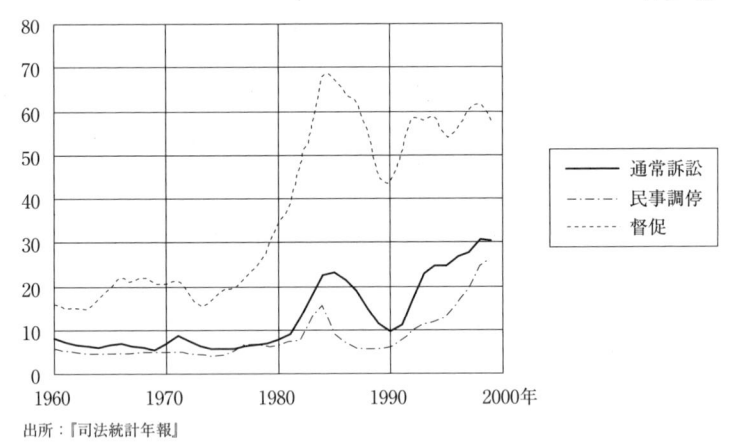

出所：『司法統計年報』

た，調停が不成立に終わり訴訟に進展する場合が2割程度ある（林屋1994 p.30）。

　民事調停の1980年以降の増加は著しい（図4-1）。この主たる原因は，サラ金調停の増加によると言われているが，サラ金の債務者が「債務を確定し，返済方法を協定する」という形式が多いという。サラ金業者にとって民事調停は貸金回収の方法として有効な手段になっているのである。（林屋1994 pp.26-34）

　督促事件は貸金や信用販売に伴う事件が中心である。これは消費者信用の拡大とともに1975年以降，急速に増えてきた（図4-1）。特徴的なことは，これ

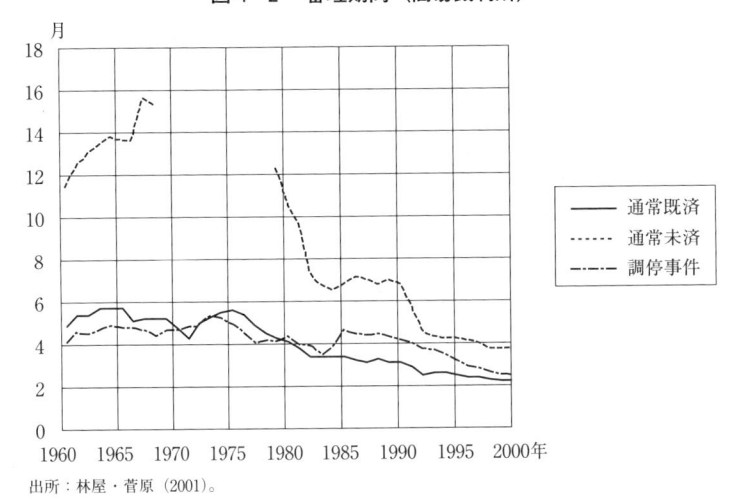

図4-2　審理期間（簡易裁判所）

凡例：通常既済／通常未済／調停事件

出所：林屋・菅原（2001）。

を利用する債権者の多くは法人であり，債務者の大部分が個人という図式である。このように督促手続きは消費者信用社会の基盤として重要な機能を持たされていることが分かる。なお，督促により支払い命令を受けたもののうち75％が仮執行宣言を付され，一方8.6％が異議申し立てにより訴訟を起こしている（林屋1994 pp.21-26）。

簡裁の民事訴訟新受件数は1980年頃から急増し，2000年には3倍程度に増えている（図4-1）。これから考えると簡裁の供給力はその需要を十分こなしているのかという危惧が生じる。図4-2はこれを見るために審理期間を図示したものである。意外にも，同期間のあいだに既済事件，調停事件ともに審理期間はほぼ半分（4ヵ月⇒2ヵ月）に短縮されている。以上から処理件数の増加は，審理期間を短縮して実現したものであることが分かる。審理期間の短縮は欠席判決の事件が増えたことにもよるが，証人尋問の実施割合の減少，証人の平均人数の減少にもよっていると言われる（林屋・菅原2001 pp.11-12）。

表4-3(b)　簡裁と地裁の比較（金銭を目的とする訴えの内訳）

	簡易裁判所	（比率%）	地方裁判所	（比率%）
総数	300,541	100.0	101,693	100.0
売買代金	6,409	2.1	5,367	5.3
貸し金	135,265	45.0	18,505	18.2
立替金など（信販関係）	103,811	34.5	13,453	13.2
損害賠償1（交通事故）	1,902	0.6	5,749	5.7
損害賠償2（その他）	4,421	1.5	15,713	15.5
その他	48,733	16.2	42,906	42.2

出所：『司法統計年報』平成10年版，第19表。

4-3-2　簡易裁判所の利用者

簡易裁判所の利用者には次のような特徴がある。

(i)　通常訴訟の大部分（98.2%）は「金銭を目的とする訴え」である。そして，その多く（80%）は貸金（消費者金融など）と立替金（信販関係）でいわゆるクレサラ事件である（表4-3(a)と(b)）。

(ii)　利用者については，原告の多くが法人，被告は個人という図式である。

(iii)　本人訴訟の割合が大きいが，その多くは法人の許可代理（社員が代理人になる）と推測され，個人の本人訴訟の数は少ないと推測される。

(iv)　調停や督促についても通常訴訟の場合と同様な特徴をもっている。

(1)　利用形態の特徴：通常訴訟，調停，督促の三つが中心

1975年以降，わが国では消費者信用が急成長したが，それに伴う紛争処理に簡易裁判所が重要な機能を果たしている。上記の特徴(i)〜(iv)は，簡易裁判所の中心を占める通常訴訟，調停，督促の三つともに言えることである。

五十部（1978 pp.76-77）は東京・新宿の簡裁で実態調査（昭和49〜50年）を行っているが，訴訟事件における原告の9割以上が法人であることを報告している。また，松浦・加藤（1979 p.126）も名古屋簡裁で同様の調査結果を得ている。そして，小田部（1983 pp.31-36）はサラ金調停において，簡易裁判所が重要な役割を担っているが，その対応能力が必ずしも十分ではないと述

図4-3 本人訴訟の割合(簡裁)

(単位：%)

出所：林屋・菅原(2001)。

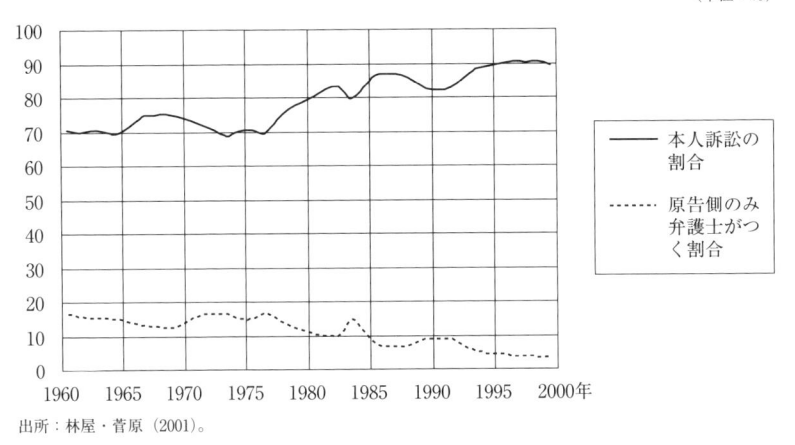

べている。このような状態は地方都市でも大同小異のようである。福村(1984)は，島根県の太田簡裁について調査しているが，ここでも利用者の最大手は信販会社である。

(2) 多い本人訴訟：司法書士の役割と許可代理

　本人訴訟(双方に弁護士がつかない訴訟)の割合が大きいことも簡易裁判所の特徴であり，その比率は現在では9割に達している(図4-3)。また「原告にのみ弁護士のつく割合」も現在では3％という低さである。訴額が低く，弁護士には儲からない事件が多いことが原因の一つであろうか。

　本人訴訟は裁判所側にとって非常に大きな負担を伴うものである(坂井1967, 判例タイムズNo.204)。個人が原告になる場合，提出書類の多くは司法書士に依頼して作られるようであるが，これらは裁判所の立場からは必ずしも完全ではないという。もちろんこれは司法書士の貢献を否定するものでは決してなく，全く法律の素人である原告が書記官の助言を頼りに書類を作成することは，裁判所にとってさらに大きな負担を伴うという。本人訴訟におけるもう一つの問題は，裁判官が後見的立場からの指導を行いがちになってしまうことである

という。このような裁判の過程では，弁論主義は後退せざるをえず，これは新たな問題を孕んでいるという[5]。

このように弁護士を雇えない，そして法律的知識のない個人にとって，簡易裁判所はまことに利用しづらい状況にある。一方，これに対し信販会社やサラ金などの法人は，その訴訟や督促手続きを行う部署を社内に設けており，ほとんど不便を感じていないようである。竹下守夫（2000 pp.74-76）によれば，簡易裁判所において原告の76.6%は訴訟代理であるが，その大部分は法人の「許可代理（弁護士ではなく社員が代理人になる）」であるという。そして，当事者のみの裁判は全体の12.0%にすぎないという。このことから，竹下（2000）は「簡裁は市民のための身近な裁判所というよりは，金融機関の取立機関として機能しているのが現実である」と結論づけている。

4-3-3　簡易裁判所の供給サイド：裁判官の給源とその増加率

簡易裁判所裁判官の定員数増加率の低さは注目すべきである（表4-4）。その定員数は2009年現在で806人であるが，これは1955年の730人からわずか10.4%増加したにすぎない。簡裁以外の判事定員数は同期間に73%伸びているから，平成司法改革においても，簡裁は一番後回しにされているようである。

簡裁判事の定員増加が低く抑えられている背景には「小さな司法」政策があるが，それとは別に簡裁独自の事情も存在しているようである。簡易裁判所の判事には2種類の資格，すなわち「選考任命判事」と「法曹有資格判事」がある。前者は簡易裁判所判事だけに認められた特別の資格であるが，これは裁判所書記官，家裁調査官などの経験者から簡易裁判所判事選考委員会の選考を経て選ばれる。一方，後者は地裁，家裁，高裁の判事と同じく，司法試験に合格した法曹有資格者である。

両者の比率を最高裁は公表していないが，昭和39年においては，簡裁判事699人中の377人（56%）が選考任命判事で，307人（44%）が法曹有資格判事である。彼らの前歴をみると，選考任命判事377名の構成は裁判所書記官198人，家庭裁判所調査官9人，裁判所事務官94人，弁護士3人，行政官58人，民間人

表 4-4　裁判官定員数

	最高裁判事	高裁長官	判事	判事補	計	簡裁判事	総計
1955（昭30）	15	8	1,102	472	1,597	730	2,327
1964（昭39）	15	8	1,210	527	1,760	715	2,475
1980（昭55）	15	8	1,295	603	1,956	779	2,747
1998（平10）	15	8	1,360	699	2,113	794	2,919
2002（平14）	15	8	1,445	820	2,288	806	3,094
2005（平17）	15	8	1,557	880	2,460	806	3,266
2009（平21）	15	8	1,717	1,020	2,760	806	3,566
増加率%（平成21年／昭和30年）			(55.8)	(116.1)	(72.8)	(10.4)	(53.2)

注：1980, 1998両年度においては沖縄判事・判事補を含む。
出所：林屋・菅原（2001）p.178.

5人である。また，法曹有資格判事307人の構成については，判事54人，判事補156人，そして検事の前歴が18人，弁護士の前歴が79人である（臨時司法制度調査会1964 p.78）。したがって，簡裁判事の定員が伸び悩んでいるのは，最高裁が「選考任命判事」の養成に成功していないことも一因であると言えるであろう。

4-4　簡易裁判所の制度改革

4-4-1　少額訴訟制度（1998）

簡易裁判所の理念は，少額事件を簡易・迅速な手続きで処理することであった。しかし住吉（1988）によれば，その運営実態は，地方裁判所での訴訟手続きとほぼ似通った運用が多く，これまで抜本的な略式化は見られなかった。

このような状況に対して新民事訴訟法（1998施行）のもとで新たに「少額訴訟制度」が施行された。この制度の特徴は，本人（当事者）が独力で（弁護士に頼らず）手続きと裁判を行えるというものである。

少額訴訟制度の概要は以下のようなものである。
(1) 訴えは，訴額が60万円（2002年以前は30万円）以下で金銭の請求を目的とするものに限る。また，同一の原告が提起できる回数は，同一の裁判所

において1年に10回までとする（民訴法368条）。
(2) 1期日審理の原則：審理は最初にすべき口頭弁論の期日で完了しなければならない（民訴法370条）。
(3) 証拠調べ：証拠調べは，即時に取り調べることができる証拠に限る（民訴法371条）。
(4) 即日判決の言い渡し：審理の終了後，ただちに判決を言い渡す（民訴法374条・1）。
(5) 少額訴訟の終局判決に対しては，控訴をすることができない（民訴法377条）。ただし，判決の送達後2週間以内に，異議の申し立てができる（民訴法378条・1）。

少額訴訟制度の特徴はこのように「本人訴訟」が容易に行えるような仕組になっていることである。仁木（2002 p.2）は「（少額訴訟制度は）当事者が，自分の紛争を自分の手で法的処理の場に持ち込み，日常言語で言い分を述べていくことができる。その限りで利用し易さは実感される……」と述べている。少額訴訟手続きの利用件数の動きは表4-5にあるが，発足いらい順調に増加している。とすれば，これに対応した簡裁裁判官の増員も迅速に実現されねばならないであろう[6]。

4-4-2 司法書士への簡裁代理権付与（2003）：簡裁弁護士の誕生

前章でも述べたように，簡易裁判所において司法書士に訴訟代理権等を付与する法律（司法書士法の一部を改正する法律）が2003年4月から施行されることとなった。また，司法書士は，支払い督促手続きや民事調停法による手続きも可能になった。これによって，司法書士は簡易裁判所において，弁護士に似た役割を持つようになり，これは言わば簡裁弁護士の誕生と言ってもよいであろう。

近時，簡易裁判所における本人訴訟の割合は9割にも及んでいる（図4-3）。そして本人訴訟による裁判運営は，裁判所側にとって大きな負担であるし，ま

表4-5 少額訴訟の件数

平成	既済件数	新受件数
1998（平成10年）	6,819	8,348
1999	9,928	10,027
2000	10,867	11,128
2001	13,205	13,504
2002	14,094	
2003	15,246	
2004	17,346	
2005	19,755	
2006	18,314	
2007（平成19年）	18,112	

出所：『司法統計年報』（最高裁判所）。

た，当事者双方にとっても（特に個人の場合には）大変な不便を強いるものである。それゆえ，司法書士への簡裁訴訟代理権の付与は，簡易裁判所に大きな変革をもたらすことになるであろう。なお現在，司法書士の総数は約17,000人で，量的には弁護士に匹敵する数である。

4-5 簡易裁判所の裁判官養成

簡易裁判所裁判官の定員数は平成21年現在806人であるが，一般の判事，判事補の定員数と比較すると，その伸び率は驚くほど低い（表4-4）。したがって，簡裁裁判官の養成が旨くいっていないのではないかと懸念される。本節では，昭和39年の臨時司法制度調査会と平成12〜13年の司法制度改革審議会で，この問題がどのように議論されたかをみよう。

4-5-1 臨時司法制度調査会の意見書（昭和39年8月）

臨時司法制度調査会（我妻栄座長，以下，臨司調と略記）は簡裁裁判官の供給源とその養成について以下のような提案を行っている。
 (i) 簡裁判事には，できる限り判事定年退官者など法曹有資格者をあてること。

(ii) いわゆる選考任命の簡易裁判所判事は各方面から人材を求めるとともに，その素質の向上をはかること。
(iii) 一定年数の経験を有する選考任命の簡易裁判所判事で一定の考試を経たものは，判事補に任命することができるものとすること。

この提言は「法曹有資格者判事」と「選考任命判事」の双方について増加策をとるべきことを提言しているが，双方ともに実現されなかった。まず前者については，そもそも法曹有資格判事の定員数そのものが低い水準に抑えられてきたことに加えて，退官後は簡裁判事になるよりも弁護士への希望者が多かったことがあげられる。

後者，すなわち選考任命判事の増加策(iii)については，弁護士会などの強い反対で実現しなかった。この提案主旨は，「優秀な素質のある選考任命の簡裁判事について昇進の道を開き，その士気を振作する」ことにより，選考任命判事の増加を図ろうというものであった。この提案では「選考任命判事⇒判事補（法曹有資格者）⇒弁護士」というキャリアアップの道を開き，これにより，選考任命判事の仕事がより魅力的なものとなり希望者が増えて，増員が可能になるであろうというものであった。

弁護士会の反対理由は，司法試験以外のルートから法曹になる道を開けば，それは法曹有資格者の質を低下させるからというものであった（弁護士会の意見は，さらに選考任命判事の制度も将来はとりやめ，簡裁判事も法曹有資格者に限るべしというものであった）。

三ヶ月（1981 p.267）は弁護士会の態度に理解を示しつつも，せめて「簡易裁判所だけの代理人資格を与えるだけならば，弁護士の職域の大きな侵害にならないであろう」と，弁護士会にも一考を求めている。一方，大内はこれに関して「弁護士会の説とはアベコベに，弁護士の中に簡易裁判所弁護士とでもいうべきものをたくさん作って，その資格はふつうの弁護士以外の"特別任用"の弁護士でもよいとし，簡易裁判所の弁護は，非常に安い弁護料とし，そのかわり，その弁護料は国家によって作ったファンドから払う」というもので

あった（大内・我妻 1965 p.161）。大内の提案はラディカルであるが，二つの要素を含んでいる。第一は簡裁専門の弁護士資格を作ることであり，第二は簡裁の弁護士料を国家管掌の法律扶助で賄うというものであった[7]。

結局，臨司調の提案したような簡裁裁判官の増加は実現されなかった。その主な理由としては，第1に最高裁が簡易裁判所の拡大と強化に熱心でなかったこと，第2に裁判所全体の規模拡大が図られず，司法試験合格者が長らく低い水準（500～700人／年）に抑えられてきたことがあげられる。第1点について三ヶ月（1981）は，最高裁が簡易裁判所の役割を不当に軽視してきたと述べ，簡裁にも家庭裁判所と同じように法曹有資格裁判官を大量に送り込むべきであったこと，また，最高裁内部には簡裁を担当する局（家庭裁判所に対しては家庭局がある）を設けるべきであったと述べている。

また第2点については，予算問題も一因であると大内・我妻（1965 pp.36-37）は述べている。歳出予算に占める裁判所予算の割合は，昭和30年に0.91％であったものが，漸減して平成11年には0.36％にまで低下している。裁判所予算の伸びが十分でなかった原因は大内・我妻（1965）によれば，新憲法のもとで，司法行政が内閣から切り離されて最高裁に与えられたことにもあるという。これにより，予算を決定する内閣のなかで最高裁の意見を代弁するものがいなくなってしまったと言うのである。また，国会の理解も十分ではなかったという。大内・我妻によれば，新憲法のもとで司法権は制度的に「独立すれども力なし」の状態に貶められていたというのである。

4-5-2　司法制度改革審議会（平成12～13年）

平成の司法改革においても，当然ながら簡裁裁判官の養成策は問題になった。しかし，結局は具体策にはいたらなかったようである。

(i) 司制審第28回審議会（平成12年8月29日）

以下の質疑と応答は第28回審議会におけるものであるが，ここでは簡裁判事の退職後の進路について，下記のような質疑が行われている。

審議会委員からの質問：特認検事，副検事，簡裁判事について，法務省及び最高裁は，どのような退職後の活用を考えているか。
……

最高裁の回答：（選考による判事についても同様。）すくなくとも簡裁に限っても，司法書士への代理権などを付与するのであれば，簡易判事経験者は同等以上の能力がある。弁護士過疎地対策としても有効。

　上記最高裁の回答は，簡裁判事経験者に対して，簡裁における代理権（弁護士資格）をあたえるべきことを提案している。この提案は，昭和39年の臨司調意見書に盛り込まれていたものとほぼ同じものである（これに対し，京都弁護士会はそのホームページ上（2002.11.11）で，最高裁提案に反対の旨を表明している。なお，この2年後（平成14年）に，司法書士に簡裁弁護士に相当する資格が付与されている）。

(ii) 司法制度改革審議会意見書（平成13年6月12日）

　司法制度改革審議会の最終意見は，簡裁裁判官の増加策について具体的提言を行っていない。しかしこれに関して，次のような提言を盛り込んでいる：「最高裁判所が下級裁判所の裁判官として任命されるべき者を指名する過程に国民の意思を反映させるため，最高裁判所にその諮問を受け指名させるべき適任者を選考し，その結果を意見として述べる機関を設置すべきである（Ⅲ.第5.2)」。これを受けて最高裁に「下級裁判所の裁判官の指名過程に関与する諮問機関（遠藤光男委員長，平成14年6.12）」が設置され，そして同諮問機関はこれまでに合計3回の委員会（平成14年7.31, 9.20, 10.22）を開催している。しかしながら暫定的な結論として「簡易裁判所判事を審議対象から外す」ということになった。その理由は「簡易裁判所判事選考委員会では，現実には指名を前提とした審議が行われていること」そして「新しく立ち上げられる（判事・判事補の指名を行う）委員会に，簡易裁判所判事選考委員会の委員構成や

選考の在り方を近づける方向で更に改革する」というものであった。結局，簡裁判事選考委員会に関する議論や簡裁判事増加策は先延ばしになったといえるであろう[8]。

4-6　簡易裁判所の制度上と組織上の問題

4-6-1　簡易裁判所に対する司法行政とその制度的位置

宮本（1972 p.92）によれば，簡易裁判所にはその司法行政事務を決定する機関である裁判官会議が存在しない（最高裁，高裁，地裁にはそれぞれの裁判官会議があり，理念的にはこれがその行政事務の決定機関になっている）。そして，簡易裁判所の司法行政事務はそれを管轄する地裁と高裁によって行われている（裁判所法80条）。この結果，簡易裁判所の一般裁判官は，自らの司法行政に対して発言する機会と権限を与えられていないという。

このように，簡易裁判所は地裁や高裁とは異なり，組織的なオートノミーを与えられていない。簡裁はその規模（裁判官数は全体の4分の1）と役割の重要性にもかかわらず，独自の行政権限を与えられていないのである。宮本（1972）は，「簡裁裁判官は司法行政に対して発言し，提案，具体化することができない。それゆえ，建設的な意欲や創造性を失ってしまう。簡易裁判所が革新的な創造力に乏しいことの一因はここにある」と批判している。そして，これを改善するためには，簡易裁判所にも裁判官会議を作り，これに司法行政事務の決定権を与えるべきだと主張する。

4-6-2　簡裁裁判官の多層構造という問題

前述したように，簡裁判事には2種類の資格，すなわち「選考任命判事」と「法曹有資格判事」がある。前者は簡易裁判所判事だけに認められた特別の任用資格である。一方，後者はいわゆる司法試験合格者であり，地裁以上の裁判官と同資格をもつキャリア裁判官である。両者の資格上の違いが，組織の有機

的な連携を妨げているおそれがあるという（宮本1972 p.90）。

そして法曹有資格判事はさらに，65歳で定年退職したキャリア裁判官と判事補等で3～5年の経験しか有しないものの2種類に分かれる。前者は豊富な経験と法律知識を持つであろうが，組織の改革などを試みる時間的余裕をもたないであろう。一方，後者は簡裁の仕事を，判事補から特例判事になるまでの修業期間の訓練としてとらえがちである。三ヶ月（1981 p.273）は「（判事補にとって）簡裁での手続きは地方裁判所以上での練習台となってしまう危険さえある」そして，「判事補制度という戦後の司法改革の最も失敗した制度のいわば尻ぬぐいに簡易裁判所が利用された」と指摘する。

一方，選考任命判事にも問題がある。彼らの前歴は二つのグループ，すなわち①裁判所事務局長や首席書記官の経験者，②在職13年以上の中堅書記官などから試験によって選抜されたものからなっている。特に前者については，事務局長などの転官の有力ポストになっているとも言われる。このように選考任命判事は裁判所職員の人事と連関しているところが問題ではないかと宮本（1972 pp.89-90）は指摘する。以上のように，簡裁判事の前歴構成は多様であるが，それは有機的に組織化されていない。

4-6-3　法律扶助制度と少額訴訟制度：「法律の社会保障化」

裁判を受ける資力がないものにも，裁判を受ける権利を保障する必要がある。社会的にこれを保障することを，大内・我妻（1965 p.144）は「法律の社会保障化」と呼んでいる。実際の制度としては法律扶助制度があげられるであろう[9]。

法律扶助制度の規模は，裁判という国が提供する公共的サーヴィスが，社会保障財としてどれくらい供給されているかの指標になるであろう。表4-6は各国の法律扶助制度を比較したものである。一見して，わが国は件数も規模も非常に小さく，全く未成熟の段階にあることが分かるであろう。

このように，わが国は「法律の社会保障化」において全くの後進国である。その原因の一つとして，やはり法曹容量の小ささがあげられるであろう。法律

表4-6 法律扶助制度の国際比較

	根拠法の成立年	裁判手続き扶助の件数（*）	事業規模	対象者層
英国（1994）	1949年「法律扶助及び助言法」	36万件	1,610億円	全世帯の下位50%
フランス（1993）	1972年「法律扶助に関する法律」	33万件	182億円	全世帯の下位約50%
ドイツ（1990）	1980年改正「民事訴訟法」	35万件	363億円	全世帯の下位約40%
米国（1994）	1974年「LSC法」	18万件	656億円	全世帯の下位18%
韓国（1996）	1986年「法律救助法」	4.36万件	17.3億円	全世帯の下位50%
日本（1996）	**	0.7万件	13.1億円	全世帯の下位20%

注：* 扶助の種類は国によってこのほかにも「示談交渉の扶助」「法的助言」などがある。
　　** わが国には「民事法律扶助法」が平成12年に成立した。
出所：「諸外国の民事に関する法律扶助制度」法律扶助制度研究会，1998年。

の社会保障化を進めるには，法律扶助制度の充実と同時に，法曹規模の拡大が不可欠なのである。

　次に，1998年に始まった少額訴訟制度の社会保障制度的な意義を考えてみよう。この制度は社会保障制度的機能をもつと考えられる。その理由は，利用条件が少額（30万円以下）であること，また，同一簡裁では年当り10回までと制限されているからである。この二つの制限によって，法人は利用しづらくなり，個人の利用が，しかも低所得者層にも利用しやすいようになっている。ただし表4-1，表4-5の両表に示したように，わが国の少額訴訟制度の規模は十分ではない。

4-7　要約

　新憲法下における簡易裁判所の設立は米国の治安判事などをモデルにしたも

ので，その理念は，司法の大衆化を目指し，手続きは簡易で，解決は迅速を旨とし，これによって司法制度に庶民の信頼を得さしめようとするものであった。しかし，戦後50余年にわたって，簡裁の現実とその理念は大きく乖離したままであった。

簡裁の戦後史をみると，"簡裁の小型地裁化"と呼ばれるように，少額訴訟制度の充実よりも，地裁の負担軽減をその主たる役割とすることに甘んじざるをえなかった。その主原因は55年体制下のいわゆる"小さな司法"であった。簡裁の改革が始まるのは，ようやく1990年代後半からの司法制度改革によってである。

簡裁の供給サイドで特徴的なことは，第1に裁判官定員数の増加率がきわめて低いこと，第2は裁判官が2種類の資格（選考任命判事と法曹有資格判事）から成立っていること，第3は簡裁が裁判官会議を持たず，制度的には地裁と高裁の管轄下に置かれていることである。第1点についてみれば，これは最高裁の簡裁に対するスタンスを表すものであり，その「小さな司法」政策を端的に表すものだったといえるであろう。そもそもわが国の裁判官総定員数の伸びは戦後一貫して低い水準に抑制されてきたが，その中でも簡裁裁判官定員数の伸び率はもっとも低いのである。

簡裁の需要サイドをみると，その主たる利用者は信販会社やサラ金などの法人であり，被告の多くが個人という図式になっている。そして，本人訴訟が9割以上と多く（原告のみに弁護士がつくものも3％という低さ），このため法律知識のない個人にとって，簡裁は真に利用しづらい状況にあった。しかし，同じく本人訴訟といっても，法人の場合は許可代理（法律知識を持った法人の社員がなる場合が多い）によって手続きがなされるため，個人のような不便さはない。

簡裁において個人が本人訴訟を行う場合，その手続きや法律相談には司法書士の役割が大きい。しかし，この司法書士の貴重な役割を，わが国の法律（弁護司法72条）は長らく厳しく規制してきた。司法書士を簡裁における訴訟代理人として認める法律は，遅まきながら2003年に施行された。

簡易裁判所の制度改革が本格化したのは，ようやく1990年代の後半からである。主なものとしては，1998年にスタートした少額訴訟制度，それに2003年の司法書士制度法改正による司法書士に対する簡裁代理権の付与があげられる。前者は，簡易，迅速，依頼人を通じない，真の意味での少額訴訟である。一方，後者は簡裁弁護士の誕生ともいうべきものであり，これにより簡裁へのアクセスがより便利になることは疑いないであろう。しかしながら，法律扶助制度は全く未成熟であり，この検討が急がれるべきであろう。また，当然ながら，簡裁裁判官の増員も喫緊の要事である。

注
1) 当初，簡裁の役割として，刑事における令状裁判所としての役割が重視され，警察署のあるところに全部簡裁を置こうという構想があったが，しかしそれだけでは勿体ないので少額の民事も担当させることになったとも言われている（大内・我妻 1965 pp.165-167)。とすれば，民事制度上の機能がどこまで重視されていたかについてはさらに考察が必要である。
2) 大内・我妻（1965 p.172）によれば，簡易な手続きの有効性は，ちょうど病気における町医者と大学病院の分業関係に喩えられる。風引きのような軽度の病気は，簡単な診断と診療で足りる。そして，複雑で困難な病気は大学病院で十分な治療を受ける必要がある。町医者が簡裁で，大学病院が地裁というわけである。
3) 簡裁の事物管轄拡張には賛否様々な意見があった。昭和39年の臨時司法制度調査会意見書（1964）は簡裁の事物管轄拡張を提言している。一方，宮本判事（1972）は簡裁が簡易・迅速な小額裁判所となるには訴額は10万円以下であるべきだと主張している。また，前田判事（1967）は，1,000万円以下は地裁と簡裁の競合管轄にし，困難な事件は地裁へ移送する裁量を簡裁に与えればよいという案を述べている。また日本弁護士会（1976 p.170）は次のように批判している。「……過去数回にわたり行われた簡易裁判所の事物管轄の拡張は，いずれもまさに地方裁判所の負担を軽減するためになされたものであった。そして，その結果は，簡易裁判所に大きな負担のしわ寄せをもたらしたが，それにとどまらず簡裁の基本的な性格までゆがめてしまった」。
4) これをやや細かく見ると以下のようになる。地裁の新受件数は15万件，訴額の総計は2.92兆円であり，これらから一件当りの平均訴額は1,914万円となる。また同様の計算を簡裁について行うと，訴額の総計は1,613億円であり，したがって1

件当り訴額の平均値は52.7万円になる(『司法統計年報』平成10年版,第11表と第20表より推計)。詳細については木下(2003)を参照。
5) 本人訴訟の問題点については,古川純一(1967),倉田(1967)を参照。また,弁論主義に伴う問題点については上田(1999 pp.303-333)を参照。
6) 最近,少額訴訟制度の照会や説明が,弁護士や司法書士のホームページを通じて盛んに行われている。また,新聞各紙もこの制度の紹介を行っている。これに対する需要は今後ますます増大することが予想される。
7) 大内・我妻(1965 p.161)の「簡易裁判所に簡裁専用の弁護士を作るべきである」という提案は,司法書士との関連ではなく,簡裁の「選考判事」に関わる問題から派生している。そして,彼らの主張はさらに,簡裁弁護士の費用はどこか他のファンドから賄い,一種の社会保険制度に似たシステムを作るべきだ(司法サーヴィスの社会保障化)という点にまで射程が及んでいたといえる。
8) 在日米国大使館は司法制度改革審議会に対する米国政府の意見表明(2000.6.09))を行っている。その中で司法資源の確保の一つとして magistrate(補助裁判官)制度の活用を推奨している。それによれば,「日本に適用する場合,簡易裁判所職員の機能,権限及び資格規準を拡大することで代替できる」としている。1999年において,同制度は(米国で)65万件の事件を扱い,当事者の同意に基づき1.1万件以上の民事事件を処理したとされる。
9) 英国の法律扶助制度については長谷部(1998, 2000)による詳しい紹介がある。

第5章　裁判所の内部組織と裁判官の独立性をめぐって

　　　東京高裁管内の（判事補）研修で一番印象深かったのは，故浅沼判事で，講演の演題は「控訴審における訴訟の発展」という風の，ありふれたものだったが，資本主義社会における民事裁判や弁護士の役割といったほうへ——意図的だったかどうかはわからないが——脱線して……ハッとさせられるくだりがいくつもあった。「法律は強い者には蜘蛛の糸だが，弱い者には鉄の鎖だ」という文句を引用され，プルードンの言葉だがね，と注されたのを憶えている。　　　　　　　　　　（倉田卓次『裁判官の戦後史』p.272）

:::: 本章の主な内容 ::::
(1)　わが国の裁判所の組織は典型的な官僚制組織である。おおまかな昇進のコースは，任官後10年で判事補から判事へ，その後10年程度で地裁総括判事に，さらに10～14年後に高裁総括判事か地家裁所長になる。
(2)　任官後20年間は，毎年1％程度が退官してゆき，30年を過ぎると退官の率は上昇する。そして，定年の5年前（60歳）には50～75％が退官している。定年前に退官する主たる原因は昇進の差にあると思われる。
(3)　給与は資格と年齢に応じているが，判事補から判事に昇格するとき（35歳）に一挙に25％上昇する。また，35～55歳の20年間に100％上昇する。
(4)　昇進の早い特急組み（Fast Track）の条件は，才能・勤勉性と保守的な価値観を持つことである。そして，最高裁判事や最高裁長官にまで昇進するのは，特急組みから選抜されたものである。
(5)　官僚制的裁判所組織のもとで，司法行政と裁判官の独立はジレンマを内包している。裁判官の一部には，職権の独立性が危ういと感じているものもいる。

5-1 序

本章では労働経済学における「内部労働市場論（Internal Labor market Analysis）」を用いて裁判所の内部組織を調べ，そしてそれが「裁判官の独立」に関連してどのような問題を抱えているかを考える。

わが国の裁判所組織はいわゆる官僚制的キャリアシステムをとっているが，これは英米諸国の法曹一元制とは対照的な制度である。キャリアシステムは「裁判官のキャリア形成」を行う制度としては非常にすぐれている。それは，ちょうど日本企業が年功序列制と終身雇用制を用いて，労働者たちの企業特殊的技能（firm specific skill）の形成に成功してきたことに似ている。しかし，一方それは「裁判官の独立」を保証する制度としては矛盾を内包していると言えるであろう。

わが国の裁判官はアンビバレントな立場におかれている。彼らが裁判所組織のなかで栄達を望むであろうことは当然のことであり，そのためには最高裁判所の方針にそって刻苦勉励しなければならない。一方，彼らが何よりも尊重しなければならない日本国憲法はその76条3項において「すべての裁判官は，その良心に従ひ独立してその職権を行ひ，この憲法及び法律にのみ拘束される」べきであること，すなわち「裁判官の独立」を要請している。したがって，もしその良心と最高裁の方針とが相容れないとき，彼らはどのように処すればよいのであろうか。

「裁判官の独立」あるいは「司法権の独立」は，民主主義の三権分立体制において広く支持されてきた理念である。それは司法府が行政府，立法府からの不当な干渉を排除して，裁判の公平性を保つために不可欠な前提である。しかしながら，「裁判官の独立」は官僚制という集権的な組織の中では，時に困難なものとなる。この問題がもっとも深刻になるのは，裁判官が政治的問題にからむ違憲審査の判断に直面したときであろう。

本章の構成はおおよそ以下のようなものである。5-2では，裁判所の内部

組織の分析を行うが，ここで用いる手法は内部労働市場分析である。5-3では，裁判所の特急組み（行政キャリア）の分析を行う。裁判官のキャリアパスには大別して行政キャリアと実務キャリアとの2種類があり，前者は司法行政の中核になるキャリアで，一方後者は裁判実務に特化するキャリアである。行政キャリアは行政職のポストを広く経験し，司法行政にウエイトをおきながら（裁判実務も経験するが）キャリアを積んで行く。そして，最高裁判事と最高裁長官まで昇進するのは行政キャリアであり，実務キャリアでないことは注目すべきである。

5-4では，裁判官の独立とキャリア制度の関係について考える。キャリア制度や司法行政が裁判官の独立を侵しているのではないかという意見は多く，この問題は司法制度改革審議会（2001.6.12）における重要テーマの一つでもあった。

5-2　裁判所の内部組織分析

5-2-1　最高裁判所：組織の司令部

裁判所の組織は，最高裁を頂点とする集権的な官僚制組織である。最高裁の主な機能は次の三つであるが，第1は，司法行政上の決定権と人事権を持つことである。具体的には，裁判所の規則制定権（憲77）をもち，そして，下級裁判所の裁判官を指名し（憲80・Ⅰ），またその職を補する（裁判所法47）ことができる。第2は，裁判実務面で法令などの合憲性審査権をもつ終審裁判所であり（憲81），上告などの裁判により法律的判断や判例の統一を行う（裁判所法7）。第3は，採用，教育と研修である。司法研修所，書記官研修所，調査官研修所は最高裁のもとにおかれ，裁判官，書記官，調査官への教育と研修が行われる。また，司法研修所教官は，裁判官の任用（判事補の選考）を実質的に行うという重要な役割を担っている。

5-2-2　任官と退官

(i) 任官

　裁判官への任官者は，司法試験の合格者で司法修習を終えたものの中から選ばれる。最高裁は任官希望者の中から採用者を指名し，これに基づいて内閣が任命する（憲法80・①）。新憲法下，戦後初の任官は昭和23年1月（高輪第1期）で，その次は23年6月（高輪第2期），そして昭和24年6月（第1期）と続いている。そして，平成20年（2008年）の任官は第60期になる。

　最高裁がどのような基準で指名を行っているかは明確ではないが，(1)司法試験の成績，(2)司法研修所での成績，(3)年齢・学歴などが考慮されていると思われる。ただし採用年齢については10歳くらいまでのバラツキがある。任官希望者の思想や信条は指名に影響を与えているのだろうか。これに関する資料はないが，最高裁がニュートラルあるいは保守的なものを好むであろうことは想像できる。青法協メンバーへの任官拒否などは，この事実を示す端的な例である。

　ごく少数ではあるが，弁護士をへて裁判官に任官する場合がある。これは弁護士任官制度によるものであり，平成3年に最高裁，法務省，日弁連が合意してスタートした。法曹一元の理想を視野にいれたものと言われるが，その人数は少ない[1]。

　任官者の数は年によって変動があるが，平均すると毎年80名前後であった。しかし，司法制度改革後は増加の傾向にある（図5-1）。時系列の推移をみると，1970～85年が低い水準で推移している。この時はいわゆる青年法律家協会の問題などから，「司法の危機」が叫ばれた時代である。このため，裁判官に対する希望者が減少したか，あるいは最高裁が採用数を減らしたためであろう。なお1974～76年は一時的に増加しているが，これは団塊の世代に対応した現象と思われる。

(ii) 退官（定年退官，依願退官，任期終了退官）

　裁判官の定年は65歳である（ただし最高裁判事，簡易裁判所判事は70歳）。

第5章　裁判所の内部組織と裁判官の独立性をめぐって　113

図5-1　任官者数の推移

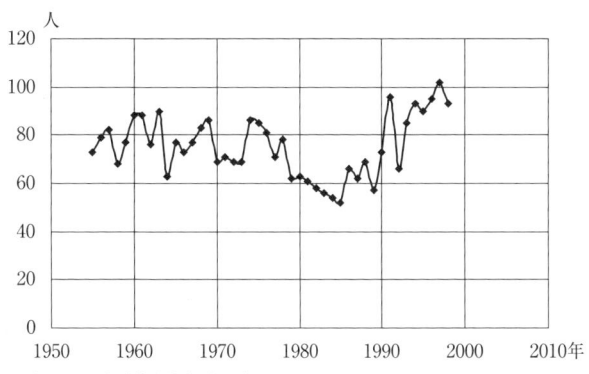

出所：日本民主法律家協会（1998）。

定年でやめる場合が定年退官であり，それ以前に本人の申し出による場合は依願退官である。任期終了退官という場合もあるが，これは本人が10年ごとの再任を申し出ない場合である。また，稀ではあるが，最高裁が再任を拒否する場合がある。有名な例としては，宮本康昭裁判官に対する再任拒否（昭和46年）がある。これはいわゆる青法協をめぐる問題が背景にあったと言われているが，最高裁はその理由を一切明らかにせず，不服申立ても受け付けなかった[2]。

(iii)　**退官後の進路**

退官後の職業はほとんどが弁護士になっているが，60歳以後の退官では公証人になる場合も多い。また，一部は簡易裁判所の判事になる場合もある。このように裁判官は法曹資格を持っているから，退官後の職業は保障されているといえる。

ごく一部であるが，法務省や検察庁へ転出し，裁判所に戻らない場合もある。そして，法務省の局長や高検の検事長にまで昇進したものもいる。

(iv)　**在官年数と退官率**

在官年数と退官率（退官者の累積割合）との関係を表したものが，図5-2

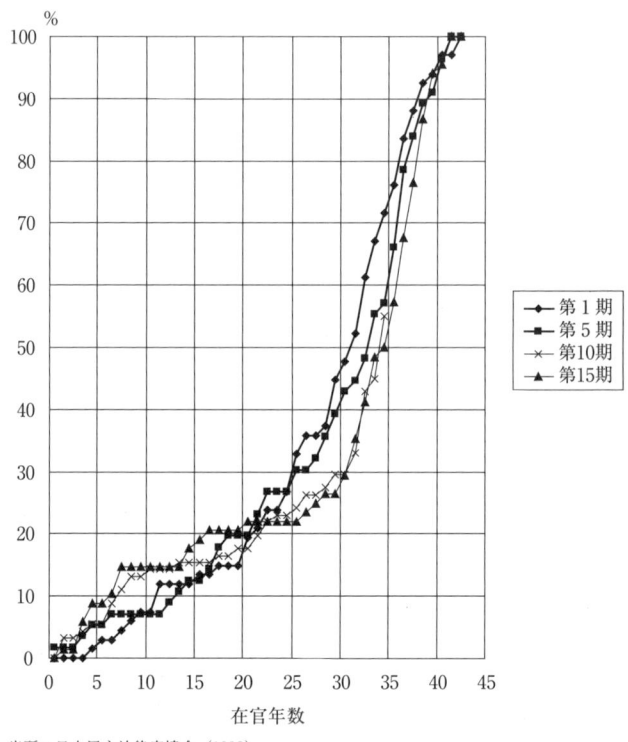

図5-2 在官年数と退官者の割合

凡例: 第1期、第5期、第10期、第15期

出所：日本民主法律家協会（1998）。

と図5-3である。図5-2は，四つのコホートについて図示したもの，また図5-3は1987年と1998年における横断面図である。これらはいずれも似たパターンを示している。すなわち，任官してから20年間は毎年1％のものが退官し，20年間で総計20％が退官する。そして，任官して30年すぎると退官する率が高まり，任官35年（年齢60歳強）で55～75％が退官する。すなわち，定年5年前には50～75％が退官する。

　退官率の特徴は，最初の30年間は年率1％程度と低いが，それを過ぎると加速度的に高くなることである。この理由は，官僚制組織の役職ポストが限られていることと，退官後の人生である弁護士としての仕事に備えるためであろう。

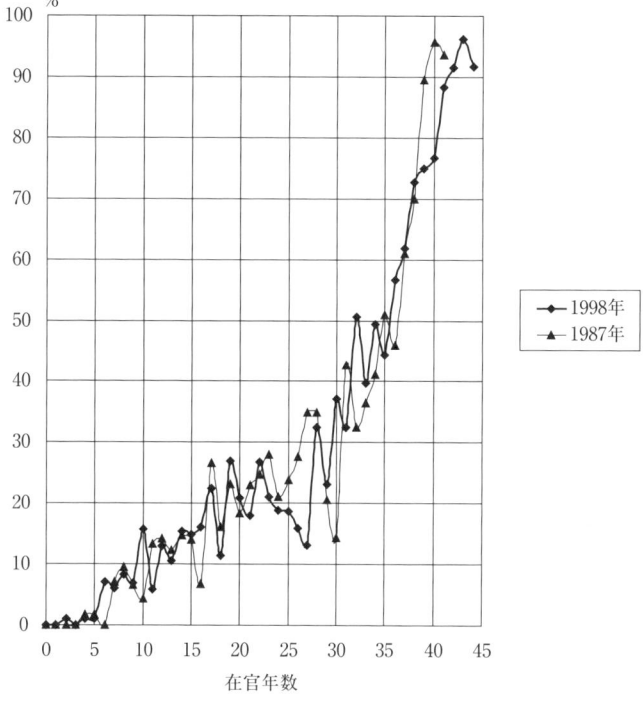

図 5-3　在官年数と退官者の割合

出所：日本民主法律家協会（1987，1998）。

(v) 在官者の年齢構成

　図 5-4 は裁判官の年齢構成（1998年）をグラフに表したものである。異常な点は単純な右下がりではなく，35〜45歳の世代が凹んでいることである。この理由は，これらに対応する年（1979〜89年）に任官者数が大幅に減少したことにある（図 5-1 を参照）。35〜45歳という裁判所のバックボーン（地裁判事や総括判事として活躍する）となる世代が大幅に少ないことは，最高裁にとって頭の痛かったことであろう。

図5-4　裁判官の年齢構成（1998年）

注：最高裁判事を含む。
出所：日本民主法律家協会（1998）。

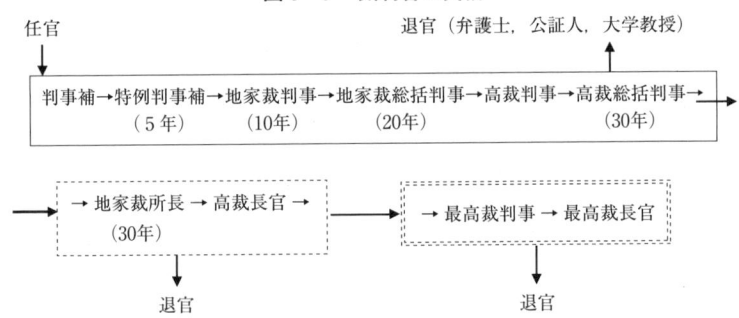

図5-5　裁判官の資格

任官　　　　　　　　　　　　　退官（弁護士，公証人，大学教授）

判事補→特例判事補→地家裁判事→地家裁総括判事→高裁判事→高裁総括判事→
（5年）　（10年）　　（20年）　　　　　　　　（30年）

→地家裁所長→高裁長官→　　　→最高裁判事→最高裁長官
（30年）

退官　　　　　　　　　　退官

注：下段の括弧内は任官からの標準的な年数。

5-2-3　資格の種類

　裁判官には，キャリアの形成に応じて資格が与えられる。「判事補」が最初に与えられる資格であるが，その後の標準的なコースはおおよそ図5-5のようなものである。

　判事補の期間はおよそ10年で，それが経過すると地家裁の「判事」に昇格する。判事補は当初，地裁または家裁に配属され，合議審の一員となり，OJTを受けながら裁判の技術を学ぶ。最初の5年が過ぎると通例は「特例判事補」

の資格が与えられ、判事と同じ仕事が可能になる。特例判事補という制度が作られた理由の一つは、判事の不足であったといわれる。

判事になってさらに10年たつと地家裁の「総括判事」の資格が与えられる。これは裁判長を務めることのできる資格である。裁判は合議審と単独審に分かれるが、前者は通常三人の裁判官で構成され、これをまとめるのが総括判事である。合議審の構成は（総括判事＋判事＋判事補）が標準的組み合わせであり、判事補が左陪席となる。

地家裁総括のあと「高裁判事」に昇進するのが通例である（ただし、この二つの地位は順序が逆になる場合もある）。さらにこのあと「高裁総括判事」に昇進するが、この地位に就任するのは、任官後30年程度の長い経験を積んだものである。高裁総括は高裁の出す判決のまとめ役であるからきわめて重要な地位である。

高裁総括判事を経験したあと、その一部が行政的な役職である「地家裁所長」に昇進する。地家裁所長という地位は、一般に裁判官のキャリアの終点であるが、そのなかのごく一部分が高裁長官、最高裁判事へと昇進する（なお高裁総括判事と地家裁の所長の地位はほぼ同格のようで、両者へ就任する順序が逆になっている場合も多い）。

5-2-4 昇進の速度

表5-1は昇進に要する年数とその標準偏差を求めたものである。任官から判事になるまでに要する平均年数はほぼ10年である。そして、その標準偏差は1.5～1.8年であるから、判事への昇進年数に格差はそれほどないと言えるであろう。

地裁総括までに要する平均年数は18.5～19.9年で、その標準偏差は3.7年である。すなわち、判事から地裁総括までに要する年数は約9年であることが分かる。また、この標準偏差（3.7）は、判事のそれのほぼ倍である。地裁総括への昇進速度にはやや開きが出てきていることが分かる。

地裁総括から高裁総括あるいは地家裁所長までに要する年数は約10～14年で

表5-1　判事補への任官から昇進までの平均年数

	判事	地裁総括	高裁総括	地・家裁所長
第1期	10.6年	19.0年	29.6年	27.9年
標準偏差	(1.77)	(3.65)	(3.24)	(2.27)
任官者数	(57人)	(44人)	(22人)	(22人)
(総数67人)				
第5期	10.5年	18.5年	32.8年	29.5年
標準偏差	(1.46)	(3.65)	(2.0)	(2.27)
任官者数	(46人)	(41人)	(21人)	(22人)
(総数56人)				
第10期	10.6年	19.9年	32.6年	32.0年
標準偏差	(1.72)	(3.66)	(1.47)	(2.24)
任官者数	(51人)	(48人)	(22人)	(25人)
(総数68人)				

注：中段の括弧内は標準偏差を表わす。
出所：日本民主法律家協会（1998）。

ほぼ同じ年数を要している。前述したが個々の経歴を見ると，高裁総括と地家裁所長の資格に就く順序はまちまちである。

5-2-5　退官時の資格と在官年数

退官時の資格と年齢には何らかの関係があるようだ。資格は昇進と関連しているから，昇進での遅れが退官する動機の一つになっていることが考えられる。

表5-2は「退官したときの資格，在官年数，年齢，人数」をまとめたものである。例えばA行は「判事補のままで（判事に昇進しないで）退官した場合」である。第10期の場合，その在官年数は平均6.9年で，そのときの平均年齢は36.3歳である。またその人数は13人（第10期の総数68人）である。

判事補で辞めるもの（A行）の在官年数は10年よりかなり短い（ただし第1期はやや異なる）。彼らは裁判官という職に，わりあい早く見切りをつけたのであろう。

次に，判事で退官する人たち（B行）の在官年数はほぼ20年を超えている。彼らは，地裁総括に昇進するのがやや遅れ，それが退官の原因かもしれない（表5-1でみたように，在官20年は地裁総括に昇進する時期である）。

表 5-2　退官時における在官年数と退官年齢（資格別）

退官時の資格	第1期 在官年数	退官年齢	第5期 在官年数	退官年齢	第10期 在官年数	退官年齢
A. 判事補	9.6年 (5.6)	42.8歳 (6.9) (8人)	3.3年 (2.5)	36.5歳 (8.5) (4人)	6.9年 (5.0)	36.3歳 (6.2) (13人)
B. 判事	21.9年 (7.3)	52.7歳 (6.0) (12人)	18.9年 (6.5)	50.6歳 (8.3) (9人)	25.3年 (10.0)	54.8歳 (11.0) (4人)
C. 地裁総括	28.4年 (2.7)	61.9歳 (2.5) (14人)	30.4年 (5.9)	59.9歳 (5.2) (16人)	33.0年 (3.3)	60.9歳 (3.3) (19人)
D. 地家裁所長または高裁総括	34.1年 (3.1)	64.1歳 (2.2) (28人)	35.8年 (2.3)	64.5歳 (1.7) (21人)	36.9年 (2.2)	63.1歳 (1.8) (27人)
E. 高裁長官	40.7年 (1.2)	65.0歳 (0.0) (3人)	39.0年 (1.0)	64.7歳 (0.6) (3人)	NA	NA NA (4人)
F. 最高裁判事		(2人)		(2人)		NA
全体の平均 総数	28.3年	58.9歳 (68人)	28.8年	58.5歳 (58人)	29.3年	57.7歳 (68人)

注：今中段の括弧内は標準偏差を表す。
出所：日本民主法律家協会（1998）。

　地裁総括で退官する人たち（C行）にも同様のことが言えそうである。彼らは在官年数が約30年，年齢は約60歳のときに辞めている。もし昇進が順調であれば，この時期に彼らは高裁総括あるいは地家所長になっている。昇進で遅れたために，定年まで5年も残して辞めているのであろうか。

　高裁総括と地家裁所長が退官するとき（D行）の年齢は約64歳（標準偏差は1.7～2.2）である。すなわち，定年より1年ほど早く退職している。所長経験者は定年まで少し年数を残して勇退するのであろうか。

　高裁長官（E行）はほぼ全員が定年の65歳まで務める。地家裁所長の場合と比較して考えると，在官年数は3年くらい長い。言いかえれば，高裁長官になるには出来るだけ若く任官することが必要だということであろう。

5-2-6　熟練形成の方法：OJT と Off-JT

　技能の水準を高める訓練は大別して OJT（on the job training）と Off-JT（off the job training）の二つがある。OJT とは，実務を経験しながら技能を高めてゆく過程である。一方，Off-JT とは仕事の場から離れた訓練（研修や講義形式での訓練）である。

(i)　**司法修習生への研修：最初の Off-JT と OJT**
　任官する前であるが，司法試験の合格者には約 2 年間の司法研修所での研修が課される。これは裁判官，検察官，弁護士それぞれの志望者が一同に受けるものであり，法曹一元の理想を受けた形態だと言われている。司法研修所の教官は，主に先輩の裁判官で司研教官として配属されたものがあたる[3]。

(ii)　**判事補に対する OJT と Off-JT**
　任官した判事補はまず都市部の規模の大きい地裁または家裁に配属され，そこで合議部の左陪席の仕事をする。合議部の基本的な構成は，単独体の判事二人に判事補一人を組み合わせるものである。左陪席はいわば新参であり，裁判長や先輩の判事から多くを学ぶ。判決文の書き方から，裁判の進め方までおよそ裁判の百般を OJT で学んでいく。
　また，様々な Off-JT が設けられている。在官年数に応じて，新任判事補研修，判事補 3 年実務研究，判事補 6 年中間実務研究，判事補10年最終実務研究などがある。このように判事補に対しては，キャリアの進展に応じて豊富な Off-JT が提供される。研修会の講師には司研の教官，先輩裁判官があたり，非常に濃密な講義が提供される。夜には懇親会もあり，先輩裁判官の人となりに触れることも多いという[4]。

5-2-7　人事評価（査定）

　官僚制度に人事評価（査定）は不可欠であるが，わが国の裁判所も例外では

ない。そして、裁判官に対する査定は、昇進と異動、ならびに任免の資料として用いられているようである。査定とそれに基づく人事が現在どのような状況であるかについて、最高裁はおおむね以下のような説明をしている。これから察するに、相当に綿密な査定が行われているようである[5]。

(a) 法令による勤務評定制度はないこと

　現在、裁判官に関して、法令に基づく制度としての勤務評定制度はない。したがって、全裁判官に共通した一定の評価基準もない。また、評価の開示や不服申立ての制度もない（一般職の公務員については国家公務員法72条に基づく勤務評定制度がある）。

(b) 人事評価の実際について

　実際にはある種の人事評価（査定）と、それに基づく人事が行われている。そして、最高裁は査定に用いる情報を次のような方法、ルートによって集めている。

　① 地家裁所長と高裁長官からの情報

　　地家裁所長と高裁長官は、各裁判官の「仕事振り、力量、人物、健康状態」についての情報を最高裁に伝える。

　② 最高裁判事や高裁裁判長からの情報

　　最高裁判事や高裁裁判長は上訴事件を担当するなかで、下級審裁判官の力量や仕事振りを伺うことができる。

　③ 査定基準の一つとしての処理件数

　　裁判官の能力を判定する基準の一つとして、処理件数がある。ただし、数量だけではなく、裁判の質も評価される。

　④ 評価の客観性

　　客観性を保つため、長い間に多くの人が見て判断するような仕組みになっている。例えば、判事補は大中小の裁判所を順繰りに回り、多くの先輩上司から指導を受けるようになっているが、彼らの評価が集積される。

5-2-8　裁判官の給与所得

　裁判官の給与は年齢と資格や役職に応じた典型的な年功序列型賃金であるが，人事評価の結果は昇進に影響し，そして給与所得に反映される。裁判官の給与体系（号俸）は，判事では「判特から判8」までの9段階，判事補は「補1から補12」までの12段階になっている。最高裁の発表では，任官後，判事4号（任官後およそ20年）までは，特別の事情がない限り，昇給ペースに差はないが，判事3号から上の昇給は，格差が生じているという。

　次に裁判官の給与体系の推計を行う。推計作業は二つのデータを照合して行ったが，一つは中村敦夫（2000），もう一つは日本民主法律家協会（1998）による『全裁判官経歴総覧』である。前者は国会における中村の質問に応じて最高裁が公表したもので，各号俸の月額給与とその対象人数が掲載されている。一方，後者には任官期別裁判官の役職や資格などに対応した人数が記載されている。両者を照合すると，勤続年数に対応した月額給与を求めることができる（詳細は木下2003a）。これを図示したものが図5-6である（なお，同図では25歳で任官し，65歳で退官する場合を想定している。また，同図は月俸について表されているが，年俸は月俸の16〜17ヵ月分程度であろうと推測される）。

　この結果は次のように要約できる。
① 　任官して9年目（33歳）までが判事補であるが，その期間に給与は2倍になる。
② 　判事の給与体系は判事補のそれよりスライドアップした体系である。すなわち，任官10年目で，判事補から判事に昇進するとき，月俸は約12万円（約25％）アップする。
③ 　給与は資格と年齢に応じて階段状に上昇するが，35歳から55歳までの20年間で2倍になる（60万円から120万円）。そして，最後の10年間（55歳から65歳）でさらに約15万円強（約15％）上昇する。
④ 　裁判官の給与は年齢とともに上昇し，これは定年（65歳）まで続く。そして，55歳以降の給与体系は能力給ではなく，役職給とも言うべきもので

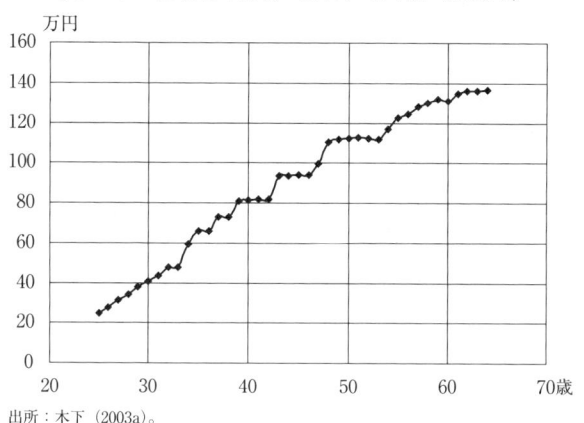

図5-6　裁判官の所得（月俸）と年齢（1999年）

出所：木下（2003a）。

ある。なぜなら，能力給の場合は一般に55歳位でピークになり，その後は若干低下するのが通例だからである（小池 1993 第5章を参照）。

⑤　年齢別の所得格差は一般のホワイトカラーの場合よりもかなり大きい。初任給と最高給の比率は，一般ホワイトカラーの場合は3.5程度である（小池 1993 p.83）。これに対し，裁判官の場合は25歳⇔55歳で5倍強，25歳⇔60歳で6倍である。

⑥　昇給の格差について最高裁の発表では，判4号まではほぼ全員が同一のスピードで昇給し，格差は無いとしている。しかし，木下（2003a）の推計によれば，すでに判5号（38〜41歳）で最大4年程度の格差が生じている。同様に判4号（42〜45歳）でも4年程度の格差が生じている。

5-2-9　勤務地の格差

裁判官は3年ごとに転勤するが，勤務地は昇進と連動しており，いわゆるエリートコースと目される場合ほど都市部への配属になりやすいといわれる。都市部の方が子弟の教育にも便利であり，また，博物館，美術館，音楽会などの諸施設も整っているので，都市部への配属希望はいわば超過需要の状態であるという。

図 5-7　裁判官の「任地ランク」の分布

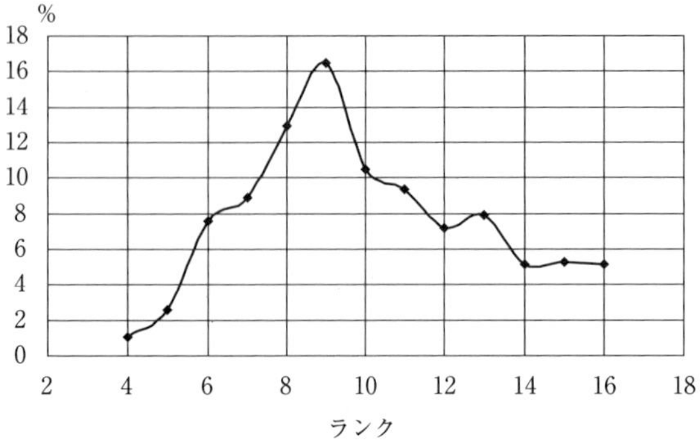

出所：小林克己（1999）第 4 章。

　勤務地と関連した問題の一つに「都市手当て」がある。都市手当ては最大で10％と言われているが，都市から地方へ転勤しても 3 年間は支給されるから，田舎へ転勤しても 3 年以内に都市へ帰ってくれば都市手当てを連続して受けることができる。逆に，地方勤務が 3 年以上続けば，それは給与面でも不利になるわけである（毛利 2002 pp.76-99）。

　小林克巳判事（京都家裁）は勤務地についての格差を調査している。（日本裁判官ネットワーク1999，第 4 章）この調査の対象は，地裁の裁判長クラス361人（27～32期）で，彼らが14年間（昭和60年～平成10年，任官して10～24年）に転勤した 4 ヵ所の勤務地をランク付けして（東京23区 AA（4 点），大都市 A（3 点），中都市 B（2 点），市町 C（1 点）），各裁判官の合計点を求めたものである。高得点者ほど都市部に配置されていたことを示すが，最高点は16点，最低点は 4 点になる。

　図 5-7 は得点の分布であるが，人事評価が見事なまでに任地に反映されているといえる。もし平等な転勤政策が行われていれば，平均値10の近くに固まることになるが，実際は釣鐘型で裾野が大きく広がっている。ランク14～16は勤務地でもっとも優遇されているグループであるが，これらが全体の15％いる。逆に，ランク 4 ～ 6 は冷遇されているグループであるが，これらは全体の10％になる。査定は勤務地にも反映されているということが推測される[6]。

5-3　裁判所の特急組：行政キャリア

　特急組（Fast Track）とは，官僚組織や一般の企業組織に存在する，昇進が早く，将来組織のリーダーと嘱望される一群のことである。わが国の裁判所も典型的な官僚組織であり，そこには特急組がいる。本章では裁判所の特急組を行政キャリアと呼ぶことにする。というのは彼らの昇進経路は，主要な行政ポストを経験しながら昇進していくのが特徴だからである（一般企業における特急組については，小池 1993 第3章を参照）。

　彼らの最終到達点は，地家裁所長，高等裁判所長官，最高裁判所判事，最高裁判所長官であり，また，彼らが昇進してゆくコースは主に最高裁，高裁，大都市地裁，法務省，検察庁等の主要な行政ポストである。

　行政キャリアに選ばれる条件は二つあり，一つは才能と勤勉性であり，もう一つは行政府（自民党）と共鳴する保守的イデオロギーをもつことであると考えられる。

5-3-1　二種類のキャリア：行政キャリアと実務キャリア

　裁判官のキャリアコースは大別すると二種類あると考えられる。一つは「裁判実務の技術を主に蓄積して行くキャリア」であり，もう一つは「裁判所の行政ポストを主に経験してゆくキャリア」である。本書では，前者を「実務キャリア」，後者を「行政キャリア」呼ぶことにする。二つのキャリアは初期には分化していないが，キャリアを重ねるに従い別れていく。行政キャリア組ももちろん裁判官であり，裁判実務を行うが，しかし彼らは行政的な職務のウエイトを増大させながらキャリアを歩んでいくのが特徴である。

5-3-2　行政キャリアの条件：才能・勤勉性と保守的イデオロギー

　行政キャリアに選ばれるのはいかなる裁判官であろうか。これについてラムザイヤーとラスムセン（Ramseyer & Rasmusen 1997, 2003）の実証結果は，才

能・勤勉性と保守的イデオロギーの二つの要素をもったものが選ばれると結論づけている。ラムザイヤーによれば，司法試験に早く合格すること，あるいは東大・京大の出身であることが魅力の高いポストとか都市部への配属を有意に説明しているという。一方，後者（イデオロギー）については，青法協へ所属している裁判官は有意に不利な待遇を受けているが，これは保守的イデオロギーを持ち，行政府（自民党）に有利な判決をスマートに出す裁判官が厚遇されていることの間接的証左であるとする。

　Ramseyer（2003）によれば，このような構造が出来ているのは，自民党内閣が代々保守的なイデオロギーをもった最高裁判事を任命し続けてきたからであり，政権交代が半世紀にわたってなかったことが大きな要因であろうという。そして，最高裁はこの構造を維持するためにインセンティヴ制度を用いているという。すなわち，有能であり，保守的イデオロギーをもつ裁判官には，出世と都市部への配属が行われ，逆に政府の政策に批判的な裁判官は冷遇されているというのである[7]。

5-3-3　行政ポスト経験と昇進との関連

　最高裁判所長官，最高裁判所判事，高等裁判所長官の三つの地位に就くには，多くの行政ポストを経験していることが条件であると言われるが，これを簡単な相関分析を用いて検証してみる。分析の枠組みは以下のようなものである。

(i) サンプル：任官した期間が高輪1期（昭和23年1月）から第7期（昭和30年4月）までで，最終経歴が三種類の地位（最高裁長官，最高裁判事，高裁長官）に就任したものの全員で，総数は34名（最高裁長官3名，最高裁判事6名，高裁長官25名）である（ただし，最高裁判事の中で，判事補任官のあとすぐに検察などへ転出し，下級裁判所での実務裁判官の経歴が全くないものは除く）。

(ii) データの出所：日本民主法律家協会（1987, 1990, 1998）

(iii) モデルの変数

　① 昇進度の指標（Y）：最高裁長官になったものには8，最高裁判事に

なったものには4，高裁長官になったものには1を与える（この数値は次のような考えに基づいて決めた。まず，三者の人数比は3対6対25≒1対2対8であるから，それぞれの地位に就ける確率は1対2対8ということになる。そして，昇進度（Y）は就任できる確率の逆比にとり，そして高裁長官を1とする）。

② 経歴に関するダミー変数（X1〜X5）：期間を次の三つ，(a)任官し10年まで，(b)11〜20年，(c)21〜35年に分ける。そして，配属される場所を(ア)調査・教育・研究に関するポスト，(イ)最高裁，高裁などにおける行政的なポストの二種類に分ける。すると次表のような組み合わせができるが，それぞれにX1からX5までの変数をあてる（なお，サンプルのなかには，任官して21年目以降で，調査・教育・研究ポストへ配置されたものはいなかった）。

	(a)任官後10年以内	(b)任官後11〜20年	(c)任官後21〜35年
(ア)調査，教育，研究所への配置	X1	X3	—
(イ)行政ポストへの配置	X2	X4	X5

ダミー変数 X1〜X5の値は1または0とするが，以下のように定める。すなわち，任官後10年以内に行政ポストに配置された経験（ただし期間の長短は問わない）をもつ場合は X2=1，しからざる場合は X2=0 とする。他の変数についても同様である。

③ 裁判実務における業績を表す変数（X6）：裁判実務であげた業績を表すもので，以下の(a)と(b)を合計したものである。いずれも『全裁判官経歴総覧』（日本民主法律家協会）にまとめられているもので，

(a) 当該裁判官が関与した裁判で，「判例時報の特報欄」に掲載されたものの数，その他重要判例として，「高等裁判所民事判例集，および刑事判例集」等々に引用されたものの総数（ただし最高裁判事の時の判例は含まれない）。

表5-3 昇進度（Y）と行政ポスト経験の相関係数表

	Y	X1教研	X2行政	X3教研	X4行政	X5行政	X6実務
Y	1						
X1教研	−0.256	1					
X2行政	0.437	−0.314	1				
X3教研	0.0	0.251	−0.074	1			
X4行政	0.286	0.0	0.178	−0.416	1		
X5行政	0.424	−0.038	0.126	0.106	0.471	1	
X6実務	−0.318	0.114	−0.103	0.262	−0.458	−0.348	1

(b) 著作数（論文，単行本の合計数）。

表5-3はY，X1〜X6の相関係数表である。これから以下のような結論を得ることができる。

① X6（裁判実務の業績）はX2, X4, X5（行政的ポスト）とは負の相関を持っている。特にX4, X5との間には大きな負の相関がある。これは，11年目以降に行政ポストに就くことは裁判実務の仕事を犠牲にすることを意味している。

② Y（昇進度の指標）はX2とX5（行政的なポスト）との相関が一番高く，逆に，X6とは負の相関をもつ。言いかえれば，行政ポストにつくことが最高裁長官や判事への昇進にはプラスに働き，一方，裁判実務はプラスに働かない。

③ X1, X3, X6は互いに正の相関を持つ。また，X2, X4, X5は互いに正の相関を持つ。そして，これら二つのグループは互いに負の相関を持っている。

X3の主なものには最高裁調査官，司法研修所と書記官研修所の教官がある。なお，これらには任官13年目以降のキャリアを積んだものが配されている。また，X2の主なものは「最高裁の局付き判事補」である[8]。

5-3-4 最高裁判所判事にいたるキャリアコース

最高裁判事に就任したものが歩む具体的キャリアはどのようなものであろうか。ここでは裁判官出身の最高裁判事のキャリアを調べる。

最高裁判所の裁判官の任命資格は,高等裁判所長官,判事,検察官,弁護士,大学教授の職を一定年限以上務めることがその条件になっている(裁判所法41)。最高裁判事の総数は長官を含めて15名であるが,その構成は裁判官出身者が6名,検事出身・学識経験者が5名,弁護士出身者が4名というのが慣行になっている。(山本1994 p.293)

表5-4は,高輪1期から第12期任官までの,計15人の最高裁判事についてそのキャリアをまとめたものである。同表では,任官して10年ごとに区切り,それぞれの期間にどのような行政的ポストを経験したかをまとめている(また,最高裁の教育,研究的なポストに就いた場合も含めている)。

同表で「裁判実務」とあるのは,その期間において行政ポストを全く経験していない場合である。逆に,行政ポストと表示されている場合には,それらと交互に裁判実務を経験している場合もしばしばある(多くの場合,裁判官は3年ごとに転任する)。同表から次のような結論を得ることができよう。

① 最高裁判事は,行政ポストを幅広く経験している。裁判実務の経歴のみで,最高裁判事になった例はない[9]。
② 最初の10年間(判事補のとき)に,最高裁の局付きや法務省への出向になる場合が多い。この時期に,裁判実務しか経験しない(つまり行政ポストの経験が全くない)例は15人中でわずか3人(小野幹雄,千種秀夫,藤井正雄)にすぎない。
③ ②で述べたが,小野,藤井の2裁判官はやや例外的である。0～10年では裁判実務しか経験せずに,しかも11～20年には司研教官,調査官という教育・研究畑を進んでいる。ただし,彼らも20年目以降には行政ポストの経験をしている。

表5-4　最高裁判事とその主たる行政キャリア

氏名	司法修習	任官後 0～10年	任官後 11～20年	任官後 21～30年	任官後 31年～
1. 矢口洪一 (長官)	高縄 1期	最・人事局付 民事局2課長	最・主計課長 総務課長	最・人事局長 事務次長	事務総長 東京高長官
2. 大内恒夫	高縄 2期	訟廷部1課長	名古屋高局長 秘書広報課長	経理局長 千葉地所長	東京地所長 東京高長官
3. 香川保一	1期	法・民事局付 同3課長心得	法・民事局1課長 官房秘書課長	法・官房長 法・民事局長	浦和地所長 札幌高長官
4. 四ッ谷巌	1期	家庭局付 総務局付	裁判実務	福島地・所長	広島高長官 東京高長官
5. 貞家克巳	2期	法・大臣官房付 法・調査部付	法・参事官 法・民事局参事官	法・訟務局長 同・民事局長	横浜地所長 大阪高長官
6. 草場良八 (長官)	3期	刑事局付	任用課長 司研局長	経理局長 秘書広報課長	事務総長 東京高長官
7. 可部恒雄	4期	行政局付 総務局付	調査官	東京地裁 所長代行	首席調査官 福岡高長官
8. 大西勝也	5期	総務局付	総務局3課長 同1課長	総務局長 人事局長	事務総長・ 東京高長官
9. 小野幹雄	7期	裁判実務	司研教官	刑事局長・ 図書館長	司研所長 大阪高長官
10. 千種秀夫	7期	裁判実務	調査官 法務局訟務部長	法・民事局1課長 同秘書課長	法・民事局長 事務総長
11. 三好達 (長官)	7期	行政局付	行政局1課長 総務局1課長	書研所長	首席調査官 東京高長官
12. 藤井正雄	9期	裁判実務	司研教官	法・民事局1課長 秘書課長	横浜地所長 大阪高長官
13. 山口繁 (長官)	9期	書研教官	書研局長 民事局1課長	東京高局長 総務局長	司研所長 福岡高長官
14. 北川弘治	11期	書研教官	行政局1課長 人事局給与課長	上席調査官	首席調査官 福岡高長官
15. 金谷利廣	12期	刑事局付	刑事局1課長 司研教官	上席調査官 総務局長	事務総長 東京高長官

注：特に断らない場合は最高裁の部局を表す。法は法務省，検は検察庁，書研は書記官研修所を指す。
出所：日本民主法律家協会（1987，1990，1998）。

④ 法務省と検察庁を経験するキャリアも有力なコースである。15人のうち3人（香川保一，貞家克巳，千種秀夫）は法務省を長く経験している。
⑤ 司法行政上の要である最高裁事務総長は最高裁判事になるための有力なポストである。これを経験したものが16人中で5人いる（矢口洪一，草場良八，大西勝也，千種秀夫，金谷利廣）。
⑥ 最高裁判事に就任する前に大都市部の高裁長官を経験する場合が多い。例外は15人中でただ一人千種秀夫である（ただし彼は事務総長を経験している）。

5-4 官僚制的裁判所組織と司法の独立

5-4-1 司法権独立の意義

司法権独立の意義については様々な考えがあるが，伊達（1986）は「現行司法の第一義的使命は個人の基本的人権の擁護である」（p.24）と述べ，そして司法権独立の必要性については，「法治主義は，国家権力の行使を憲法と法によって制約し，その定めるルールに従わせることによって国民の自由と権利と財産を守ろうとするものであるが，……もし，政府が裁判所に何らかの影響を与えることになれば，司法の独立は失われ，……かくて権力に対する国民の法的保障は画かれた餅にしかすぎないことになる」（pp.54-55）と述べている。

伊達は国家権力の行使を制約するところに，司法独立の意義を認めているが，これは明治期から太平洋戦争にいたるわが国の歴史をも踏まえているのであろう[10]。

5-4-2 「裁判官の独立」と官僚制的司法行政が抱える矛盾

裁判官の独立について，兼子・竹下（1990 pp.110-131）は次のように述べている。「司法行政上の監督は，上級機関による裁判事務への介入という要素をもつ点で，裁判官の独立に抵触する危険を有している。そこで，裁判所法81

条は，司法行政上の監督権は，裁判官の裁判権に影響を及ぼし，またはこれを制限することはないと定めている」。すなわち，裁判所法81条は，裁判官がその裁判事務において，上司や上級裁判所から独立であることを保障しているのである。しかし，前述したようなインセンティヴ構造が組こまれた司法行政のもとでは，裁判官は上司の意向にはからずも従うようになり，裁判官の独立が危うくなるおそれもある。とすれば，裁判官の独立性とは何か，が改めて問われなければならないであろう。

5-4-3 「司法権の独立」と裁判官任命権の問題

行政府（や立法府）が司法府をコントロールするには，必ずしも裁判官の独立を侵す必要はない。それには行政府とイデオロギーを等しくする裁判官を多数任命すればよい。したがって，裁判官の任免権を誰が持つかということと，司法権の独立は密接に関連しているといえる。一例として，米国のF. D. ルーズベルトがとった政策（Court Packing Policy）があげられよう。ルーズベルトはニューディール政策に反対であった連邦最高裁が賛成に回るように画策したが，その方法は最高裁判事の定員数を増やし，ニューディール政策を支持する判事を多数送りこむことであった[11]。

ところで，わが国の行政府（内閣）は裁判官の任免をどれほどコントロールできるのであろうか。最高裁判所の裁判官については，内閣による指名であるから，それには行政府と強調的なイデオロギーを持つものが選ばれるであろう。そして，下級裁判所の裁判官は，最高裁の指名したものの名簿によって内閣が任命するから，行政府は間接的にしろ下級裁判所裁判官の任命にも影響力を及ぼすことができる可能性はある。

わが国の行政府が，裁判官の独立性にいかなる影響力を与えているか，についての仮説・検証を試みているのものに Ramseyer（1994），Ramseyer & Rasmusen（1997）がある。彼らによれば，行政府に協調的でない（あるいは敵対するような）判決を下した裁判官は昇進や転勤などで冷遇されていることが，統計的に有意に証明されることなどから，確かに裁判官の独立性は影響さ

れていると主張する。

　ラムザイヤー等の主張に対してヘイリー（Haley 1998, 2007）は批判的な反論を行っている。ヘイリーは，日本の裁判官は極めて誠実であり，司法権は行政府や立法府から政治的に独立していると主張する。そして，最高裁当局は，司法の独立性が何よりも一般国民からの信任（public trust）に基づくことを，そしてより直接的には行政府（political leadership）から受容されることが重要であることを熟知しているという。ここで行政府から受容されることの重要性とは，行政府もまた一般国民からの信任のもとにあるから，行政府からの受容とは一般国民からの間接的な信任にほかならないからである。要するに，司法権が独立性を保つには，国民から信任を受け，その決定（諸判決）が国民に説明可能（accountable）でなければならないが，それらは行政府にも受容されなければならないからである。そしてヘイリーは，日本の司法権に対する国民からの信任は，他のいかなる先進諸国のそれより高いのだという。

　上記のように，最高裁は一般国民からの信任を受けるように司法判断を秩序づけていかねばならないが，そのためには最高裁の判断に挑戦し，あるいは反する判決を下すような下級審裁判官に対してはペナルティを課すことになる。しかしこのような人事政策が，行政府や政治家からの指示で行われた形跡や証拠は一切なく，最高裁が独自に行ったものであるから，ラムザイヤーらの仮説・検証は成功していないと，ヘイリーは主張するのである。

　ヘイリーが，日本の司法権の独立を強調するためにあげた一つの例は浦和事件（1948年）における最高裁の断固とした態度であった。浦和事件とは，ある母親が夫の乱行と生活苦から親子心中をはかり，三人の子供を絞殺したが自分は死にきれなかった事件である。参議院法務委員会は国政調査権を行使して，浦和地裁判決の量刑が軽すぎるという調査結果を発表した。これに対して最高裁は，参議院法務委員会の行為は国政調査権（憲法62条）の範囲を逸脱し，司法権の独立を侵すものであるとして厳重に抗議したのであった。このような，立法府に対する最高裁の断固とした態度は，司法権の独立を示す何よりの証左であるとヘイリーは評価するのである。

5-4-4　最高裁による下級審裁判官への制裁と裁判官の独立

　最高裁の意向に沿わない行動をとった裁判官は制裁（サンクション）を受けており，その種類には，再任拒否，地方への転勤，（憲法問題や人権問題を扱わない部署としての）家裁への配置などがあると言われている。具体的には以下に述べるようなものがあったが，これらは裁判官の独立にいかなる影響を及ぼしたのであろうか。

(1) 再任拒否

　再任拒否事件の中で，もっとも大きな問題になったのは，宮本康昭判事補の再任拒否（昭和46年）であり，これはいわゆる「司法の危機」という事態に発展した。この背景にはいわゆる青法協問題があったことは大方の認めるところであり，最高裁のとった行為に対しては賛否両論が沸き起こった[12]。

(2) 転勤と補職による制裁

　最高裁の意向に反した裁判官は転勤や補職でその制裁をうけるという。具体的にいえば，地裁支部へ長期間勤務，あるいは家裁への専任（通常とられる地裁と家裁の兼務ではなく）を命じられることである。ここでは二つの事例をあげる。

　第1の例は，福島重雄（第11期）判事の「長沼ナイキ基地保安林指定解除停止決定（昭和44年）」と「自衛隊違憲判決（昭和48年）」に関してである。本訴訟の内容は，200人近い農民が長沼ナイキ基地設置反対を求めて起こしたものである。なお，福島判事は青年法律家協会のメンバーであった。

　事件後の福島判事の配属は以下のようなものであった。保安林に関する停止決定を行ったのは彼が39歳の時であり，そして，自衛隊違憲判決を下したのは43歳の時であった。そのあと，東京地裁勤務の3年をへて，福島，福井という地方の家裁勤務を12年間にわたって勤め，平成元年62歳で依願退官をしている。12年間の家裁勤務は例外的に長い家裁勤務であろう（事件の詳細については，

潮見 1982 pp.31-32, Ramseyer & Rosenbluth 1993 pp.164-166を参照)。

　第2の例は, 安倍晴彦 (第14期) 判事補の「個別訪問禁止違憲判決 (昭和43年3月)」に関してである。個別訪問禁止は現職議員には有利, 言いかえれば与党である自由民主党には有利に働く法律であったと言われるが, 最高裁はすでに昭和25年, 公職選挙法 (138条) に関して戸別訪問禁止合憲の判決を出していた。一方, それまでに地裁レベルでは, 個別訪問禁止は違憲であるという判決がいくつか出ていた。このような状況下で, 安部判事補による違憲判決は出されたわけである。

　安部判事補のその後は, 家裁勤務と地裁の支部勤務が続くことになった。違憲判決を出したのは判事補6年目で35歳のときであり, その後, 平成6年に定年退官するまで, 36年間の長期間にわたりずっと地方の地家裁やその支部勤務が続いた。なお, 安倍判事補は青年法律家協会のメンバーであった[13]。

5-4-5　現場裁判官の意識

　最高裁の司法行政が現役裁判官の意識にどのような影響を与えているだろうか。ここでは, 何人かの現場裁判官の発言をとりあげるが, この種の発言はごく少ない。というのは, 多くの裁判官は, 裁判に関する合議の内容や裁判所内の行政事務についての意見を, 在任中はもちろん, 退官後も公にしないからである。

(1)　**中田早苗判事の報告要旨「裁判官の身分保障の根底にあるもの」(裁判官懇話会 1973)**。

　宮本判事補再任拒否問題 (1971年) とそれに続く「司法の危機」は, 現場裁判官に深刻な影響を与えた。裁判官の有志が世話人となり, 「裁判官懇話会」が1971年に発足し, 東京 (日本都市センターホール) で第1回が開催され, 全国から200名近くの裁判官が参加した。翌1972年の第2回目の懇話会における中田判事の要約には, 「裁判官の勤務評定は, 職権の独立を考慮すれば, 極めて困難である」との文言がある[14]。

(2) 匿名裁判官の発言（司法制度改革審議会における第8回「裁判官の人事評価に関する研究会（最高裁）2002.1.16」）

ある匿名裁判官は，「内部評価が裁判官によるものであってはならない。裁判官が他の裁判官を評価することは，職権の独立の観点から許されない。なぜなら，評価者たる裁判官と被評価者たる裁判官との間に地位の差を生じさせ，裁判官の独立を侵すことになるからである」と陳述している。

(3) 伊東武是判事の発言（上記と同じ司法制度改革審議会における研究会）

「頻繁な転勤政策は裁判官の独立にとって最大の障害である。現在のような大規模な転勤政策が公正に実現されることは不可能であり，派閥人事になりがちである。また，昭和40年代に青法協裁判官にたいする差別人事があったことは否定できない。この後遺症は現在でも続いており，憲法や人権問題に踏み込むことを躊躇する雰囲気があることは事実である」と陳述している[15]。

5-5　要約

わが国の裁判所は典型的な官僚組織であり，年功に基づく昇進制度がとられている。人事評価は綿密に行われており，それは昇進や勤務地の選定に反映されている。本章の内容はおおよそ以下のようにまとめられる。

(1) 裁判官のキャリアコースには「実務キャリア」と「行政キャリア」の二種類がある。前者は裁判実務の術を主に蓄積してゆくコースである。一方，後者は裁判実務もこなすが，行政ポストにウエイトをおいたコースである。

(2) 裁判官の資格はキャリア順に見ると，［判事補（10年）→判事（10年）→地家裁総括判事（15年）→地家裁所長（高裁総括）］である。25歳で判事補に任官して，順調にいけば35年後，60歳で地家裁所長となる。そして，2年程度所長を経験し，退官するというのがモデル的なコースである。

(3) 任官してから10年までに10%が退官し，20年までには20%が退官する。また，地家裁判事で退官する者の平均年齢は約50歳，地家裁総括で退官す

る者の平均年齢は60歳である。両者とも定年までかなりの年数（15～5年）を残して退官する。一方，地家裁所長まで昇進するものは全体の50％であるが，彼らはほぼ定年まで勤める。

(4)　地家裁所長になる前に退官するものは任官者全体の約50％であり，彼らは定年よりも早く退官してしまう。これは人的資本投資の観点から見ると大きな損失である。早い退官の理由の一つは，昇進に格差がつけられていることと，退官した後の弁護士活動に備えるためであろうと思われる。

(5)　査定（勤務評価）は最高裁によって行われているが，これは法律に基づくものではない。また査定の結果は，昇進，昇給，異動の資料として用いられている。

(6)　裁判官の給与は，年齢とともに直線的に増加し，55歳以降も定年まで上昇する。55歳以降の給与は能力給ではなく，役職給とでも呼ぶべき体系である。また，給与の格差は25歳⇔55歳で5倍強，25歳⇔60歳で6倍である。

(7)　最高裁判所長官と最高裁判所判事まで昇進するものの多くは行政キャリアである。彼らは，裁判実務もこなすが行政ポストに重点をおいて昇進してゆく。

(8)　最高裁勤務は民間企業でいえば本社勤務であり，昇進には有力なポストである。しかし，最高裁調査官や司法研修所教官など調査・教育ポストは行政キャリアのコースではなく，最高裁判事につながるポストではない。

(9)　最高裁判所事務総長は行政ポストの要であり，最高裁長官と事務総長が司法行政の枢軸になる。

(10)　裁判官の昇進制度にはインセンティヴ構造がある。そこでは，生産性が高く，かつ最高裁の意向に沿った判決を下す裁判官が優遇され，逆に，最高裁の意向に逆らった判決をだした裁判官は冷遇されるようである。意向に逆らった判決とは，例えば自衛隊違憲判決や個別訪問禁止違憲判決で，これらには行政府の基本方針に反するものが多い。

(11)　裁判官に与えられるインセンティヴの主たるものは①早い昇進，②給与での優遇，③都市部での勤務などである。最高裁の発表では判事4号俸

(受給年齢は45歳程度と思われる)までは平等に昇給するとされている。しかし，4号俸ではすでに若干の格差が生じていると推測される。また，3号俸(受給年齢は50歳程度と思われる)では数年以上の差が生じていると推測される。

(12) 裁判官に与えられる制裁は①再任拒否，②地方やその支部での勤務，③家裁勤務(地裁との兼任をさせない)，④遅い昇進，⑤給与での冷遇などである。

(13) 査定とそれに基づく人事によって，裁判官は「職権の独立」をおかされていると感じているだろうか。これに対するアンケート調査のようなものはないが，一部の裁判官の発言はそれを強く示唆している。

注

1) 弁護士任官制度については，日本裁判官ネットワーク(1999) pp.155-173を参照。
2) 再任拒否はこのほかにも例がある。詳しくは潮見(1982) pp.16-24を参照せよ。また，最高裁のとった態度については擁護，批判など様々な議論が展開された。一例として，柳瀬(1971)，座談会(1971a)，座談会(1971b)，伊達(1971)，田中英夫(1973) pp.436-454を参照せよ。
3) 司法修習生には国家公務員の初任給程度の手当てが支給されていたが，これは2010年から廃止された。
4) 判事補の研修については，浅見(1992)に詳しい紹介がある。また，倉田(1987)は研修の興味深いエピソードを数多く紹介している。
5) 資料出所は以下の二つである。第21回司法制度改革審議会(平成12年6.2)「裁判官の人事評価の基準，評価の本人開示，不服申立て制度について」最高裁判所事務総局人事課，および，最高裁判所(2002) 第1回人事評価研究会(平成13年9.7)「裁判官の人事評価の現状と関連する裁判官人事の概況」。
6) 伊東武是(2001)によれば，裁判官たちにとって，3年ごとの全国規模の転勤は職権の独立にとって大きな障碍であるという。また，転勤を含む人事は色々な意味において，彼らの最大関心事であるという。
7) ラムザイヤーのいうインセンティヴ制度とは，査定した評価に対応して報奨とサンクションを与える制度であるが，このような制度が組み込まれているという仮説をRamseyer(1994)，Ramseyer & Rasmusen(1997)は提示し，検証を行なっ

ている。彼らの言うインセンティヴ構造とは，おおよそ以下のようなものである：①生産性が高く（処理件数の多く，正確であること），②最高裁の意向に沿った判決を出す裁判官に対して，その報償として(a)早い昇進，(b)人気のある都市部への勤務，が与えられる。逆に，最高裁の意向に逆らうものには，出世を遅らせ栄達の道を閉ざす。ここで，最高裁の意向にそった判決とは，政府や与党である自由民主党が有利になるような判決である。例えば前者については，政府が被告になる行政訴訟（例えば，長良川洪水訴訟，大阪空港騒音訴訟など）で政府を勝訴させる判決であり，後者については，選挙運動における戸別訪問の禁止合憲判決である。なお，ラムザイヤーらの仮説に対する批判については後述する。

8) 任官後10年以内に最高裁の局付き判事補になることは特急組の候補である。局付き判事補は各地裁などから推薦され，最高裁の総務，人事，民事，刑事，行政，家庭の各局に配される。潮見（1982）によれば，毎年5名前後が新たに補充され，常時20名程度が配置されているという。
9) 行政キャリア（行政職を幅広く経験したもの）が最高裁判事に就任することに対する批判として伊達秋雄（1986）pp.332-335「最高裁判事の登用」がある。
10) 芦部（2007）p.340は，司法権の独立が要請される理由として「司法権は裁判を通じて国民の権利を保護することを職責としているので，政治的権力の干渉を排除し，とくに少数者の保護を図ることが必要である……」と述べている。
11) このように「裁判官の独立」と「司法権の独立」は区別する必要がある。これについては斎藤秀夫（1985）pp.305-319，芦部（2007）p.339以下を参照。
12) これについては，法学セミナー臨時増刊号71.2「セミナー司法の危機」に収録された諸論文を参照されたい。なお，最高裁は，次のような一連の再任拒否と任官拒否などを行っている。①1960年，長谷川茂治判事の再任拒否，②1970年，司法修習生3名の任官拒否（うち2名は青法協会員），③1971年，宮本康昭判事補の再任拒否，④同年，23期司法修習生7名（うち6名は青法協会員）の任官拒否，⑤1972年，24期司法修習生3名（うち2名は青法協会員）の任官拒否，⑥1979年，司法研修所の教官が31期任官希望者に対して，内容証明付きで青法協脱会の勧告⑦1983年，最高裁による35期修習生5名に対する任官拒否。なお，最高裁は拒否の理由を明らかにしていないが，①については転勤拒否問題，②～⑦は青法協問題が背景にあると言われている。なお，青法協（青年法律家協会）については青年法律家協会弁護士学者合同部会（1990）を参照せよ。
13) 安倍晴彦（2001）には，彼に対する最高裁の処遇が詳細に述べられている。彼が総括の地位を与えられたのは定年退官のわずか2年前，63歳の時であった。そして，実際に合議部の裁判長を務めたことはついになかったという。
14) 裁判官懇話会と中田判事の紹介については松永（1978）pp.148-157を参照。な

お，伊東（2001）によれば，裁判官懇話会のメンバーに対しても差別人事が行われたのではないかという。
15) なお，伊東武是判事の論文「監督と人事と独立と（上，下）」（判例時報1653号，1654号，1999）はより詳細な議論を展開している。

第6章　裁判官選任制度と裁判所組織の日米比較

　　「合衆国独立の際に，憲法の起草者たちがどのように構想していたか思いおこしてみて下さい。九人の最高裁判事たちは選挙で選ばれるようにはなってはいません。従って彼らは政治的権限を持たされていないのです（not politically accountable）。ですから，社会が直面する大きな政治問題を最高裁の決定に委ねるというようなことを，起草者たちは決して考えてはいなかったと思います。そのような問題は立法府や行政府に委ねられるようになっているのです」。
　（J. ロバーツ米国連邦最高裁判所長官へのインタヴュー：Interview with Chief Justice John Roberts, ABC News- Nightline, November 13, 2006）

…… 本章の主な内容 ……
(1) わが国の裁判官が米国連邦裁判所判事ほど強い政治権力を持ち得ないのは，その選任方法の説明可能性（accountability）が低いからである。
(2) 日本の裁判所組織はきわめて集権的（階層的）構造をしている。一方，米国連邦裁判所は分権的構造をしており，個々の裁判官の独立性は高い。
(3) 公務員の俸給水準は，一般にその社会的地位を反映しているとされる。米国の連邦地裁判事の俸給は国会議員と同額であるが，一方，日本の裁判官の俸給は国会議員より低く設定されている。
(4) 米国連邦裁判事の任期は終身であり，任命された者の多くが終身の地位を全うする。一方，日本における任期は10年で定年は65歳であり，裁判官の50％は60歳以前に退官する。
(5) 米国の連邦裁判所判事の選任方法はきわめて政治的色彩が強く，大統領や上院議員からの信任が厚いものが指名される。

6-1 序

　本章は、前章でも用いた内部労働市場分析（internal labor market analysis）の手法を用いて、日米両国の裁判所組織と裁判官選任制度の比較分析を試みる。内部労働市場分析はドーリンジャー=ピオーレ（Doeringer & Piore 1971）らによって創始され、企業組織の人事管理や人材開発のあり方を調査するために発展してきたものであるが、裁判所組織の分析にも有効である。

　裁判所組織がどのような構造になっているか、その組織にどのような人が裁判官として入ってくるか、さらには、彼らがどのように昇進して、そしてその組織からどのように退出していくかということは、司法権のあり方としてきわめて重要な問題である。なぜなら、裁判官がいかなる政治的権限（例えば違憲審査権）を発揮するかは、裁判所組織と裁判官選任制度と密接に関係しており、それは三権分立（separation of power）の基本的骨格にも関わってくるからである。

　一般に民主主義国家において、国家権力が正当性（legitimacy）を持つには、それを付託されるものが'定期的な選挙'によって選ばれることが要件である。実際、立法権と行政権の担当者は定期的な選挙によって選ばれている。しかるに、司法権の執行者である裁判官の選任は、定期的な選挙にはよらないのが通例である。それでは何ゆえに、司法権は国家権力としての正当性を持ちえるのであろうか。

　選挙によらない裁判官が正当性をもつためには、彼らが司法権の執行者として国民に受容されなければならない。そのためには彼らの選任方法が、国民に対して説明可能（accountable）でなければならない。もし説明可能でなければ、司法権は正当性を持ちえなくなるであろう。

　司法権にとってもう一つの重要な要件は、その独立性である。一般に、司法権の独立と三権分立は民主主義を機能させる重要なフレイムワークであると考えられている。もし司法権が独立でなければ、それは立法権と行政権の行き過

ぎや怠慢をチェックすることができなくなるであろう。もちろん定期的な選挙はあるとしても，それだけでは不十分であり，そこに司法権独立の重要性が生じるのである。そして，裁判官の独立が守られるためには，裁判官の身分の保障が必要であり，そしてそれに対応するように裁判所組織が構成される必要が生じるのである。

本章の構成は以下のようになっている。6-2節では司法権の正当性に関連して，司法権の独立と裁判官選任方法の説明可能性（accountability）について述べる。6-3節では，内部労働市場分析の手法を用いて裁判所組織の日米比較を行う。続いて6-4節では，集権と分権の視点から裁判所組織の日米比較を行う。最後に，6-5節では要約を行う。

6-2 司法権の説明可能性（accountability）と独立性（independence）

民主主義国家において，司法権が正当性をもつには二つの要件があると見なされている。一つは「説明可能性」であり，もう一つは「司法の独立」である。

6-2-1 説明可能性（accountability）

民主主義的政治のもとで国家権力を付託される者は，定期的に行われる選挙によってのみその正当性を与えられる。それゆえ，司法権の担当者である裁判官の選任にも投票制が考えられるが，多くの場合，投票制度はとられていない（ただしわが国の最高裁判事については信任投票が行われているし，米国の州裁判所の一部では投票制度がとられている）[1]。

もし投票制度が最善ではなく何かそれに替わる方法が用いられるとすれば，その方法の採用された理由が国民に説明（accountable）されなければならない。説明可能性とは一般に，'ある制度や機構による決定がその社会や共同体がもつ価値基準と一致していること'をいう（Wasby 1978）。このような考えによれば，裁判官選任方法における説明可能性とは，'裁判官が代表性

（representativeness）をもつこと'とも言いかえることができる。ここで「代表性」をもつとは，より多数の国民が彼を支持していることであるが，そのとき国民は裁判所の決定をよりスムーズに受け入れるであろう。司法制度が有効に機能するのは，当事者が自力救済に訴えず，裁判所の裁定を平和裏に承認する場合だからである[2]。

　それでは，米国における裁判官の選任方法は「説明可能性」を十分に満たしているであろうか。ポズナー（Posner 1996b p.34）によれば，連邦裁判所裁判官は'大統領の指名（nomination）と上院による承認（confirmation）'という手続きを経ているから，その民主主義的正当性は高いという。すなわち，連邦裁判所判事の選任は直接的な選挙ではないが，大統領（行政府）と上院（立法府）という選挙で選ばれたものたちが選任するので，それは一種の間接選挙なのだと言う。

　日本における裁判官の選任方法についてはどうであろうか。下級審裁判所の裁判官は公的選挙による選出ではなく，'最高裁が指名し内閣によって任命される'（憲法80条①）。一方，内閣は国会議員の投票により選ばれ（憲法67条），そして国会議員は国民全体の選挙によって選ばれる。このように考えれば，日本の下級審裁判官の選任方法はより間接的であり，米国の連邦裁判所裁判官に比較してその「説明可能性」はより低いと見なされるべきであろう。ただし最高裁判所判事の場合はやや異なっている。それは内閣（行政府）によって任命され（憲法79条），任命後はじめての衆議院選挙において国民審査に付されるからである。国民審査で否決されたものは皆無ではあり，このプロセスは形式的という批判はあるにせよ最高裁判事の「説明可能性」を高めているであろう。

　総じて日本のような官僚制的裁判所制度（career judiciary）は，米国に比べるとそのアカウンタビリティが低いといえる。そして，それは司法権が三権分立のなかで相対的に弱い位置に置かれることを意味するであろう。これについてポズナー（Posner 1996b p.34）は，英国の官僚制的裁判所と米国連邦裁判所とを対比し次のように述べている。「英国では最高裁判所（House of Lords）

より下位の裁判官の任命は大法官（Lord Chancellor）によって行われるが，そこでは上院での承認という手続きはない。したがって，彼らの民主主義的正当性（democratic legitimacy）は十分なものではなく，それゆえに政治的権力は大きくないと考えられるのである」[3]。

6-2-2　司法権の独立性（Independence）

司法権の独立性とは，司法権が行政権と立法権からの政治的干渉を排し，それらによる国家権力濫用の行き過ぎをチェックしようとする三権分立の基本理念である。ここで司法権の独立というとき，それは司法権という集合体が行政権，立法権から独立であると同時に，個々の裁判官もあらゆるものから独立（裁判官の独立）であるべきことを意味している。特に後者について憲法は，'すべて裁判官は，その良心に従ひ独立して職権を行ひ，この憲法及び法律にのみ拘束される'（憲法76条③）と規定している[4]。

さて裁判官が独立であるためには，その身分が保障されなければならない。そして，特に重要なのは，裁判官の任期とその経済的保障である。任期に関していえば，もっとも保障された形態とは終身でその身分が保障される場合であろう。また，経済的保障とは，その地位にふさわしい俸給が保障されることであろう。

ところで，裁判官の独立性と前述したアカウンタビリティ（あるいは代表制）とは二律背反の関係にある。これについてガースとミルズ（Gerth and Mills 1946 p.226）は次のように述べている。「民主主義制度の理念は，選挙やリコール制度によって公的役職の任期を短くしようとするし，また役職の候補者を特定の専門家に限ることを嫌う」。すなわち，民主主義が要求する裁判官のアカウンタビリティは，その任期を短くしようとするが，しかし短い任期は裁判官の独立性を妨げることになる。したがって，これら二つの矛盾する要求が，裁判官選任制度において調和されなければならないのである。

現実には，裁判官の独立に必要な身分保障はどのようになされているであろうか。詳細は後節にゆずり，ここでは概略のみを述べる。米国の連邦裁判官は

その行状に問題がない限り終身の身分（life time tenure）が保障されており，再任の審査もない（Posner 1996a pp.3-39）。また転勤はなく，任期中は同一の裁判所にとどまり，査定はなく昇進や昇給もない。それゆえ，連邦裁判官はその身分が手厚く保護され，したがってその独立性が強く保障されているといえる。一方，日本の裁判官の独立性は，米国連邦裁判事ほど十分に保障されたものではない。彼らの任期は10年であり，裁判所組織は官僚制的（career judiciary）であり，その俸給は年功と業績に連関している。さらに，彼らには3年おきの転勤があり，その範囲は日本全国に及ぶのである[5]。

6-3　実証分析

6-3-1　分析のフレイムワークと対象

本節では「内部労働市場分析」の手法を用いて日米両国の裁判所組織を比較する。この分析手法の特徴は，以下のような諸点に注目して行われることである。

(1) 企業組織への入り口（port of entry）にはどのような人材が入ってくるか。
(2) 彼らは組織内をどのように昇進し，移動していくか（internal mobility）。
(3) 昇進や勤続年数と給与水準がどのような関係になっているか（wage profile）。
(4) いつ，どのように彼らは組織から退出して行くか（port of exit）。

ドーリンジャー＝ピオーレ（1971 p.63）が発見したことは，労働者の熟練や企業特殊技術（firm specific skill）の蓄積のためにOJT（On the Job Training）が効率よく行われ，また，労働者の中途離職による損失を防ぐように雇用のルールや慣行が設計されているということであった。

ドーリンジャー=ピオーレの枠組みに依拠しながら，小池（1991, 1993, 1997）は日米両国の様々な企業の聞取調査を行い，そこにある共通点を発見した。小池の重要な発見には以下のようなものがあった。
(1) 労働者が企業特殊技術を効率的に獲得するためには，労働者の長期安定雇用と昇進経路の連続性（キャリアコースの設定）が重要であること。
(2) どのような企業にも特急組（fast track）と呼ばれる昇進の早いグループが存在し，彼らには独自のキャリアコースが設定されており，その中から将来のリーダーが選抜されてゆくこと。

ドーリンジャー=ピオーレ，小池らの研究から得られる示唆は以下のようにまとめられるであろう。まず米国の連邦裁判所組織については昇進や異動がなく，裁判官のほとんどは終身の任期を全うするから，重要なポイントは次の二点である。
(1) port of entry がどのように設計されているか。
(2) port of entry にたどり着く前に，彼らはどのような前歴（キャリア）を持っているか。

一方，日本の裁判所組織においては port of entry は重要ではない。なぜなら，裁判官の任命はおおむね機械的であり，任官希望者で司法研修所を優秀な成績で終了したものから選ばれるからである。それゆえ重要なポイントは次の三点である。
(1) 官僚制的裁判所組織において昇進制度がどのように設計されているか。
(2) 特急組にはどのようなキャリアコースが設定されているか。
(3) port of exit がどのようになっているか。

次に，比較分析の対象として以下のような日米の裁判官のグループを選んだ。

米国連邦裁判所：

(a) ジョンソン大統領（1963〜68）とニクソン大統領（1969〜74）の指名により連邦地裁と連邦高裁の裁判官に就任したもの。
(b) 連邦最高裁事で20世紀中に在任したもので，ホワイト（D. White）以下の52名。

日本の裁判所：
(c) 1949年，1954年，1959年に判事補任官した三つのコホート
(d) 第二次大戦後に判事補に任官し，最高裁判事にまで昇進した15名

6-3-2　米国連邦裁判所裁判官への入り口（port of entry）：政党政治的な選任

　米国連邦裁判所判事（高裁と地裁）の選任方法はきわめて政党政治的なものである。そして，彼らの前歴は多様であるが，政党活動への貢献と専門的能力の二つが大きな要因を占めている。

　連邦裁判所判事の任命には二つの要素があると言われている。一つは，メリットシステム（merit system 能力主義）であり，もう一つは共和・民主の二大政党間の政治力学である。メリットシステムは，もともと猟官制（spoils system）と呼ばれたこともあったが，それは政党組織に貢献度の大きかった者へ褒賞として官職の配分を行うという慣行である。ただし，この配分方法には能力主義と情実の二面があり，各州の上院議員はこれに大きな発言権をもってきたといわれている。

　連邦裁判所判事の任命手続きは，大統領が指名し（nominate），それを上院が承認する（confirm）ことによって決定される。すなわち，彼らは選挙によって選ばれるのではないが，選挙によって選ばれた者たちから選ばれる（言いかえれば間接的な選挙）ことによって説明可能性（accountability）が高められ，政治的権力としての正当性を高めているわけである。

　最高裁事の指名については大統領が主導的役割をもち，連邦地裁判事の指名については当該地域の上院議員が主たる役割を担うと言われている。そして，

連邦高裁判事については大統領とその管轄地の上院議員の双方が協議して決定するといわれている（McFeely 1987 p.95，須藤 1989）。

判事の選任が政党政治的性格を強くもつことは，以下の諸点から分かる。第1は，大統領が最高裁長官を指名する際の条件として，同じようなイデオロギーを持ち，かつ個人的に信頼できるものを選ぶ傾向があることである。例えば，ジョンソン大統領はフォータス（Abe Fortas）に強い信頼をよせて指名し，ニクソン大統領はリンクエスト（W. Rehnquist）を選んだのであった（Yalof 1999）。また，最高裁判事の判決に対する意見表明を分析すると，その判事を選んだ大統領が同一政党の場合，彼らの意見や賛否には強い相関が確認されているのである（Tate 1981 p.362）。

第2は，最高裁判事を高裁，地裁判事から選ぶ場合には，どの大統領も80％以上を同じ政党の大統領が指名したものから選ぶという事実である（McFeeley 1987 p.26，Goldman 1991 pp.196-197）。このことは，政党間の政治力学が大きく働くことを示している。

第3は，上院における承認が，大統領と上院との政治力学に大きく左右されることである。すなわち，大統領と上院の多数派が同一政党に属しているときは，承認の可能性がきわめて高く，逆の場合は低くなる。例えば，大統領と上院の多数派が異なる政党に属する場合には承認の確率は54.5％であり，双方が同一政党に属する場合には90％に達する（Maltese 2005）。また，指名が任期の最終年（lame duck period）に行われたときには，承認の確率が低くなることである。

第4は，指名される者と当該州の上院議員との間に強い個人的な関係があること，あるいは積極的な政党活動が指名の重要な要因であることを多くの研究が示していることである。例えば Howard（1981）は指名を得るための四つの要因を挙げているが，それらは，政党活動への参加（political participation），専門家としての有能性（professional competence），個人的な野心（personal ambition），幸運（pinch of luck）である。そして彼は次のように述べる。「裁判官の地位は政党活動への報奨として与えられるのが普通である。政党活動に

積極的であること，同時に政党へ忠実であること，この二つの要素をもったものにこの褒美が与えられるのである」。

6-3-3　米国連邦裁判所判事の前歴

米国連邦裁判事に任命される（port of entry にたどり着く）のはどのような経歴をもった人たちであろうか。前述したように，連邦裁判所裁判官の指名を受けるには，法律の専門的能力を持つことと同時に，政党活動や上院議員との人的な関係が重要であった。そして上院における承認には政治力学が大きく影響した。このようなとき，指名を受ける側も政治家的な能力を要するのではないかと推測される。例えば，上院の司法委員会で候補者は様々な質問（思想，信条，経歴，自分の担当した判例などについて）を受けるが，これをスマートにこなすには政治家的能力が必要ではないだろうか。

そこでこの仮説を実証するために，裁判官の前歴を調べることにしよう。彼らの前歴に，果たしてこれら二つの要素（法律専門家の能力と政治家的能力）が現れているであろうか。ここでは，ジョンソンとニクソン両大統領によって指名を受け，連邦地裁判事に任命された305人と，同じく連邦高裁判事に任命された86名をとりあげ，彼らの前歴を調べる。

(i)　**代表的な裁判官の前歴**

まず前歴のタイプ分けをして，その代表的なタイプと考えられる三人の具体例を示そう。

(a)　L. ミーチャム（Mechem, Edwin Leard，1912～2002）：政治家タイプ

ミーチャム判事の主たる前歴は政治家（州知事，連邦議会上院議員）である。ロースクール卒業後，弁護士業を4年ほど開業し，そのあと FBI の Special Agent になる。戦後，再び弁護士を開業したあと，ニュー・メキシコ州議会の下院議員に当選する。その後，同州知事に，さらに同州選出の連邦議会上院議員に選出されている。興味深い点は，政治家や議員としての活動が中断して

いる間は弁護士業（private practice）を開業していることである。

連邦地裁判事に就任し13年間務めたあと，上級資格（Senior Status）を得ている。上級資格とは裁判官としての権限に変わりはないが，同額の給与水準を与えられ，仕事量は3分の1程度に減るという恵まれた地位である（この資格は連邦裁判所判事を10～15年程度務めたあと与えられるのが通例である）。そして，この地位に20年間とどまったのちに，死亡によって90歳で任期終了になっている。

Arkansas Law School→ 弁護士 →Special Agent（FBI）→
　　　（1939）　　　（1939～42）　　　（1942～45）

弁護士 →州下院議員（New Mexico）→州知事（New Mexico）→
（1945～47）　　（1947～48）　　　　　（1951～54）

弁護士 →連邦上院議員（New Mexico）→州知事（New Mexico）→
（1955～56）　　（1957～58）　　　　　　（1959～60）

弁護士 →州知事（New Mexico）→ 弁護士 →
（1961～62）　　（1962～64）　　（1965～70）

連邦地裁判事（New Mexico）→Senior Status→任期終了（死亡）
　　（1970～82）　　　　　　　（1982）　　　（2002）

（出所：Federal Judiciary Data base.）

(b) M. ゴードン（Gordon, Myron L., 1918～2009）：州裁判官タイプ

M. ゴードン判事の主たる前歴は州裁判所判事である。ウィスコンシン州のミルウォーキ郡裁判所の判事，同州高裁判事，同州最高裁判事を務めたあと，1967年に連邦地裁判事に就任している。そしてその16年後に上級資格を得て，2009年死亡により任期が終了している。

彼の特徴は，州裁判官の経歴を経て連邦地裁判事に就任していることである。このような経路をとる場合には，その途中でキャリアを中断し弁護士業を開業することは少ないようである。

Harvard Law School→ 弁護士 →
　　(1942)　　　　(1945～50)

Civil Court Judge (Milwaukee County)→
　　　　(1950～54)

州高裁判事 (Wisconsin)→州最高裁判事 (Wisconsin)→
　　(1954～61)　　　　　　　(1961～67)

連邦地裁判事 (Wisconsin)→Senior Status → 任期終了 (死亡)
　　(1967～83)　　　　　(1983)　　　　(2009)

(出所：Federal Judiciary Data base)

(c) W. スキナー (Skinner Walter Jay, 1927～2005)：政府所属弁護士タイプ

　W. スキナー判事の主たる前歴は政府所属の弁護士 (attorney) である。米国の州政府と連邦政府には弁護士資格を必要とする多くの職種があり、その一番高い地位は司法長官 (attorney general) であり、その次の地位が副司法長官 (assistant attorney general) である。スキナーは州政府の attorney を8年間務めたあと、一時弁護士業に戻り、その8年後に連邦地裁判事に就任している。そして、19年間連邦地裁判事を務めたあと上級資格を得、2005年に死亡により任期が終了している。なお、連邦政府の attorney を務めたあと、連邦裁判所判事に就任する例も少なくない。

Harvard Law School→ 弁護士 →
　　(1952)　　　　(1952～57)

Assistant District Attorney (Plymouth, MA)→
　　　　(1957～63)

州副司法長官 (MA)→ 弁護士 →連邦地裁判事 (MA)
　(1963～65)　　(1965～73)　　(1973～92)

→Senior Status→任期終了 (死亡)
　　(1992)　　　　(2005)

(出所：Federal Judiciary Data base)

表6-1(a)　連邦地裁判事（Federal District Judge）前歴タイプ別の割合

大統領名	(1) 弁護士業 のみ	(2) 連邦また は州政府の attorney	(3) 州裁判所 判事	(4) (2)と(3) 両者の 経歴	(5) 政治家	(6) 大学など
L. ジョンソン 総数124名	12.1%	38.7%	22.6%	14.5%	20.2%	7.3%
R. ニクソン 総数181名	23.8%	30.9%	16.6%	19.9%	10.5%	0.0%

注：① 「(3)州裁判所判事」は，州の最高裁判事，高裁判事，地裁判事を含む。
　　② 「(5)政治家」は，連邦議会の上院議員と下院議員，州知事，州議会の上院議員と下院議員を含む。
　　③ 「(6)大学など」は，ロースクール教授，講師，法律雑誌の編集者を含む。
　　④ (1)～(6)の合計は100%にはならない。100%を超える部分は重複があるためである。
　　⑤ 上記のなかで，ロー・クラーク（law clerk）の経験者はそれぞれ9.7%（ジョンソン大統領），8.3%（ニクソン大統領）である。ただし，ロー・クラークという職は必ずしも裁判官へのキャリアコースを意味するものではない。
出所：Federal Judicial Center, Judge Biographical Data Base.
　　　数値は著者の推計による。

(ii) 前歴のタイプ別の割合

　ジョンソンとニクソン両大統領によって指名を受け，連邦地裁判事に任命された305人と，同じく連邦高裁判事に任命された86名をタイプ別に分類し，その割合を求めたものが表6-1(a)，表6-1(b)である。

　表6-1(a)（地裁判事の場合）から次のことが分かる。一番大きなグループは，連邦政府や州政府に所属する法律職（attorney）を経験したもので，それぞれ38.7%（ジョンソン）と30.9%（ニクソン）を占めることである。ただし，これは政府にattorneyとして勤務することが，連邦裁判所判事への道を約束するコースであることを意味しない。というのは，連邦と州政府は実に様々な職種のattorneyを数多く抱えているからである。また，attorneyとして勤務する期間は多くの場合10年を超えない。それゆえ政府のattorneyをやめて弁護士業に戻ったのち，再び別の役所にattorneyとして勤務する場合もある[6]。

　二番目に大きなグループは，州裁判所の裁判官を経るものでその割合は22.6%（ジョンソン），16.6%（ニクソン）である。しかし，州裁判所判事の選任もまた政治的性格を強くもっている。というのは39州において，その選任や再任に選挙（投票制度）が用いられているからである（ただし，選挙には二

大政党が背景にある党派的な選挙と，党派色のない場合とがある。また，11州とワシントンDCは投票制度を全く用いていない（なお，州裁判官の選出方法の詳細については以下の文献を参照されたい。McFadden 1990 p.9, Pinello 1995, Webster 1995, 浅香 1999, 瀬戸口 2000）。

三番目に大きいグループは，政治家としての前歴をもつものでそれは20.2%（ジョンソン）と10.6%（ニクソン）を占める。彼らの前歴は，連邦議会の上院議員や下院議員，州知事，州議会の上院議員や下院議員である。彼らは文字通り立法府の政治家から連邦裁判官に転身するが，この事実は連邦裁判官と立法府の政治家が共通した属性（政治家的能力）をもっていることを何よりも示すものであろう[7]。

四番目のグループは，州政府あるいは連邦政府の法律家（attorney）と州裁判所判事の双方を経験している場合である。この比率がそれぞれ14.5%（ジョンソン）と19.9%（ニクソン）である。多くの場合はattorneyから州裁判所判事への順に就任しているが，それが逆になっている場合もある。

第五番目のグループは，弁護士業（private practice）のみの前歴しか持たない場合である。ニクソン大統領の場合にはこの比率が23.8%と高い。しかしジョンソン大統領の場合も12.1%と1割を超えている。

次に表6-1(b)は連邦高裁判事についてタイプ分けしたものである。その特徴は，連邦地裁判事を経験したものが半分近くを占めることである。一方，弁護士の前歴しかもたないものが10%程度いる。また，政治家の前歴をもつものはそれぞれ12.5%（ジョンソン）と2.2%（ニクソン）である。

以上のファクトファインディングは次のようにまとめることができる。(1)連邦裁判所判事の前歴は非常に多様であり，それにいたるお定まりのコースはなく，共通点はロースクールを卒業し弁護士資格をもっていることだけである。(2)彼らは私企業や州，連邦政府などの法律職を経験し，そしてそれらを数年おきに移動し，また，転職の間には弁護士業を開業している。(3)連邦地裁では政治家出身の判事が10～20%，また弁護士の出身が12～24%，そして州裁判官の経歴を持つものは17～23%しかいない。以上のように連邦裁判官が様々な経歴

第6章　裁判官選任制度と裁判所組織の日米比較　155

表6-1(b)　連邦高裁判事（Federal Appellate Judge）前歴タイプ別の割合

大統領名	(1) 弁護士業 のみ	(2) 連邦または 州政府の attorney	(3) 州裁判所 判事	(4) 連邦地裁 判事	(5) 政治家	(6) 大学など
L. ジョンソン 総数124名	7.5%	12.5%	17.5%	45.0%	12.5%	5.0%
R. ニクソン 総数181名	15.2%	19.6%	6.5%	47.8%	2.2%	6.5%

注：① 「(3)州裁判所判事」は，州の最高裁判事，高裁判事を含む。
　　② 「(5)政治家」は，連邦議会の上院議員と下院議員，州知事を含む。
　　③ 「(6)大学など」は，ロースクール教授，講師（lecturer）を含む。
　　④ (1)～(6)の合計は100％にはならない。
出所：Federal Judicial Center, Judge Biographical Data Base.
　　　数値は著者の推計による。

表6-1(c)　連邦最高裁判事（Federal Supreme Justice）前歴のタイプ別割合

主な前歴	(1) 連邦裁判 所判事	(2) 司法長官 法務次官 など	(3) 上院議員 下院議員	(4) 州裁判官	(5) 弁護士	(6) その他
総数53名	20人	10人	5人	4人	4人	10人

注：① 「(1)連邦裁判所判事」の内訳は，高裁判事が18名，地裁判事が2名である。
　　② (2)は司法長官（attorney general），法務次官（solicitor general）など政府の経歴を有したもの。
　　③ 「(6)その他」のなかには，州知事経験者2名，省長官（大臣）経験者2名，大統領経験者1名，大学教授経験者1名がいる。
出所：Federal Judicial Center, Judge Biographical Data Base.

の中から選ばれてくるということは，彼らに要求される能力が法律の解釈だけではなく，政治家的能力をも備えていることを示すものであろう[8]。

6-3-4　日本の裁判所組織における異動（internal mobility）

日本の裁判所組織は典型的な官僚制組織である。裁判官の選任は20歳代前半に行われ，思想やイデオロギーは大きなウエイトを占めないと考えられるからport of entry は重要ではない。重要なのは，昇進制度と異動である。また任期は終身ではなく，昇進での遅れが退官する重要なきっかけと思われるからport of exit がどのように形成されているかが重要である（なお，本節の詳細

については第5章をも参照されたい）。

(i) **昇進**

　裁判所組織は階層的で，典型的な官僚制組織である。任官して約10年間，彼らの地位は「判事補」であるが，その後「判事」に昇進し，さらに10年後，すなわち任官して20年後に地方裁判所の「総括判事」に昇進する。総括判事とは合議審の裁判長を担当できる資格である。そして，さらにその10年後，高等裁判所の総括判事に昇進する。以上のように，判事補→判事→地裁総括判事→高裁総括判事というのが昇進の概略である。

　昇進とともに給与も上昇してゆくが，彼らの俸給表は細かく分類され，判事補は12のランクに，そして判事は8のランクに分けられている（表6-2）。昇進のスピードは，最初の10年（判事補の時期）はほぼ同じであるが，その後，徐々に差が出てきて，判事5号（38～41歳）くらいから格差が広がるようになる。

(ii) **転勤**

　日本の裁判官には，ほぼ3年おきの転勤がある。任官して最初の20年間，移動の範囲は全国にわたるが，その後は同一の高裁管内にとどまると言われている。補職とそれに関連した裁判官の転勤政策は，最高裁にとって重要な行政事務の一つであるが，一方，個々の裁判官にとって頻繁な転勤は大きな負担のようである。

　多くの裁判官は子弟の教育などを考えて都市部への配置を望むと言われているが，地方の裁判所やその支部にも裁判官は配置されなければならず，すべての裁判官の希望を満足させるのは困難なようである。また，任地の割当は完全に平等ではないようである。小林判事の調査（1999）によれば12年間の調査期間において，10％のものは都市部のみに配属され，一方，地方にのみ配属されるものが10％程度いる。

　勤務査定や業績審査が転勤政策に反映されているという意見や，最高裁へ批

表6-2　日本における裁判所の職階と俸給（1999年）

地位	年齢(歳)	給与（万円/月）	人数	行政と立法府の対応する職階
最高裁長官		230.4	1	内閣総理大臣
最高裁判事		168.2	14	大臣
高裁長官		149.2	8	
				国会議員
判事特号	61～63	136.5	43	
判事1号	53～60	134.6	170	事務次官
判事2号	48～56	118.5	166	
判事3号	45～50	110.6	324	
判事4号	42～46	93.7	211	
判事5号	38～41	81.0	187	
判事6号	36～37	72.9	106	
判事7号	34～35	65.8	113	
判事8号	33	59.3	40	
判事補1号	32	47.5	151	
判事補2号		43.7	64	
判事補3号	29	40.7	83	
判事補4号		38.0	77	
判事補5号	27	35.4	29	
判事補6号		33.5	38	
判事補7号	26	31.3	95	
判事補8号		30.2	2	
判事補9号	25	27.4	93	
判事補10号		26.4	1	
判事補11号	24	24.9	97	
判事補12号		23.9	0	
総数			2113	

注：(1)地方裁判所所長は判事特号または判事1号に所属している。
　　(2)簡易裁判所判事は含まれていない。
出所：(1) www.kantei.go.jp, (2)木下（2003a）p.89。

判的意見をもつ裁判官へのサンクションの手段になっているという批判もある。昇進の早いいわゆる特急組は，都市部に配置される機会が多いことも事実のようである。

(iii) **裁判所の特急組み**

　有能でしかも保守的なイデオロギーを備えた裁判官が'特急組（fast track）'に選ばれるようである。彼らは主要な行政的ポストを経験しながら早

いスピードで昇進してゆく。そして，最高裁長官，最高裁判事，最高裁事務総長，高等裁判所長官などの地位を担うのは彼らから選抜されたものである[9]。

特急組は司法府のエリートであるが，彼らは法律事務に長けているだけでなく，政治家的技術（political skill）をも合わせ持つ裁判官であるといえる。なぜなら，裁判所行政と重要な法律判断や違憲審査の最終的な決定は彼らに委ねられているからである。言いかえれば，行政府と司法府との緊張関係を招きかねないような法律判断は彼らが担当しており，それゆえに彼らが政治家的技術を持つことは必須なのである。マックス・ウェーバーに倣って言えば，彼らは政治家的裁判官（political judge）と言える[10]。

6-3-5　日本の裁判所における任官（port of entry）と退官（port of exit）

(i) **任官**

毎年，60〜90名が新任の裁判官として任命されるが，彼らは司法試験に合格して約2年間の研修を終えた任官希望者の中から選ばれる。その選考は主に司法試験や司法研修所での成績に基づいて行われ，彼らの思想やイデオロギーは必ずしも大きな要素を占めていない（須藤1989）。ただし，1960年代の後半から青法協問題に端を発した一連の任官拒否事件があり，これにはイデオロギー問題が絡んでいたと思われる。

(ii) **退官**

判事補として任官後，ほぼ20年間にわたって毎年1％の裁判官が辞めてゆく（5章，表5-2）。辞任後の職業はほとんどの場合が弁護士であるが，公証人になる場合もある。同表に示されているように，40歳以前に判事補の地位で辞任するものは任官者全体の8分の1である。さらに別の8分の1は，判事の地位で55歳前に辞任する。そして，さらに別の4分の1が総括判事の地位で60歳前に辞任する。合計すると，任官者の半分が60歳前に辞任することになるが，これは定年より5年も早い退官である。定年まで務めるのは，地裁所長と高裁

総括判事より上の役職につく場合であり，これらは全体の50％程度である。

　定年前に半分の裁判官が辞任するが，その主な原因は昇進の差であると推測される。また小数ではあるが，最高裁の意向に反するような違憲判決を下し，その結果昇進が遅らされ，それが退官につながったと思われるケースもある。いずれにしても，官僚制的組織のなかにおける昇進制度が，裁判官の辞任に大きな影響を与えていると思われる。

6-3-6　裁判官の定年と任期の日米比較

　裁判官の定年と任期の長さは，その独立性（ひいては司法権の強さ）と関係している。一般に，任期が長くなるほど身分は保障されるから，その独立性は強くなるであろう。

(i)　米国

　米国連邦裁判事の任命される平均年齢は約50歳であり，その任期は終身である。そして，任期の途中で辞任する裁判官はごく少数（10％以下）である。多くの場合，その行状に問題がなければ，任命後10年ほどして上級資格（senior status）を与えられる。この地位は，権限と俸給に関しては普通の判事と差がなく，しかし仕事量が3分の1程度に減るという恵まれた地位である（表6-3(a)，表6-3(b)）。

　連邦裁判事は上級資格を得たあと，自発的に辞任するまで（あるいは死亡するまで）判事の地位にとどまることができる。退官年齢に関する統計はないが，80歳を超える判事も希ではない。例えば，先に例示したミーチャム判事らの場合，その任期終了は死亡によるものである

　辞任が行われるのはほとんどが自発的な場合であり，しかも全体の6～10％にすぎない。そして，ジョンソン，ニクソン両大統領が指名した連邦裁判事のうち弾効裁判によって辞任したものはわずか1名であり，それ以外の者は大学への復帰，上院議員選挙への出馬，教育大臣への就任，FBI長官への就任などによる辞任である。

表6-3(a) 連邦地裁判事（Federal District Court Judge）の任命時の年齢とその任期

指名した大統領	(a) 任命時の年齢	(b) 任期終了時の年齢	(c) 任期の長さ	(d) 任期終了の種類とその割合
ジョンソン (総数115名)	51.6歳 |6.4|	67.9歳 |5.9|	15.4年 |6.0|	(1) Senior Status (75.2%) (2) 死亡 (10.4%) (3) 高裁へ転出 (8.0%) (4) 辞任, その他 (6.4%)
ニクソン (総数181名)	49.4歳 |5.9|	65.1歳 |6.1|	15.1年 |5.8|	(1) Senior Status (63.9%) (2) 死亡 (13.3%) (3) 高裁へ転出 (16.1%) (4) 辞任, その他 (6.7%)

注：① (a)(b)(c)欄の｜ ｜内は標準偏差。
　　② (d)欄(1)は Senior Status を得た者の割合。彼らの多くは死去するまで，あるいは健康状態の許す限りその地位にとどまる場合が多い。

表6-3(b) 連邦高裁判事（Federal Appellate Court Judge）の任命時の年齢とその任期

指名した大統領	(a) 任命時の年齢	(b) 任期終了時の年齢	(c) 任期の長さ	(d) 任期終了の種類とその割合
ジョンソン (総数 40名)	52.5歳 |5.8|	67.2歳 |6.7|	14.7年 |1.9|	(1) Senior Status (65.0%) (2) 死亡 (25.0%) (3) 辞任, その他 (10.0%)
ニクソン (総数46名)	54.3歳 |6.5|	67.2歳 |6.6|	12.9年 |7.1|	(1) Senior Status (63.0%) (2) 死亡 (21.7%) (3) 辞任, その他 (13.0%)

注：① (a)(b)(c)欄の｜ ｜内は標準偏差。
　　② (d)欄(1)は Senior Status を得た者の割合。彼らの多くは死去するまで，あるいは健康状態の許す限りその地位にとどまる場合が多い。

(ii) 日本

　日本の裁判官の任期は10年であり，定年は65歳（ただし最高裁と簡裁の判事は70歳）である。例えば（25歳で判事補に任官し）35歳で判事になり，65歳まで務めた場合，彼の判事としての在任期間は30年間ということになる。

　裁判官の任期は10年であり，裁判所法40条③は'裁判官はその官に任命された日から10年後にその任期を終えるものとし，再任されることができる'としている。通常はほとんどの裁判官が再任されているが，再任が拒否された例も若干存在する。例えば，転勤拒否が原因と見られる場合，あるいは青年法律家

協会に属していたことが原因と見られる場合などがあった。ただし，最高裁はその理由を一切明らかにしていない。

　裁判官の在任期間で特徴的なことは，定年より前に多くの裁判官が自発的に退官することである。第5章で述べたように，およそ半分の裁判官が60歳以前に退官する。この原因としては，(1)年齢とともに昇進の格差が拡大してくること，(2)官僚制的組織では昇進に伴うポストの数が限られていること，(3)定年が65歳なので，退官後の仕事を考慮して早めに退職すること，などが考えられる。いずれにしても，このように退官後の人生設計を考えた自発的な退職が多いことは，裁判官の独立と関係して大変重要な問題であると思われる[11]。

6-3-7　裁判官報酬の日米比較

　一般に，俸給水準はその人の地位や権力の社会的位置を表していると考えられている。例えば裁判所組織のなかにおける給与水準の構造は，その階層構造を反映したものであるし，また，裁判官と国会議員との俸給差はその政治権力の力関係を表していると考えられる。これに関して，ドーリンジャー＝ピオーレ（1971 pp.86-87）は次のように述べている，すなわち「企業組織などにおいて，ある者が役職上その部下に仕事の指示を与え，あるいはその人事管理を行うときには，彼はその部下より多くの報酬を与えられなければならない。これは組織が機能的に運営されるために必要不可欠なことである」。

　表6-2には日本における裁判官の俸給構造と，それに対応した行政府と立法府公務員の俸給が比較されている。これから興味深い次のような結論を得ることができる。第1は，国会議員の俸給水準が判事の最高給与水準（判事特号）よりも高くなっていることである。これは裁判官の社会的地位が国会議員のそれと必ずしも同等でないことを意味している。言いかえれば，立法府優位（legislative supremacy）が俸給水準に反映されていると考えることができる。

　第2は，裁判官の俸給表が多数のランクに分かれ，きわめて階層的な構造になっていることである。例えば判事の俸給は9ランクに分かれ，判事補のそれは12ランクに分かれている。そして，判事の最上層（判事特号）と最下層（判

表6-4 米国連邦裁判所判事の俸給（1995年）

地　位	就任時の平均年齢 （括弧内はその標準偏差）	年俸（ドル）	人数
最高裁判所判事	54.2〜　（6.1）	164,100	9
高等裁判所判事	53.4〜　（6.2）	141,700	150
地方裁判所判事	50.5〜　（6.2）	133,600	604
州裁判所判事		64,452〜131,085	約29,000
上院議員と下院議員		133,600	

注：米国大統領の年俸は200,000ドルである。
出所：Posner（1996a）p.22, p.398.

事8号）の俸給比率は2.3倍であり，判事8号と判事補1号の比率は1.25，そして判事補1号と判事補12号の比率は1.99である。このような俸給の階層制は，裁判官の地位や職務権限がきわめて階層制的になっていることを反映したものと考えることができる。

一方，表6-4は，米国連邦裁判所判事の年俸と上下両院議員の年俸とを比較したものである。これから以下のような結論を見出すことができる。第1は，連邦地裁判事の俸給と上院議員，下院議員の年俸が等しいことである。これは連邦地裁判事と国会議員の社会的地位が同等であることを意味している。

第2は，すべての高裁判事，地裁判事はそれぞれ同額の俸給を支払われていることである。すなわち，すべての地裁判事は年齢，勤務地に関係なく同額を与えられているのである。これはすべての地裁判事の社会的地位が互いに同等であるという考えを反映している（連邦高裁判事についても同様である）。

第3は，連邦高裁判事と地裁判事との俸給の格差がきわめて小さくわずか6％にすぎないことである。これは連邦高裁と地裁との権力関係が階層的なものではないことを意味している。なおこれに関して，ポズナー（Posner 1999 pp.34-35）はこのように小さな格差でさえも好ましくないと主張しているが，これは裁判官の独立性に対する米国の理念を表すものであろう。

表6-3(c) 連邦最高裁判事 (Federal Supreme Court Justice) の任命時の年齢とその任期

	(a) 任命時の年齢	(b) 辞任時の年齢	(c) 任期
総数52名	54.2歳 (6.1)	71.7歳 (9.0)	15.6年 (9.6)

注：括弧内は標準偏差。

6-3-8 最高裁判所の日米比較

(i) **任期**

連邦最高裁判事の任期もまた終身である。任命時の平均年齢は54.2歳で，その退官時の平均年齢は71.7歳である。それゆえ在任期間の平均は15.6年であるが，その標準偏差が9.6年なので80歳を越える最高裁判事も珍しくはないことになる（表6-3(c)）。

最高裁長官の在任期間もまた一般に長いといえる。リンクエスト（W. Rehnquist）は20年間（1986～2005）在任し，ウォーレン・バーガー（Warren Burger）は17年間（1969～86）在任した。

日本の場合，最高裁判事の任命は多くの場合60歳を過ぎてからであり，そして定年は70歳である。ヘイリー（Haley 1995）によれば，108人の最高裁判事のうちで在任期間が10年を超えた者はわずか3人であるという。それゆえ，最高裁判事が独立性をもった政策を展開するには，その在任期間は短すぎると言える。日本においては，ウォーレン・コートとかリンクエスト・コートという名称に対応するものはないといってよいであろう。

(ii) **俸給**

表6-5は，連邦最高裁長官と連邦最高裁判事の年俸を行政府，立法府の役職者と比較したものである。連邦最高裁長官の年俸は，副大統領，下院議長と同格である。大統領の年俸は別格に高額であるが，これは2001年に大幅に引き上げられており，それ以前はそれほどの差はなかった。

日本の場合は，最高裁長官と総理大臣は同額であり，俸給上では両者は同格

表6-5　米国の三権における主な役職の年俸（2005年）

役　　職	年俸（ドル）
連邦最高裁判所　長官（Chief Justice）	208,100
連邦最高裁判所　判事（Associate Justice）	199,200
大統領　2001〜	400,000
1969〜2000	200,000
副大統領	208,100
下院議長	208,100
上院議員	162,100
下院議員	162,100

出所：Office of Personal Management. www.opm.gov/

である。また最高裁判事と大臣とが同額となっている（表6-2）。

(iii) **前歴**

　155頁の表6-1(c)は，連邦最高裁判事の前歴をタイプ分けしたものである。総数53名のうちもっとも大きな割合を占めるのは連邦裁判所判事の経験者20名である。このうち2名が連邦地裁判事経験者で，残りの18名は連邦高裁判事の経験者である。2番目に多いのは司法長官（attorney general），法務次官（solicitor general）の経験者で10名，3番目に多いのが上院議員または下院議員（5名），続いて州裁判所裁判官（その多くは州最高裁判事）の経験者が4名，弁護士が4名である。その他には州知事の経験者（2名），省長官の経験者（2名）そして大統領と州最高裁判事を経験したものも1名いる。連邦最高裁判事の前歴も非常に多様であると言える。

　日本の最高裁判事の前歴構成は慣例でおおよそ以下のように決まっている。総数15名のうち6〜7名はキャリア裁判官出身者から，4名は弁護士出身者から選ばれる。そして残りの5〜3名は，検事，内閣法制局長官，法務省のキャリアをもつもの，学識経験者などから選ばれる。最高裁判事の前歴は，高裁と地裁の判事に比べると多彩といえるが，これは最高裁が政治権力的要素を強くもつことの反映であろう。

　最高裁判所長官の前歴を比較すると，日本の場合はキャリア出身者（判事補

から任官したもの）が就任することが慣例になっている。一方米国の場合，20世紀中に長官を歴任した8名のうち，最高裁判事（associate justice）から昇進したものは3名である。他は連邦裁判所判事から一足飛びに最高裁判官になったもの，あるいはウォーレン（Earl Warren 在任期間1953～69）のように裁判所の経験を全く持たず，地方検事，カリフォルニア州知事の経験をへて最高裁長官に就任したものもいる。

6-4 「集権的組織」対「分権的組織」の視点からの日米比較

　集権と分権とは，組織内において権限が集中されているか，逆に分散されているかの区別である。この概念はもともとM. ウェーバーの官僚制論から出発し，社会学者らによる官僚制研究において発展されてきたものである。集権的とは，一般に組織が階層化され，決定権限が上位の階層に集中されていることとされるが，官僚組織は一般に集権的組織の典型である（野中1988）。集権的組織と分権的組織の対比からいえば，日本の裁判所組織は集権的であり，米国のそれは分権的である。そして，裁判官がより独立でありえるのは分権的な場合である。

　米国連邦裁判所も地裁（district court），高裁（circuit court），最高裁（supreme court）の三層からなるが，各裁判所に任命された裁判官には転勤や昇進はなく，しかもその地位に終身で任命される。給与水準も年齢には関係なく，地裁，高裁，最高裁でそれぞれ同額が支給される。この結果，多くの連邦裁判所裁判官は採用されて，一生その職にとどまることになるのである。

　一方，日本の官僚制的裁判所は集権的である。端的な例として，下級審裁判官の指名や補職は最高裁によって決定され，昇進と3年おきの転勤は最高裁の司法行政のもとに行われる。

　ポズナー（1996b pp.30-36）は官僚制的司法制度（career judiciary）が持つ特徴について以下のように述べている。「キャリア制度の特徴は業績主義（meritocracy）であり，裁判官らの業績はその官僚組織の基準（norm）によ

って評価される。そしてその基準とはおよそ次のようなものである：①従順さ（obedience），②高潔さ（integrity），③勤勉さ（diligence），④慎重さ（discretion），⑤知的ではあるが独立的ではないこと（intelligence but not independent）」。

さらに彼は続けて述べる。「上記のような基準で裁判官が評価を受けるとき，彼らがもつようになる特徴は(a)同質的（homogeneous）であり，(b)技術的にはきわめて精通した（technically adept），そして(c)政治的には臆病（politically timid）なものになる。そして(d)最高裁判事の任命は老人が受け，その任期はきわめて短くなる。なぜなら，最高裁判事（highest judges）は長い昇進の階段を長い年月をかけてやっとたどり着いた者たちであり，そのすぐ後には後輩が続いているからである」[12]。

かくして，官僚制的司法のもとにおける裁判官が持つ社会的な機能の特徴は以下のようになると，ポズナーはいう。裁判官たちは(i)政治的な機能は持たなくなり，(ii)技術屋的（technician）な存在になり，(iii)保守的（conservative）になる。そしてこれにより彼らは(iv)国民の立場を考慮する必要がなくなるのである。このようにして彼らは(v)議会の立法行為と競争することが出来なくなり，法律における革新的な仕事（legal innovation）は議会にまかせてしまうようになるのである。

上記に述べたポズナーによる官僚制的裁判官の分析は日本にも当てはまるであろう。彼らの政治的な消極性は，統治行為論の重視や違憲立法審査権の発動に対する消極的態度にもよく現れている。しかし，わが国の裁判官は臆病というよりも，彼らが置かれている立場（accountabilityの低さ）がまさに彼らを律しているというべきであろう。彼らは，ポズナーの述べるように選挙民（国民）からの直接的支持を受けていないのである[13]。

田中英夫（1973 pp.257-258）はその提言で「裁判官の独立性を高めるとすれば，キャリア制度の中に法曹一元的要素を注入すべきである」と述べている。田中はキャリア制度と法曹一元制の利点と難点を比較考量したうえで，法曹一元制の方向へシフトすべきであるとし，以下のような提言を行っている。第1

は，法曹人口の大幅な増加であり，第2は，裁判官の報酬を法曹一元的なものに近づけることである。後者については俸給格差を減らすために，官の数（資格の数）を少なくし，そして一官一俸給制をとるべきであるとする。また前者については，法曹一元の利点は bar と bench の一体感であり，それには両者の交流を促すことが必要であるという。

「裁判官の独立」という理念は米国のように分権的な司法組織ではその語義どおりに実現される。これに対してわが国の集権的なキャリア制では，裁判官の独立はその性格をかなり異にするものになろう。言いかえれば，司法権と裁判官に期待される政治的役割が，日米両国では異なるということであろう。

6-5 要約

本章ではわが国の裁判所と米国連邦裁判所を内部労働市場論の手法を用いて比較した。本章の内容はおおよそ以下のように要約できる。

(1) 民主主義制度のもとで政治権力が正当性をもつのは国民による定期的な投票によって選ばれる場合のみである。しかし，両国における裁判官の選任は選挙に基づくものではない。米国では大統領の指名と上院による承認というプロセスをとっているが，これは一種の間接選挙であり，これにより連邦裁判所判事の選任は説明可能性（accountability）を高めている。一方，わが国の裁判官の選任は'最高裁判所の指名に基づき内閣が任命する'から，米国に比べて説明可能性は低い。

(2) 選挙で選ばれない裁判官が，政治的権力を行使するには説明可能性が必要である。米国の連邦裁判官は十分な説明可能性を持つからこそ，独立性が高く，積極的に違憲審査権を発揮できる。一方，日本の裁判官は説明可能性が低いから，違憲審査権の発揮に消極的にならざるをえない。統治行為論はこのような状況を背景にしていると考えられる。

(3) 裁判所の組織や人事において，日本の裁判所組織はきわめて集権的（階

層的，あるいは官僚制的）構造をしている。これに対し米国連邦裁判所は分権的構造をしており，個々の裁判官の独立性はより高く，それに沿った身分保障がなされている。

(4) 人事や昇進制度において，米国では昇進や転勤はなく，連邦裁判所判事は特定の裁判所に終身で任命される。一方日本の場合，裁判官の俸給は20ものランクに分かれ，また転勤は3年おきに行われ，全国にわたる。この昇進や転勤政策は最高裁の司法行政に基づいて行われている。

(5) 公務員の俸給水準は，一般にその社会的地位を反映しているとされる。米国の連邦地裁裁判官の俸給は国会議員と同額である。これは司法府と立法府が対等であるという考えに基づくと見なすことができる。一方，日本では国会議員の俸給は，一般の裁判官の俸給より高く設定されている。これは立法府優位（legislative supremacy）の考えを反映していると思われる。

(6) 裁判官の任期は長くなるほど，その独立性は高まる。米国においては終身であり，50歳前後で連邦裁判官に任命されたあと10年ほどで上級資格を得る。その後は，終身でその地位にとどまる場合がほとんどである。一方，日本の任期は10年であり，再任される場合が多いものの，最高裁の判断で再任されなかったケースもある。定年は65歳であるが，任官者の50％は60歳以前に退官する。

(7) 連邦裁判官の前歴をみると，彼らのキャリアには政治家のキャリアを持つものや政党への貢献度が高く，大統領や上院議員の信任が厚いものが指名される。したがってその選任方法はきわめて政治的色彩が強いといえる。

注
1) 米国の州裁判所裁判官の選任方法は多様であり，選挙によっているところも少なくない。これについては浅香（1999）を参照せよ。
2) これに関してタネンハウス（Tanenhaus 1968）は以下のように述べている。「個人や集団間の紛争は，その利害関係にある人びとやグループがもっとも承服するようなかたちで，すなわち紛争関係者やその同調者たちが武力や暴動などに訴えるこ

とがないように解決されることが望ましい」。
3) ポズナーはさらに次のようなトライテル（Gunter Treitel）の説を引用している。「英国では参政権が拡大するにしたがって裁判官の判断はより断定的（assertive）なものではなくなってきた。なぜなら，民主主義的原理の進展とともに裁判官が代表性（representativeness）を持たないことがより顕著になってきたからである」。
4) 三権分立（あるいは権力分立）については樋口（1989）の解説を参照せよ。
5) 日本の裁判官の独立性について論じたものは多いが，ここでは以下の文献を参照されたい。フット（2006, 2007），Miyazawa（1991），Ramseyer & Rosenbluth（1993），Ramseyer（1994），Haley（1995），Ramseyer & Rasmusen（1997）。
6) 猪木（1989）は，米国におけるローファーム弁護士と企業内弁護士について詳細な調査を行い，彼らがどのように企業間移動を行っているか，彼らの俸給や昇進構造がどのようになっているかを調べている。これは非常に興味深いものであるが，連邦政府や州政府に務める弁護士については触れられていない。
7) 米国には制度上，政府提出法案はなく法案は議員によって提出される（議員立法）。そして国会議員は law maker とも呼ばれ，成立した法律名にはその制定に尽力のあった国会議員の名前を冠する慣行がある。このようにわが国と比べると，米国の国会議員は司法政策の推進者としてより大きな役割をもっているから，国会議員から裁判官へ転ずることは不自然ではない。より詳細については，田中英夫（1980 p.44）を参照せよ。
8) ABA（アメリカ弁護士協会，American Bar Association）は指名された候補者の法律家としての能力について評価（rating）を行い公表している。しかしこれは上院の審議と承認にはほとんど影響を与えていないといわれている。それは政治家的能力がもっとも重視されていることの反映とも考えられるであろう。なお，二大政党が人事面できわめて組織化されていることについては Gerth and Mills（1946）pp.211, 224-225, Bendix（1977）pp.444-450を参照せよ。
9) 特急組の特徴として以下のようなものがあげられる。
    ① 早い昇進
    ② 最初の十年に最高裁の局付き判事補になる
    ③ 行政的ポストに多くつき，裁判実務の担当は少なめになる
    ④ 都市部に多く配属され，地方には配置されない
より詳細については潮見（1982），Miyazawa（1991）を参照せよ。
10) 政治家的裁判官はその判決のなかで政治的価値判断を下すことになる。しかし，そのためには十分なアカウンタビリティを持つことが必要である。この点に関してウェーバー（Max Weber）は次のような指摘を行っている（Gerth and Mills 1946 pp.90-91）。「近代になると政治を動かすには大きな組織によらねばならなく

なった。そして、そのような組織や政党政治の発展につれて権力闘争のための技術的訓練が不可避になってきたが、これによって公務員は二つのカテゴリーに（必ずしも厳格にではないが）分化するようになった。すなわち、その一つは行政的官吏（administrative officials）であり、もう一つは政治的官吏（political officials）である。（中略）英国における官吏の一部は、議会の多数が替わりしたがって内閣が替わったときに役職を退く慣習になっているが、彼らは政治的官吏に属するものである」。

ここで用いた「政治家的裁判官」という表現は、ウェーバーの政治的官吏と行政的官吏との区別に示唆を受けた表現である。彼らは、高度に政治的な判断を要する裁判を担当するが、彼らは特急組から選ばれるわけである。したがって特急組の選抜方法は行政府からも影響を受けるであろう。それゆえ将来において、政権交代が状常態化してくると、その選抜方法は影響を受けるかもしれない。

11) 裁判官の任期の長さと司法権の独立との関係を表すものとして三谷（2001 p.274）は「大津事件の政治史的意味」のなかで、以下のように述べている。「プロフェフェッショナリズムの表現としての司法権の独立でありますけれども、これは大津事件当時にその実質を備えつつあったと考えるわけであります。そしてこのような司法権の独立を保障していたのが、職務内容の専門性を理由とする終身官制であった。検察官及び裁判官における終身官制というものが、司法権の独立の実質を保証していたのではないか」。なお大正10年に、判検事停年制が設けられ終身官制ではなくなった。

12) Bendix（1977 pp.426-427）によれば、官僚制が備えている典型的な特徴は以下のようなものである。これはポズナーが指摘する官僚制的裁判所組織の特徴と共通点が多い。
   (i) 個々の公務員（役人）の義務とその権限は、彼が所属しているヒエラルキー（階層）に割り当てられているものである。そして、上位の役人は下位のそれを監視し、また下位の役人は上位に対し様々な意見を具申する役割を課されている。
   (ii) 個々の公務員は、一個の人間としては完全に自由であり、彼の地位は契約に基づくものである。
   (iii) 彼は、法や諸規則に基づいて、与えられた権限を機械的に実行してゆく。そして、彼がその役職の義務をいかに確実に執行したかによって、彼の忠誠心が量られる。
   (iv) 彼の仕事に対する報奨は、定期的な給与と、そのキャリアにおける規則的な昇進の見込みによって与えられる。

13) 2009年に始まった裁判員制度は、わが国の裁判官のアカウンタビリティを高めるかも知れない。裁判員（国民）が刑事裁判に直接参加することにより、司法に市民が参加することになるからである。

第7章　司法規模拡大のコスト・ベネフィット分析

　　　「(新憲法下において)こうした司法行政を内閣から分離した結果はどうだろう。なるほど政府の政治的権力からの影響を受けないということにはなったかもしれないが，そのかわり閣議で味方になる者がいないということになった。たとえば裁判官の俸給を上げるとか裁判所をもっと作らなくちゃならないとか，定員を増加しなくちゃならんというときに，閣議で職を賭して争ってくれる大臣がいないということです。(中略)だから裁判所は内閣から独立したけれども，無力になったわけです」。
　　　　　　　　　　　　　　(『日本の裁判制度』大内・我妻 1965 pp.36-37)

本章の主な内容

(1) 裁判サーヴィスの供給量は裁判官の人数に比例する。そして，その供給量の成長率は年率2.7%(1948～91年)と低く，これは裁判サーヴィスの供給が規制されてきたことの証左の一つである。

(2) 裁判所サーヴィスの需要関数は，弁護士価格と審理期間の減少関数であり，所得の増加関数である。弁護士価格に関する弾性値は-0.85～-1.05，そして審理期間に関する弾性値は-1.1～-2.3である。また所得に関する弾性値は0.95である。

(3) 裁判官数を2倍にした場合，それは裁判サーヴィスの供給量と需要量を2倍にする。そして，それは平均審理期間(未済事件審理期間)を18.9ヵ月から13.2ヵ月に短縮する。

(4) 割引率を10%と仮定すると，地方裁判所の規模が2倍に拡大されるならば，NSB(社会的純便益)の増加額は2,610～5,430億円と推計され，それはGDPの0.06～0.12%となる。

7-1　序

　本章では，地方裁判所，第一審民事裁判に関する計量モデルを作成し，これをもとにしてコスト・ベネフィット分析を試みる。裁判に関する計量モデル分析の前例はあまりないが，モデルのフィットはかなりよく，司法制度の分析に有力な方法ではないかと思われる。

　わが国の裁判官数は，その人口や経済規模から考えてきわめて少なく，それは「小さな司法」とも呼ぶべきものである。この状態が日本経済にとって桎梏となったとき，まさに司法制度改革推進法（平成13.11.16）が制定され，法曹人口の大幅な増加が図られることになったわけである。それでは，司法規模を拡大することによってどれくらいの経済的利益がもたらされるのであろうか。これを考察するのが本章の目的である。

　裁判所サーヴィスに対する一国の需要は，その人口と経済規模に比例すると考えられる。しかしながら，第二次大戦後わが国の裁判所の規模はそれに見合って拡張されてこなかった。人口と裁判官数の伸び率を比較すると（1950～1990年），人口は1.48倍になっているが，裁判官数は1.32倍にしか伸びていない。これに経済規模の拡大を加えて考えると，いかに裁判所の規模拡大が抑えられてきたかが分かるであろう（表7-1）。

　裁判の供給力（裁判官数）が過小であれば，それは裁判の遅延（長い審理期間）を招き，裁判の価値を低下させる。それは裁判のコストを引き上げることになり，そのために裁判を回避するものが出てくる。逆に，もし裁判官を増加させれば裁判の供給力は増加し，審理期間は短縮されるであろう。一方，それは裁判所の予算を増大させることになる。そこで裁判所の最適な規模は，経済学的な表現を用いれば，その限界費用とその限界的ベネフィットが等しくなる点で決まると言える（ただし，裁判が公共財的な意義を持つとすれば，その水準よりさらに裁判所規模は拡大されるべきである）。

　コースの定理（Coase 1960）は，「もし情報が完全で取引費用がゼロであれ

表7-1　わが国における法曹の規模

年	(a) 裁判官 (人)	(b) 検察官 (人)	(c) 弁護士 (人)	(d) 総人口 (百万人)	(e) 法曹1人当 人口(千人) d/[a+b+c]
1900	1,244	473	1,590	43.84	13.26
1930	1,249	657	6,599	63.87	9.99
1950	1,533	930	5,862	83.20	9.99
1960	1,687 (10.0)	1,044 (12.3)	6,439 (9.8)	93.41 (12.3)	10.19
1970	1,838 (9.0)	1,132 (8.4)	8,888 (38.0)	102.90 (10.2)	8.68
1980	1,956 (6.4)	1,173 (3.6)	11,759 (32.3)	116.13 (12.9)	7.80
1990	2,017 (3.1)	1,173 (0.0)	14,173 (20.5)	123.26 (6.1)	7.10
1999	2,143	1,304	17,283	126.12	6.09

注：(a)において，簡易裁判所裁判官は除外されている。
　　括弧内は10年間における伸び率（％）。
出所：林屋（1993）。

ば，初期時点の法的権利がどのように配分されていようとも，それは効率的な資源配分には影響を与えない」と述べた。この観点からいえば，取引費用が低ければ低いほど，それはより効率的な資源配分をもたらすということが出来るであろう。そして，訴訟費用は取引コストのなかでも最重要なものであるから，この点からも司法制度が最適な規模になっていることは重要である。

以下，第2節ではわが国の裁判所制度の概略を述べる。第3節では本章のモデルについて説明する。ここでは，地方裁判所の民事裁判に焦点をあてて考えるが，これは経済的な観点から見れば裁判制度の中核的な部分である。第4節では簡単な計量モデルを作り，それを推計する。そしてそれを用いて，裁判官を増員した場合の，審理期間と裁判所サーヴィスの供給量への影響を分析する。第5節では，裁判官を増員した場合のコストとベネフィットの計算を行う。最後に第6節では要約を行う。試論的であるが，少なくとも2倍以上に裁判所の規模を拡大すべきであるというのが結論である。

図7-1　裁判所の組織図

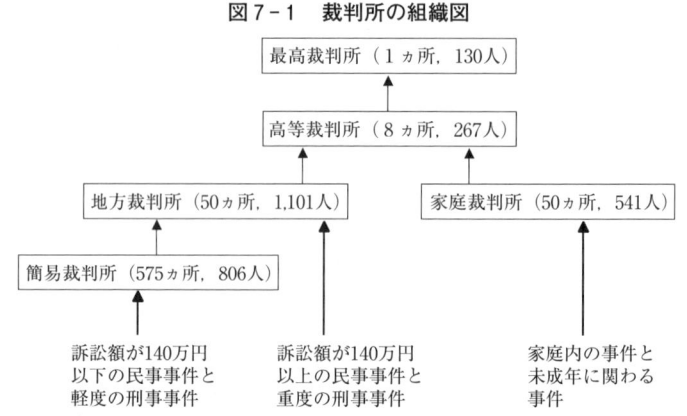

```
                最高裁判所（1ヵ所，130人）
                         ↑
                高等裁判所（8ヵ所，267人）
                         ↑
         ┌───────────────┴───────────────┐
   地方裁判所（50ヵ所，1,101人）    家庭裁判所（50ヵ所，541人）
         ↑              ↑                    ↑
   簡易裁判所（575ヵ所，806人）
```

| 訴訟額が140万円以下の民事事件と軽度の刑事事件 | 訴訟額が140万円以上の民事事件と重度の刑事事件 | 家庭内の事件と未成年に関わる事件 |

注：括弧内はそれぞれ裁判所の数とそこに配置された裁判官数を表す。ただし，裁判官数は行政職と調査部門に配置されたものを含む。
出所：Tanaka and Smith（1976）。

7-2　裁判所の組織

7-2-1　三審制

　図7-1はわが国の裁判所制度を図示したものである。それは最高裁判所が1，高等裁判所が8，地方裁判所と家庭裁判所がそれぞれ50ずつ，そして575の簡易裁判所からなっている。言うまでもなく最高裁は裁判所組織の中心的な位置を占めている。高等裁判所は8ヵ所の主要な都市に，そして地方裁判所と家庭裁判所は各都府県に一つずつ配置されている。ただし，北海道については四つの地裁・家裁が配置されている。

　通常，第1審は地方裁判所，家庭裁判所，または簡易裁判所で行われる。民事事件において，簡易裁判所は「訴訟の目的の価額（訴額）」が140万円以下の事件について管轄し，それを超えるものは地方裁判所の管轄となる。また，刑事事件においては罰金刑以下の軽微な事件は簡裁の管轄になる。家庭裁判所は家庭に関する事件の審判や調停，それに少年法にかかわる裁判を管轄する[1]。

　第1審の結果に対して，原告あるいは被告のいずれかが不服のときは，上級

第7章 司法規模拡大のコスト・ベネフィット分析　175

表7-2　通常訴訟事件数と訴額の総額（1990年）

	新受		既済	
	総件数	訴額の合計（10億円）	総件数	訴額の合計（10億円）
判決				
地方裁判所	106,871	1,506.4	112,004	1,206.0
簡易裁判所	96,635	55.6	99,544	58.5
高等裁判所	12,094	222.8		NA
最高裁判所	2,086	38.0		NA
小計		1,822.8		1,264.5
和解				
地方裁判所	1,867	22.8		NA
簡易裁判所	59,120	190.3		NA
小計		213.1		
合計		2,035.9		

注：訴額の合計は著者の推計による。
出所：『司法統計年報』（1990）。

裁判所への控訴が行われる。第2審の結果にも不服のときは，次の上級審へ訴えることができる。このようにわが国の裁判制度は三審制をとっている。

7-2-2　裁判所組織の規模

　裁判所組織内の相対的規模を見るためにここでは二つの指標を用いよう。第1は取り扱った通常訴訟事件の総数であり，第2は訴額の総額である。1990年において，地方裁判所における既済総件数は112,000件であり，また簡易裁判所における既済総件数は99,500件であった。大まかにいって，既済総数と新受総数は等しいと言える（表7-2）。

　もう一つの指標は訴額の総計である。これによって，裁判所が取り扱う事件の経済的な規模を見ることができる。表7-2には司法統計年報（最高裁）から推計した訴額の総計が記されている。地裁における「新受」事件の訴額の総計は1兆5,064億円で，簡裁のそれは556億円である。そして，高裁と最高裁を合わせた合計は1兆8,228億円である。

　表7-2をみれば，金額の大きさから考えると地裁がもっとも重要な位置を

占めていることが分かる。また，1件当りの訴額の平均は，地裁では1,100万円であり，また簡裁では59万円である。

7-2-3 地方裁判所の重要性

経済的な観点からいえば，地方裁判所の民事部は裁判所組織のなかでもっとも重要な位置を占めている。その理由は第1に，民事訴訟の訴額において，地裁の取り扱う規模がもっとも大きいことである。訴額に占める割合をみると，地裁の占める割合はおよそ80％（1,506.4/1,822.8＝0.826）になる。第2は，地方裁判所は裁判所組織の中でもっとも多数の裁判官を擁していることである。地裁には1,101人の裁判官がおり，それは全体の39％になる（図7-1）。第3は，地裁の裁判官の3分の2以上は民事部に所属しているからである（棚瀬1984 p.198）。

7-2-4 地裁における裁判以外の業務

裁判とその判決は地方裁判所における中心的な仕事であるが，それ以外にも様々な業務がある（表7-3）。例えば，仮差押と仮処分の件数は35,000件，民事執行が712,000件ほどある。これらの業務は裁判と補完的な業務であるといえる。

表7-4は東京地裁における民事行政部における裁判官の配置である。各部局では裁判も行われるが，保全，破産，強制執行，調停などの部門では裁判以外の業務が中心であると思われる。大まかにいえば，裁判官の仕事のおよそ4分の1は法廷外で行われる業務であると推測される。

7-3 地方裁判所民事部の計量モデル

本節ではコスト・ベネフィット分析の前提になる計量モデルの作成を行う。モデルの対象は地方裁判所の民事事件であるが，それは前述したように経済的観点からすれば裁判所組織のなかでもっとも重要な部分である。

表7-3　民事事件の規模（地方裁判所）（1990年）

			既済件数	訴額の合計 (10億円)	資料出所 （司法統計年報）
Ⅰ．民事訴訟	(1)	通常訴訟	112,004	1206.0	第33-1表
	(2)	手形・小切手訴訟	4759	55.8	第37表
Ⅱ．裁判以外	(1)	調停*	1,867	17.0	第122表
	(2)	非訟	8,761	NA	第4表，第131表
	(3)	仮差押，仮処分	34,398	NA	第153表
	(4)	民事執行	711,864		
		4-1　配当	7,900	115.7	第169表
		4-2　強制執行	114,502	69.1	第171,180表
		4-3　競売	65,907	1,074.7	第185,192表
		4-4　執行官事務	350,286	NA	第195表
		4-5　破産事件	2,571	100.7	第201表
		4-6　和議	84	NA	第203表
		4-7　会社更生	44	NA	第204表
		4-8　その他*	170,570	NA	第217表
Ⅲ．行政訴訟*			888	9.6	第79表

注：*印は新受事件とその件数による（他は既済事件とその件数による）。

表7-4　部局ごとの裁判官の配置（東京地裁，民事行政部，1994年）

部門	裁判官数（人）
(1) 民事訴訟（一般）	121
(2) 行政訴訟	6
(3) 手形・小切手	4
(4) 経済問題	7
(5) 保全	19
(6) 労働	8
(7) 破産	9
(8) 執行	16
(9) 調停	5
(10) 交通	6
(11) 知的財産権	12
総計	213

出所：小島（1999）p.37。

7-3-1　変数とデータ（裁判総件数と審理期間）

「裁判所の提供するサーヴィスへの総需要（Demand for Judicial Service：

DJS)」の指標として地裁の「新受総件数」を用いる。これは地方裁判所がその年度に新たに受け付けた訴訟件数の総数である。また「裁判所の提供するサーヴィスの総供給（Supply of Judicial Service：SJS）」の指標として，地裁の「既済総件数」を用いる。これは地方裁判所において，その年に結審した総件数である。DJSとSJSは司法統計年報に「新受」「既済」として掲載されている。

　新受総件数と既済総件数を総需要と総供給の指標として用いることについては若干注釈を加えるべきであろう。なぜなら，個々の訴訟は同質のものではないからである。それらの多くは3ヵ月以内に処理されるし，一方，何割かは5年以上を要している。しかしながら，結審までに要する審理期間ごとの割合をみると，図7-2のようにそれぞれの割合は30年間にわたってきわめて安定している。例えば，全体の30％は3ヵ月以内に処理され，20％弱が6ヵ月以内に処理されている。したがって，もしある裁判に要する裁判所サーヴィスの必要量がその審理期間に比例すると考えれば，裁判サーヴィスに対する総需要と総供給の指標として「新受総件数」と「既済総件数」を用いることは妥当であるということができる。

　次に，地方裁判所は常にある件数の審理途中の'ストック'を抱えており，その年度中に結審しなければそれは翌年に繰り越されることになる。司法統計年報ではこの件数が「未済（Unfinished Stock：STK）」として記載されている。例えば1990年末におけるSTKの大きさは103,000件であった（なお，この数値は翌年の年報には「旧受」として記載されている。すなわち旧受とは前年度の未済が，繰り越されてきたものである）。

　もう一つの重要な変数は「審理期間」である。林屋（1993）は既済総件数と未済総件数についてそれぞれの平均審理期間を推計して記載している。ここではそれらをそれぞれ既済事件平均審理期間（Average Trial Time of Disposed Cases：SMDC），未済事件平均審理期間（Average Trial Time of Unfinished Cases：SMUC）と呼ぶことにする（なお，司法統計年報には平均審理期間は記載されていない）。

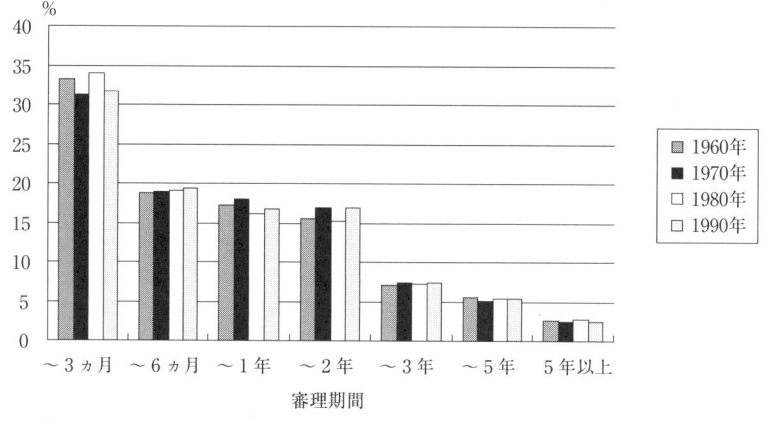

図7−2 既済事件の審理期間に対する分布

[棒グラフ: 1960年、1970年、1980年、1990年の審理期間別分布。横軸は審理期間（～3ヵ月、～6ヵ月、～1年、～2年、～3年、～5年、5年以上）、縦軸は%（0～40）]

注：『司法統計年報』による推計。

ところで第2章でのべたように，この2種類の審理期間を比べると未済平均期間（SMUC）の方が既済平均期間（SMDC）より50％も長い。この原因は，これらの計算方法が単純平均を用いているからである。そこで，もし平均期間の計算に，訴額をウエイトにした加重平均を用いると（詳細は第2章を参照）この差がなくなることが分かる。既済事件に関して訴額をウエイトにした平均審理期間（Weighted Average of Disposed Cases : WADC）を求めると，SMUCとWADCの差はほとんどなくなる。以上から，コスト・ベネフィット分析にはWADCを用いるべきであるということになる。ところが，データ不足からWADCは1970年以前は作成できない。しかし，幸いにもWADCとSMUCはほぼパラレルに変動するから，SMUCをWADCの代理変数として扱うことが許されるであろう[2]。

7-3-2 供給関数と需要関数のスペシフィケーション

裁判所サーヴィスの供給量（SJS）は裁判官数（JN）の関数であると考えられる。そして裁判官数は最高裁判所によって外生的（政策的）に決定される。すなわち，式で表せば（7-1）のようになる。

$$SJS = SJS(JN). \qquad (7-1)$$

一方，裁判所サーヴィスへの需要量（DJS）は個人，企業，政府らによって決められるが，それは(1)国民所得（GDP），(2)人口（POP）の増加関数であり，また(3)裁判コスト（Trial Cost, TC）の減少関数になるであろう。ここで，TCとして(a)審理期間，(b)弁護士費用，(c)裁判手数料，の三つが考えられる。

$$DJS = DJS(GDP, POP, TC) \qquad (7-2)$$

7-3-3 未済件数の式

「未済」とは裁判所で裁判中の，あるいは処理を行っている途中の事件である。これは一般の企業に例えれば製品在庫に相当するので，未済件数をSTK（Stock of Unfinished Cases）と表記することにしよう。STKの増加は超過需要を意味するから次式のような関係（恒等式）が成り立つ。

$$STK - STK(-1) = DJS - SJS \qquad (7-3)$$

7-3-4 審理期間のスペシフィケーション

本章のモデルにおいて，需要と供給を均衡させる役割をもつのは審理期間である（裁判手数料と弁護士費用は訴額におおよそ比例するが，その割合は固定されている）。もし需要が供給を超過すれば，ストックが増加し，審理期間が長くなるであろう。そして，審理期間が長くなれば，それは需要を減少させる。このように需要と供給を均衡させるメカニズムが働くが，その均衡は安定的であると想定できる。

審理期間にはSMUC（未済平均期間）とSMDC（既済平均期間）の2種類があるが，それぞれの式を次のように考える。まず未済審理期間（SMUC）はSTK（ストック），需要量（DJS），そして供給量（SJS）の関数と考えられる。また，SMUCの平均は18.9カ月であるから，1年前の需要量と供給量も説明

変数に含めることにする。

$$\text{SMUC} = \text{SMUC}(\text{STK, DJS, DJS}(-1), \text{SJS, SJS}(-1)) \quad (7-4)$$

次に，既済審理期間（SMDC）のスペシフィケーションは次式のように考える。

$$\text{SMDC} = \text{SMDC}(\text{STK, DJS, SJS, SMUC}(-1)) \quad (7-5)$$

ここで説明変数にSMUC（-1）が含まれているが，その理由は，ある年度の既済件数の50%は前年から持ち越された事件だからである。それゆえに，SMUC（-1）が増加すれば今年度のSMDCも増大するという関係になる。

7-4 推計

本節では，データからモデルの推計を行う。モデルは以下の5本の式から構成されている。
(1)供給関数，(2)需要関数，(3)未済残高関数，(4)既済事件審理期間，(5)未済事件審理期間

7-4-1 供給関数の推計

最初に，47都道府県のクロスセクション・データ（1990年）を用いて，裁判官数と供給量との関係を求め，次に時系列データを用いて技術進歩率（生産性の上昇率）を測定する。前者については次式が推計された。

$$\begin{aligned}\log(\text{SJS-DC}) = &\ 4.5872 + 1.0101\log(\text{JN-DC}) \\ &\ (0.3254) \quad\ \ (0.0616)\end{aligned} \quad (7-6)$$

SJS-DC：各都道府県の地方裁判所における民事事件の既済件数，
JN-DC：各都道府県の地方裁判所における裁判官数，
$R^2 = 0.8567$，サンプル数 = 47，

最小二乗法（OLS），括弧内は標準偏差。
データ出所：最高裁判所(1990)，林屋(1993)，日本民主法律家協会(1990)。

上記の推計結果では，裁判官数に関する供給弾性値は1.01であり，規模に関する収穫はほぼ一定であると考えることができる。

次に時系列データを用いて，技術進歩率の測定を試みよう。推計式は次式を用いる。

$$\log(SJS) - \log(JN) = CONS. + \alpha \log(TIME) \qquad (7-7)$$

ここで，SJS は，全国の地裁における民事事件の既済総数，JN は全国の地裁における裁判官の総数（ここでは民事部と刑事部の両者を合わせたもの，ただし，両者の比率は安定していると考えられる），そして TIME は昭和の年度を表す変数で23から66の整数値をとる。また，上式では，裁判供給量の裁判官数に関する弾性値は1.0と仮定している[3]。

推計結果は表7-5に示されている。(a)式から，年当りの技術進歩率（あるいは生産性上昇率）はおよそ1.9%（0.019≒0.8366/45）であることが分かる。なお，ここで45は TIME の平均値である。

次に(b)式と(c)式は，前後期の二期間に分けた場合の推計式である。前期（1948～1969）における技術進歩率はおよそ3.4%／年（0.034＝1.2073/35）で，後期（1970～1991）におけるそれはおよそ1.2%／年（0.012＝0.6817/55）となる。なお，計算式の35と55は，それぞれの推計期間における TIME の平均値である。技術進歩の要因はおそらく訴訟手続きの簡略化などによるものであろうが，その率は3.4%から1.2%へと低下していることが分かる。

裁判官の年当り増加率はおよそ0.8%であるから，裁判所の供給能力の増加率は年当り2.7%（＝1.9＋0.8）ということになる。わが国の高い経済成長率に比べて，裁判所の供給能力の増加率はきわめて低かったということができる。

表7-5 裁判サーヴィスの供給関数

説明変数	被説明変数：log(SJS) − log(JN)		
	(a)	(b)	(c)
定数項	0.7190 (0.1403)	−0.5527 (0.1631)	1.3173 (0.0864)
log(TIME)	0.8366 (0.0696)	1.2073 (0.1789)	0.6817 (0.1597)
R^2	0.7748	0.6948	0.4767
推計期間	1948〜1991	1948〜1969	1970〜1991
サンプル数	44	22	22

注：JN は地方裁判所に所属する裁判官総数。
　　推計は最小二乗法による。括弧内は標準偏差。
データ出所：最高裁判所（1990），日本民主法律家協会（1990）。

7-4-2　需要関数の推計

裁判サーヴィス（DJS）の需要は(i)人口（POP），(ii)国民所得（Y），そして(iii)裁判コストの関数であると考えた。推計に用いる式としては次のようなスペックを用いる。

$$\log(DJS) = CONS. + \alpha\log(POP) + \beta\log(Y) + \gamma\log(TC) \quad (7-8)$$

ここで α, β, γ はそれぞれパラメーターで，CONS. は定数項である。推計の順序は，まず初めに47都道府県のクロスセクション・データを用いて α と β を推計し，次にこれらの数値と時系列データを用いて γ を推計する。

47都道府県のクロス・セクションデータからは次式（7-9）が推計された。所得（Y-DC）に対する需要の弾性値は0.9516であった。なお，この式ではPOP（人口）ははずされているが，それはPOPとY-DCの間に強い多重共線性（multi-colinearity）があるためである。

$$\log(DSJ\text{-}DC) = -7.4483 + 0.9516\log(Y\text{-}DC) \quad (7-9)$$
$$\phantom{\log(DSJ\text{-}DC) = }(0.2955) (0.0514)$$

DSJ-DC：各都道府県における民事事件の新受件数，

Y-DC：各都道府県の県民所得，
$R^2 = 0.8838$，サンプル数：47
最小二乗法（OLS），括弧内は標準偏差。
データ出所：最高裁判所（1990），経済企画庁（1990）。

次に表7-6は，時系列データを用いて推計したマクロ需要関数の推計結果である。被説明変数は'$\log(\text{DJS}) - 0.9516\log(\text{実質 GDP})$'であるが，ここでDJSは裁判所サーヴィスへの総需要である。そして0.9516は（7-9）式から得られた所得弾性値である。また，説明変数には弁護士サーヴィス価格（LY-PR）が含まれているが，これには'弁護士所得'が用いられている[4]。そして，SMUCとSMDCはそれぞれ未済事件と既済事件の平均審理期間である。

これらの説明変数はすべて有意であり，そして理論的に妥当な符号をとっている。弁護士サーヴィス価格に対する弾性値は−0.85〜−1.05であるが，これは弁護士サーヴィスと裁判所サーヴィスが互いに補完財（complements）の関係にあることを示している。またSMDCに対する弾性値は−1.42であり，きわめて高い数値になっている。これはわが国の裁判所が非常に大きな潜在的需要を抱えているというふうにも解釈できる。そして，このような強い潜在的需要圧力のもとでは，司法当局（最高裁判所・法務省）が弁護士人口の増大と弁護士サーヴィス価格の下落のいずれをも望まないということは容易に推測できる。それゆえに，弁護士市場が司法当局の厳しい規制のもとに置かれてきたということも十分理解できることである[5]。

7-4-3 審理期間関数の推計

①SMUC（未済事件審理期間）の推計式：

表7-7はSMUCの推計結果である。説明変数はすべて裁判官数（JN）で割ったものを用いている。その理由は，供給能力（JN）に対する相対的な大きさがSMUCに影響を与える，と考えたからである。

表7-6 需要関数の推計式

説明変数	被説明変数：$\log(DJS) - 0.9516\log(実質GDP)$			
	(a)	(b)	(c)	(d)
CONS.	5.7030 (0.1837)	3.2129 (0.2854)	13.7044 (0.0667)	9.9655 (0.0683)
$\log$(LY-PR)	−0.8466 (0.1227)		−1.0537 (0.0470)	−0.9368 (0.0461)
$\log$(SMUC)		−1.0920 (0.6595)	−2.2521 (0.1626)	
$\log$(SMDC)				−1.4186 (0.1053)
R^2	0.6216	0.0864	0.9518	0.9494
サンプル数	31	31	31	31
推計期間	1960〜1990	1960〜1990	1960〜1990	1960〜1990

注：最小二乗法（OLS）による推計（括弧内は標準偏差）。LY-PR は弁護士サーヴィスの価格を表すが，データとしては弁護士所得を用いた。
SMUC は未済事件の平均審理期間，SMDC は既済事件の平均審理期間。
データ出所：経済企画庁（1990），日本弁護士連合会（1981,1991），林屋（1993），司法統計年報（1990）。

　もっとも有意に影響を与えている変数は STK/JN である。すなわち，ストックが累積してゆくと，審理期間が長くなっていき，SMUC は大きくなっていくことになる。

　二番目と三番目の変数［DJS/JN, DJS(−1)/JN］は需要サイドに関する変数である。DJS/JN の係数は負であるが（b式），DJS(−1)/JN は正の係数をもっている（f式）。この理由は，DJS/JN の増加はストックの平均年齢を短期的には若くするが，長期的には平均年齢を大きくするからであると考えられる。

　SJS/JN と SJS(−1)/JN はいずれも供給サイドの変数である。これらの係数の符号はいずれも負になっている。今年度と1年前の処理件数の増加はいずれも，裁判所が抱えている事件の平均年齢を小さくする方向に働くからであろう。

②SMDC（既済事件審理期間）の推計式：

　表7-8 は SMDC の推計式である。SMUC(−1)だけで約80%を説明していることが分かる（a式）。また，その SMDC に対する弾性値はおよそ1である

表7-7　未済事件審理期間（SMUC）の推計式

説明変数	被説明変数：log(SMUC)					
	(a)	(b)	(c)	(d)	(e)	(f)
(1) CONS.	2.1190 (0.0788)	2.2388 (0.0588)	2.1202 (0.0513)	1.6808 (0.0433)	1.7823 (0.0426)	1.7551 (0.0349)
(2) log(STK/JN)	0.2054 (0.1034)	0.5685 (0.1062)	0.7223 (0.1045)	0.9953 (0.1099)	0.9720 (0.1096)	1.0597 (0.0925)
(3) log(DJS/JN)		−0.3889 (0.0781)				
(4) log(DJS(−1)/JN)						0.8352 (0.2167)
(5) log(SJS/JN)			−0.5124 (0.0792)		−0.1577 (0.1156)	−0.2794 (0.0977)
(6) log(SJS(−1)/JN)				−0.6747 (0.0803)	−0.5188 (0.1389)	−1.3143 (0.2356)
R^2	0.1163	0.5237	0.6382	0.7424	0.7585	0.8442
サンプル数	32	32	32	32	32	32
推計期間	1960〜91	1960〜91	1960〜91	1960〜91	1960〜91	1960〜91

注：最小二乗法（OLS）による。括弧内は標準偏差。STKは未済事件の翌年への繰り越し件数，
　　DJSは新受件数，
　　SJSは既済件数，
　　JNは裁判官の総数。
　なお，SMUCの標本平均値は18.9カ月。
データ出所：司法統計年報（1990），林屋（1993）。

から（a, e, f式），SMUCが10％増加すると翌年のSMDCも10％増加するということになる。これはもっともらしい関係であろう。

　STK/JNの係数は正になっているが，ストックの増大は裁判所への負担を増大させてSMDCを増大させるからであろう。

　DJS/JNとSJS/JNはいずれも負の係数をもっている。DJS/JNの係数が負になる理由は，新規に提訴された件数の50％以上は6カ月以内に処理されるからである。したがって，DJSが増加すれば，同じ年度のSMDCは小さくなる（ただし，長期的には逆の方向に作用するであろう。DJSの増加は翌年のストックを増加させるからである）。また，SJS/JNの係数が負になるのは，今年度の処理件数が増加することからSMDCを短縮する方向に作用するからであ

表7-8 既済事件審理期間（SMDC）の推計式

説明変数	被説明変数：log(SMDC)					
	(a)	(b)	(c)	(d)	(e)	(f)
(1) CONS.	−1.4338 (0.0528)	3.5237 (0.1118)	1.7482 (0.0706)	1.9467 (0.0766)	−0.5765 (0.0472)	−0.6078 (0.0460)
(2) log(STK/JN)			1.0133 (0.1438)	0.8171 (0.1382)	0.3867 (0.1413)	0.3039 (0.1091)
(3) log(DJS/JN)		−0.2377 (0.1079)		−0.6504 (0.1016)		−0.2762 (0.0802)
(4) log(SJS/JN)			−0.7965 (0.1090)	−0.3270 (0.1065)		
(5) log(SMUC(−1))	1.3653 (0.1214)				0.9972 (0.1646)	1.0463 (0.1444)
R^2	0.8083	0.1393	0.6686	0.6098	0.8566	0.8642
サンプル数	32	32	32	32	32	32
推計期間	1960〜91	1960〜91	1960〜91	1960〜91	1960〜91	1960〜91

注：最小二乗法（OLS）による．括弧内は標準偏差．STKは未済事件の翌年への繰り返し件数，
　　DJSは新受件数，
　　SJSは既済件数，
　　JNは裁判官の総数．
　　SMUCは未済事件の平均審理期間．
　　なお，SMDCの標本平均値は13.2ヵ月．
データ出所：司法統計年報（1990），林屋（1993）．

ろう。

7-4-4 裁判官数の増加とその効果

　裁判官定員数の増加は，審理期間や裁判サーヴィスの需要量と供給量にどのような効果をもたらすであろうか．推計した計量モデルを用いてこれらを求めてみよう．前提条件として，国民所得水準，弁護士価格，そして年度（TIME）は一定と仮定する．この前提のもとで，裁判所の計量モデルは次の5本の連立方程式（7-10）式〜（7-14）式から，そしてその内生変数はDJS，SJS，SMDC，SMUC，STKの5個から構成される．

供給関数（(7-7) 式を再掲）

$$\log(SJS) = \log(JN) + CONS1. \qquad (7\text{-}10)$$

需要関数（表7-6, (d)式）

$$\log(DJS) = -1.419\log(SMDC) + CONS2. \qquad (7\text{-}11)$$

SMUC 関数（表7-7, (f)式）

$$\log(SMUC) = 1.060\log(STK/JN) + 0.835\log(DJS(-1)/JN) \\ -0.279\log(SJS/JN) - 1.314\log(SJS(-1)/JN) + CONS3. \qquad (7\text{-}12)$$

SMDC 関数（表7-8, (a)式）

$$\log(SMDC) = 1.365\log(SMUC(-1)) + CONS4. \qquad (7\text{-}13)$$

未済残高関数（(7-3) 式を再掲）

$$STK = STK(-1) + SJS - DJS \qquad (7\text{-}14)$$

さて次にもう一つの前提条件，すなわちモデルが定常状態にあることを追加しよう。定常状態では以下の関係が成り立つ：

$$STK = STK(-1), \ DJS = DJS(-1), \ SJS = SJS(-1). \qquad (7\text{-}15)$$

そして，(7-14) 式と (7-15) 式をあわせると，これらは次の受給均衡式に帰着する：

$$DJS = SJS \qquad (7\text{-}16)$$

結局，連立モデルは (7-10) 式〜(7-13) 式，(7-16) 式の5本の方程式から構成される。そして，このモデルのもとで，裁判官数（JN）が2，3，4倍になったときの結果を求めたものが表7-9である。例えば，裁判官数が2倍（2,845人から5,690人へ増加）になったとき，裁判サーヴィスの需要量と

表7-9 裁判所規模の拡大（裁判官数の増加）とその効果

(a) 裁判所の 規模	(b) 裁判官総数 （人）	(c) 裁判需要量と 供給量（千件）	(d) SMDC（月）	(e) SMUC（月）	(f) ストック （未済事件）の 件数（千件）
(1) 現状	1,101	110	13.2	18.9	110
(2) 2倍	2,202	220	8.1	13.2	157
(3) 3倍	3,303	330	6.1	10.7	193
(4) 4倍	4,404	440	5.0	9.2	224

注：裁判官数は地裁民事部所属の人数である。

供給量はともに2倍に増加する（7-10式，7-16式）。それゆえに，SMDCは13.2ヵ月から8.1ヵ月に短縮される（7-11式）。そして，SMUCは18.9ヵ月から13.2ヵ月に短縮されることになる（7-13式）。最後に，（7-12）式からSTK（未済件数）が求められる。同様にして，裁判官数が3倍，4倍になった場合も求められる（表7-9）。

7-5 コスト（費用）とベネフィット（便益）の計算

7-5-1 裁判からのベネフィット

はじめに，便益計算に関して次のような基本的な仮定をおこう。

<u>原告が裁判から得る便益は，その裁判に勝訴して獲得した金額に等しい。</u>

この仮定の妥当性は次のように考えればよいであろう。もし，原告が訴額に等しい金額を与えられれば，彼は訴えを取り下げることに同意するであろう。この意味で，訴額は'裁判の価値を貨幣額で表したもの'であるといえる[6]。

ところで，「訴訟の目的の価額（訴額）」は原告が主張する利益をもとに算定される（民事訴訟法8条）。そして，もし原告が完全に勝訴すれば，訴額の全額を得ることができることになる。これを決定するのは裁判官であるが，現実に原告は訴額の67.4%を獲得していると推計される。それゆえに，国全体で正

当化される裁判のベネフィットは，新受事件の訴額総額の67.4％となるが，このように考えると1990年において，わが国の地方裁判所全体で認定された便益の合計額（以後，これを社会的便益（Social Benefit：SB）と呼ぶことにする）は8,133億円と推計される[7]。

7-5-2 地方裁判所を運営する費用（コスト）

わが国における裁判所全体の総予算は公表されているが，地方裁判所の予算は不明である。そこで，地裁を運営する費用を以下のように試算してみた。棚瀬（1984 p.198）によれば，地方裁判所，家庭裁判所，簡易裁判所の予算合計は裁判所予算の66％を占めるという。そして，地裁の予算はおよそその半分であるから全体の33％ということになる。さらに，地裁における民事部と刑事部の裁判官の比率は2：1であるから，結局，地方裁判所，民事部の予算は裁判所総予算の22％（＝33×2/3）と推計される。これを金額で表せば，590億円（＝2680×0.22）となり，これが地裁民事部を運営するコストになる。

7-5-3 割引率

裁判の遅れや長期化は原告にとってはコストの大きな要因となる。もし，裁判が長引けば，仮に勝訴しても裁判から得られる利益はそれだけ小さくなる。いま，提訴した時点における裁判の経済的価値を考えると，それは勝訴金額を審理期間の長さに応じて割り引いたものになる。それゆえ割引価値の大きさは，割引率に依存することになる。

本章では割引率を10％／年と仮定して計算を行う。ただし，割引率の大きさは個々人の間で大きな差があると思われる。例えば銀行などで手形を割り引くときは5％程度であり，また高利率の短期消費者金融の利率は10～20％くらいであろう。そして，裁判における割引率は20％を超える場合もあるかもしれない。例えば，原告が経済的に困窮している場合とか，あるいは被告側の支払い能力が急速に劣化してゆくことが予想される場合である。このような場合には，割引率は20％を超えることも十分ありえるであろう[8]。

7-5-4 社会的純便益 (Net Social Benefit：NSB)

地方裁判所によってもたらされる社会的純便益 (NSB) は次のような式で計算される。

$$\begin{aligned}NSB &= SB/(1+r)^i - [弁護士費用の総額] - [地方裁判所総予算額]\\ &\fallingdotseq SB(1-ir) - [弁護士費用の総額] - [地方裁判所総予算額],\end{aligned}$$

$$(7-17)$$

上式で，$SB/(1+r)^i$ は獲得した勝訴金額の割引現在価値である。そして，上式の計算は以下のような前提のもとで行う。

SB（社会的便益）：8,133億円，
i（平均審理期間）：1.58年（＝18.9/12）
　　　　　　なお，18.9はSMUCの平均値，
r（割引率）：10％／年，
弁護士費用総額：1,601億円[9]，
地方裁判所総予算額：590億円。

上記のような前提条件のもとで，1990年のNSB（社会的純便益）4,660億円が得られる（表7-10，(f)欄)[10]。

7-5-4 地方裁判所の拡大がもたらすNSB（社会的純便益）の増加額

地方裁判所が2倍に拡大されたとき，社会的純便益（NSB）はどれくらいの大きさになるであろうか。この計算でもっとも困難な問題は，社会的便益（SB，勝訴による獲得額の総計）の推計である。このとき，SBは2倍にならないかもしれない。なぜなら，訴額の相対的に小さい事件の割合が増えてゆくと考えられるからである。そこで，二つのケースを想定してみることにしよう。ケース1はSBが2倍になる場合であり，ケース2はSBが1.5倍になる場合で

表7-10 地方裁判所の拡大に伴うコストとベネフィット

(単位：億円)

(a) 裁判所の 規模	(b) 地裁の 予算額		(c) 弁護士 費用総額	(d) 審理期間に 伴うコスト	(e) SB 社会的 便益	(f) NSB 社会的 純便益	(g) NSB の 増加額
(1) 現状	590		1,600	1,280	8,130	4,660	
(2) 2倍	1,180	case1	3,200	1,790	16,270	10,090	5,430
		case2	2,400	1,340	12,200	7,280	2,610
(3) 3倍	1,770	case1	4,800	2,180	24,400	15,650	10,990
		case2	3,200	1,450	16,270	9,840	5,180
(4) 4倍	2,360	case1	6,400	2,500	32,530	21,260	16,600
		case2	4,000	1,570	20,330	12,400	7,740

ある（現実はおそらくこの中間であろう）。

一方，供給サイドに関しては'規模に関する収穫が一定'であると考えてよいであろう。すなわち，地方裁判所の総予算額が2倍になるとき，その規模（供給力）も2倍になると考えるわけである。その理由は，司法試験の高い倍率や法科大学院の状況からみて，裁判官や弁護士の潜在的供給余力は大きいと見られるからである。

地方裁判所の規模を2倍に拡大したときのコストとベネフィット，それに対応する社会的純便益は表7-10に試算されている。(7-17)式を用いて試算した結果は，ケース1ではNSBが1兆90億円，ケース2におけるNSBは7,280億円である。規模を拡大する前のNSBは4,660億円であるから，各ケースでのNSB増加額はそれぞれ5,430億円，2,610億円となる（表7-10）。これはそれぞれGDPの0.12%，0.06%に相当する大きさである。同様に，地裁の規模を3倍と4倍に拡大した場合の計算値も表7-10に与えられている。

7-6　要約

本章では，わが国の地方裁判所について簡単な計量モデルを作成した。そし

て，それを用いて費用・便益分析を試みた。ここでの基本的な前提は'裁判がもたらす便益はそれによって確定される訴額に等しい'というものである。したがって，「差止め請求」とか「地位の回復を求める訴え」のような裁判での便益は含まれていない。本章での主な結論は以下のようなものである。

1．裁判サーヴィスの供給量は裁判官の人数に比例する。言いかえれば，裁判サーヴィスの生産関数は規模に関して収穫が一定である。

2．裁判所サーヴィス供給力の成長率は2.7%／年（1948〜91年）であり，わが国の高い経済成長率に比べると非常に低い数値である。これは司法とその規模が規制されてきたことの証左である。

3．裁判所サーヴィスの需要関数は，弁護士価格と審理期間の減少関数であり，所得の増加関数である。弁護士価格に関する弾性値は-0.85〜-1.05，そして審理期間に関する弾性値は-1.1〜-2.3である。また所得に関する弾性値は0.95である。

4．裁判官数を2倍にした場合，それは裁判所サーヴィスの供給量と需要量を2倍にする。そして，既済事件審理期間（SMDC）を13.2ヵ月から8.1ヵ月に短縮し，また未済事件審理期間（SMUC）を18.9ヵ月から13.2ヵ月に短縮する。

5．1990年において，地方裁判所における通常訴訟の訴額総額は1兆2,060億円であった。そして，裁判所によって認定された金額はその67.4%である8,130億円と推計された。本章ではこの金額（8,130億円）を裁判によってもたらされた社会的便益（SB）と考えた。

6．同年における裁判所全体の総予算は2,680億円であった。そのうち，地裁民事部の占める額は590億円（22%）と推計された。

7．もし，割引率を10%とすれば，地裁民事部が通常訴訟において生産する社会的純便益（NSB）は4,660億円と推計される。

8．もし，地方裁判所の規模が2倍に拡大されるならば，NSB（社会的純便益）の増加額は2,610〜5,430億円と推計され，それはGDPの0.06〜0.12%と推計される。

上記のような社会的便益計算は，以下のような留保条件をもっている。
(1) 便益の計算は訴額として計上されているもののみを合計している。したがって，差止め請求とか地位の保全や回復を求めるような裁判による便益は含まれていない。ただし，これらの便益をどのように計算するかは重要な問題である。
(2) 通常裁判以外のものによる便益は含まれていない。たとえば，民事執行，競売，破産事件などからの便益は含まれていない。
(3) 弁護士市場への外部経済効果，言いかえれば弁護士所得は本章で定義した「純社会的便益（NSB）」には含まれていない。しかし，弁護士費用はすなわち弁護士所得であり，これは国民所得の一部になる。ゆえに，弁護士所得を社会的便益に含めるべきであるという考えも成り立つであろう。この考えにもとづけば，新しい NSB の定義は［C欄＋F欄］（表7-10）となる。そして，この新しい定義を用いると，地裁の規模を2倍にした場合，その純社会的便益の増加額は以下のように計算される。

$$[16,270-1,790-1,180]-[8,130-1,280-590]=13,300-6,260$$
$$=7,040（億円）$$

新しい NSB の定義によれば，純社会的便益の増加額は5,430億円から7,040億円へと30％ほど大きくなる。

注
1) 訴訟の目的の価額（訴額）は，原告の主張する訴えの利益から算定される（民事訴訟法，第8条）。訴額は以下のような三つの重要な意義をもっている。(1)民事裁判の管轄は訴額の大きさから決まるが，それが140万円を超えるときは地方裁判所の管轄に，そして140万円以下のときには簡易裁判所の管轄となる（なお2004年4月1日以前は，簡裁の管轄は90万円以下であった）。(2)民事訴訟申し立ての手数料（訴状に印紙を貼ることにより支払う）は訴額の大きさに依存して決まる。(3)弁護士費用（弁護士へ支払う報酬）は訴額の大きさに依存してきまる。日本弁護士会は弁護士報酬についての価額表を提示しているが，それは訴額に応じて決められて

いる。
2) 未済事件の審理期間（SMUC）と既済事件の審理期間（SMDC）との関係の詳細については第2章を参照されたい。訴額をウエイトにとって，既済事件の平均審理期間を求めれば，その値はSMUCにほぼ近い大きさになる。
3) クロスセクション・データから得られた裁判官数に関する供給弾性値は1.01である（7-6式）。ここで，供給において'規模に関する収穫は一定'という仮説をたてれば，（7-6）式の結果はこの仮説を棄却するものではない（標準偏差は0.06である）。そこで，時系列データからの供給関数推計には'裁判官の供給弾性値＝1.0'を用いた。
4) 第2章において，弁護士サーヴィスの需要関数を推計する場合に作成した系列と同一のものを用いた。なお，弁護士サーヴィスの価格の指標として弁護士所得を用いることについては，第2章を参照せよ。
5) 弁護士市場に対する規制については第2章で詳述した。
6) このような便益の定義は，おそらく裁判からの便益を狭く解釈しすぎるものであろう。なぜなら，提訴が求める内容は損害賠償の請求のみではなく，差止め請求や地位の回復などのように金銭的授受ではないものもあるからである。それらを金額的に評価すれば大規模な額になるものも少なくないと思われる。しかし，それらの金額的評価は困難なので，ここでは算入しないことにした。ただし，それらをどのように評価するかは重要な問題ではある。なお，コスト・便益分析に関するより詳細な議論についてはSen（2000），Becker（2000），Posner（2000）を参照せよ。
7) 林屋（1993 pp.226-228）によれば，総既済件数112,004のうち43.7％は判決で，また52％は和解（取り下げを含む）で結審した。また，竹下（2000）6，7章によれば，判決の77.8％は原告の訴えが完全に認められ，9.7％では原告の訴えが一部認められたが，その際の平均獲得金額は訴額の52.7％であった。そして，12.4％では原告の訴えは完全に却下された。そこで，これらを総合して考えると，判決から得られる原告の獲得総額は4,370億円 $\{=12,060\times 0.437\times [0.778\times 1.0+0.097\times 0.527]\}$ と推計される。一方，和解においては，原告は平均で訴額のおよそ60％を獲得している。そこで，和解を通じて原告が獲得する総額は3,763億円 $\{=12,060\times 0.52\times 0.6\}$ と推計される。両者を加えると，原告が獲得する総額は8,133億円 $\{=4,370+3,763\}$ と推計される。これは訴額の総計（12,060億円）の67.4％になる。
8) 費用・便益分析における割引率に関してはPosner（1995）を参照。
9) 弁護士費用総額については以下のような方法で推計した。司法統計年報（1990 133p）には訴額の大きさに応じて事件数が分類されている。一方，日本弁護士連合会（1990）は訴額の大きさに応じて着手金と報酬金の大きさを決めている。そこで，

訴額区分ごとの'事件数×[着手金＋報酬金]'を求め，これらを合計して弁護士費用総額を求めた。

10) カラブレジ（Calabresi 1970）は事故によって発生する費用を，「一次的費用（primary costs）」と「三次的費用（tertiary costs）」の二つに分けている。一次的費用とは，事故によって被害者が被った被害のコストである。そして，このコストは裁判制度を通じて被害者から加害者に転嫁されることになるが，転嫁の制度（裁判制度）を維持するのに必要なコストが三次的費用である。これには裁判所を維持する費用と弁護士費用が含まれる。本章の用語と比較対照すれば，「純社会的便益（NSB）」に対して「一次的費用」，そして「裁判所予算＋弁護士費用」に対して「三次的費用」がおおよそ対応するといえる。

Kakalik and Pace（1986）によれば，米国における通常訴訟（連邦と州を含む）において，一次費用／三次費用の比率（以後，P-T 比率と呼ぶ）はほぼ1.0であるという。すなわち，裁判で確定した金額のそれぞれ半分を，原告と弁護士が分け合っているという。一方，わが国の P-T 比率は表7-10の数値を用いれば2.1＝466/(59＋160)になる。両国における P-T 比率の差は何を意味するのであろうか。

第8章　弁護士費用敗訴者負担法案(2004年)の経済学的分析

　　　　　米国を除くほとんどの民主主義諸国では弁護士費用の敗訴者負担制度が採用されている。そこで，訴訟の多さで悪名高い米国でもこの制度を導入して，迷惑行為に類するような訴訟（nuisance lawsuits）は抑止すべきではないだろうか。ところが導入反対派は，この制度が資金的に余裕のない中産階級を裁判所から遠ざけてしまうと主張するのである。もしその主張が正しければ，それは確かに重大な問題である。しかしながら，この制度を採用している国々では，訴訟保険制度によってこの問題を回避することに成功している。ドイツと近年の英国の経験は訴訟保険制度がきわめて有効であることを示しているのだ。(A loser-pays model would make the civil courts a winner, Marie Gryphon, *Los Angels Daily Journal*, 2008. 12. 25)

……本章の主な内容……

(1) 敗訴者負担ルールへの転換は，低勝訴確率の原告のアクセスを抑制する。また，彼らの危険回避度が高くなるほど，あるいは彼らの資産規模が小さくなるほどその抑制効果は強くなる。

(2) 敗訴者負担ルールへの転換は，当事者の弁護士費用支出を増加させる蓋然性が高い。

(3) 敗訴者負担ルールへの転換は，低勝訴確率の原告にとって裁判の価値を低下させて，和解率を高める効果をもつ。また，この効果は原告の危険回避度が大きくなるほど，あるいは資産規模が小さいほど強くなる。

(4) 日本的敗訴者負担ルールでは，弁護士費用支出の資産弾性値は米国（当事者負担）ルールのそれに比べて40％ほど大きくなる。したがって，金持ちほど弁護士費用支出を増やして有利な裁判結果を得ることができるようになると考えられる。

(5) 個人対大企業という構図の訴訟を考えると，一般に敗訴者負担ルールへの転換は，個人には不利に，そして大企業には有利に働く。したがって，敗訴者負担制度を導入するには法律扶助制度や訴訟保険の整備を並行して進めるべきである。

8-1 序

　弁護士報酬敗訴者負担制度の導入を内容とする「民事訴訟費用等に関する法律の一部を改正する法律案」が2004年3月国会に上程された。しかし，同法案はその会期中には成立せず，結局廃案となるにいたった。この法案は司法制度改革審議会の意見書（『最終報告書』2001年6月）にそって，司法アクセス検討委員会（高橋宏志座長，最終報告書2003年12月）が最終案をまとめ，それが司法制度改革推進本部で承認され，そしてそれに基づき政府原案が作成されたものであった。

　敗訴者負担ルールはヨーロッパ諸国で一般的に採用されている制度であるが，それは総じて勝訴見通しの低い訴訟を抑制する効果をもつものとして知られている。すなわちそれが本来の狙いとしているのは，いわゆる'質の悪い訴訟 (frivolous law suits)'の抑制であるが，現実には質の悪い訴訟とそうでないものを区別することは困難である。したがって，最終意見書も断っているように，'不当に訴えの提起を萎縮させる'効果も十分に考えられるものなのである[1]。

　ところで，最終意見書が敗訴者負担方式の導入を提案した文面は以下のようなものであった。

> 「勝訴しても弁護士費用を相手から回収できないために訴訟を回避せざるを得なかった当事者にも，その負担の公平化を図って訴訟を利用しやすくする見地から，一定の要件の下に弁護士報酬の一部を訴訟に必要な費用と認めて敗訴者に負担させることができる制度を導入すべきである。この制度の設計に当たっては，上記の見地と反対に不当に訴えの提起を萎縮させないよう，これを一律に導入することなく，このような敗訴者負担を導入しない訴訟の範囲及びその取り扱いの在り方，敗訴者に負担させる場合に負担させるべき額の定め方について検討すべきである」（『司法制度改革審議会意見書』II, 7, (1)）。

上記のように，最終意見書は微妙な言いまわしで敗訴者負担制度の導入を提言しているが，それは'公平'と'訴訟を利用しやすくする'という二つの理由に基づいている。

同法案に対しては労働者団体，消費者団体，日弁連などから強い反対があった。一方，経団連などの経営者側からはそれを積極的に支持する声明が出されていた。また司法アクセス検討委員会（11人で構成）内部の意見分布をみると，弁護士会と婦人団体の代表は反対で，これに対して経済界からの代表は賛成であった。そして，裁判所と法務省から選出された委員は賛成，また複数の学識者委員（大学教授）も前向きに導入を検討するというスタンスであった。

一般論として，敗訴者負担ルールは勝訴と敗訴の間の利益格差を広げるから，それは裁判のリスクを高めることになる。したがってリスクに強い当事者にとっては，敗訴者負担ルールへの転換は有利な制度変更になる。そしてリスクに強い当事者とは，資産規模の大きい者か，あるいはリスク回避度が低い（リスク分散のできる）者ということができる。

本章の目的は第1に，この法案が訴訟を利用しやすくするか（あるいは裁判へのアクセスをより容易にするか），より直截に言えば提訴総件数を増加させるものであるか，という問いに答えることである。第2は，同法案が企業や個人などにどのような利害と得失をもたらすかを分析することである。

以下，2節では2種類の基本モデルを提示する。第1は，米国ルールモデルで，当事者が勝敗にかかわらず各自の弁護士費用を負担する制度である。もちろん，現在のわが国はこのルールによっている。第2は，わが国の敗訴者負担法案をモデル化したもので，本章ではこれを便宜上'日本ルールモデル'と呼ぶことにする。

3節では，現行の米国ルールから日本ルール（日本的敗訴者負担ルール）への転換がアクセス（提訴総件数）を増やすものであるか否かを分析する。この説明は無差別曲線を用いることによって，きわめて平易に図示される。4節では，米国ルールから日本ルールへの転換が，訴訟当事者の弁護士費用支出を増加させる蓋然性が高いことを説明する。5節では，原告の「裁判の貨幣等価額

(MVT)」と，被告の「裁判の損失貨幣等価額（MVL）」という概念を提示する。これらは，原告と被告が裁判を金額ベースでどのような大きさに評価するかというものである。そして6節では，MVTとMVLを用いて，米国ルールから日本ルールへの転換が，和解率を高める効果をもつことを説明する。7節では，弁護士費用支出の資産弾性値をもとめる。そして，米国ルールから日本ルールへの転換は，資産弾性値を大きくすることにより，資産規模の大きい者ほど有利になることを示す。最後に，8節では簡単な要約を試みる[2]。

8-2 基本モデル

弁護士費用の負担ルールは大別すると，米国ルール（American Rule）と英国ルール（English rule）に分けられる。米国ルールとは，原告と被告の両当事者が各自の弁護士費用を負担するというルールであり，一方，英国ルールは敗訴した方が相手方の弁護士費用を負担するというルール（loser's pay rule）である[3]。

さて，わが国の敗訴者負担法案は英国ルールの一種であるが，敗訴者が負担する弁護士費用を訴額（Z）の一定割合にするように設計されている。すなわち，その割合（負担金額）は，訴額が100万円の場合にはその10％（10万円），500万円の場合には4％（20万円），1000万円の場合には3％（30万円），そして10億円の場合には0.327％（327万円）となっている。訴額が大きくなるにしたがって，敗訴者の負担する割合は漸減していくわけであるが，本章の理論モデルではそれを便宜上10％と仮定して議論を進めよう。すると両当事者の裁判後における資産額は表8-1のようになる。

8-2-1 米国ルールの裁判モデル

米国ルールにおいて，ある原告が訴訟の提起を計画しており，彼は期待効用最大化行動をとると仮定しよう。単純化のために訴訟額（訴訟で求める賠償額）Zは所与であるとする。そして訴訟前の彼の資産総額をW，訴訟において

表8-1 裁判後の資産額

	米国ルール			日本ルール	
	勝訴	敗訴		勝訴	敗訴
原告	W−R+Z	W−R	原告	W−R+1.1Z	W−R−0.1Z
被告	W−R	W−R−Z	被告	W−R+0.1Z	W−R−1.1Z

注：W＝裁判前の資産額，R＝弁護士費用支出額，Z＝訴訟額

投じる弁護士費用支出額をRとすれば，勝訴したときの資産総額W_1，敗訴したときの資産総額W_2はそれぞれ次のようになる。

勝訴：$W_1 = W - R + Z$ (8-1)

敗訴：$W_2 = W - R$ (8-2)

いま，勝訴する確率をP，敗訴する確率を$1-P$とすれば，裁判後の期待効用Vは次式のように与えられる。

$$V(P, R, Z, W) = PU(W_1) + (1-P)U(W_2). \quad (8-3)$$

次に，原告の予想する勝訴確率は'弁護士費用と訴訟金額の比率（R/Z）'の関数であり，次のような性質をもつと仮定しよう（勝訴確率関数は形式的には生産関数に類似したものである）。

$$P = \Phi(R/Z). \quad \Phi' > 0, \ \Phi'' < 0. \quad (8-4)$$

以上の条件のもとで，原告は期待効用を最大化するように弁護士費用支出の水準を決めるとすれば，それは次式（8-5）のように定式化される。ただし，ここでλはラグランジュ乗数である。

$$\text{Max}: \Pi(P, R, \lambda) = PU(W_1) + (1-P)U(W_2) - \lambda\{P - \Phi(R/Z)\} \quad (8-5)$$

（8-5）式から期待効用最大化の条件として以下の（8-6）～（8-8）が得られる。

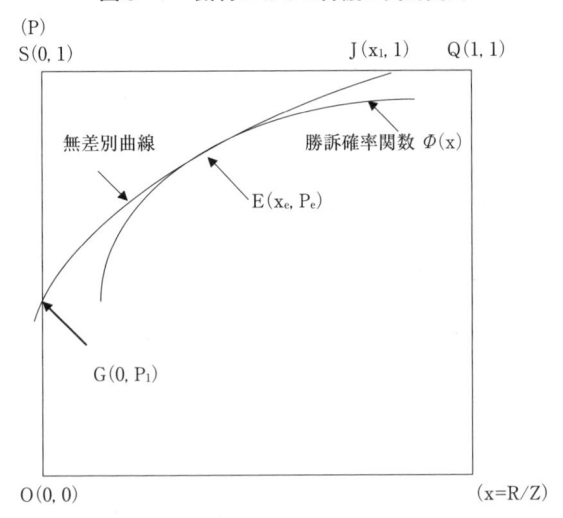

図 8-1　裁判における弁護士費用支出

(P)
S(0, 1)　　　　　　　　J(x_1, 1)　Q(1, 1)

無差別曲線　　勝訴確率関数 $\Phi(x)$

E(x_e, P_e)

G(0, P_1)

O(0, 0)　　　　　　　　　　　(x=R/Z)

$$\partial \Pi / \partial P = U(W_1) - U(W_2) - \lambda = 0 \quad (8\text{-}6)$$

$$\partial \Pi / \partial R = -PU'(W_1) - (1-P)U'(W_2) + (\lambda/Z)\Phi' = 0 \quad (8\text{-}7)$$

$$\partial \Pi / \partial \lambda = -P + \Phi(R/Z) = 0. \quad (8\text{-}8)$$

そして，(8-6)，(8-7) 式から λ を消去すると均衡式 (8-9) が得られる。

$$\text{米国ルールの均衡式：} \frac{Z\{PU'(W_1) + (1-P)U'(W_2)\}}{U(W_1) - U(W_2)} = \Phi' \quad (8\text{-}9)$$

図 8-1 は均衡条件を図示したものであるが，均衡点 E は勝訴確率関数 Φ と無差別曲線の接点になっており，ここで提訴者（原告）の弁護士費用支出額 (R) と勝訴確率 (P) が決まる。容易に確かめられるように，(8-9) の右辺は勝訴確率関数の傾きであり，また左辺は無差別曲線の傾きになっている。

8-2-2　日本ルール（わが国の敗訴者負担法案）における基本モデル

日本ルールの基本モデルは，形式的には米国ルールモデルと全く同じであり，

均衡条件式は（8-9）で表される。ただし異なる点は，裁判終了後の資産総額が次式のようになることである（表8-1を参照）。

$$\text{勝訴}：W_1 = W - R + 1.1Z \quad (8\text{-}10)$$

$$\text{敗訴}：W_2 = W - R - 0.1Z \quad (8\text{-}11)$$

8-3 日本ルールへの転換は裁判へのアクセスを抑制する蓋然性が高い

日本ルールが提案された理由の一つは，裁判へのアクセスを容易にするためというものであった。果たして，現行の米国ルールから日本ルールへの転換は，裁判へのアクセスを増やすであろうか。この説明には，無差別曲線による図解が有効である。

8-3-1 裁判のもたらす期待効用

いま原告が相対的危険回避度一定（constant rate of relative risk aversion：CRRA）の効用関数を持っていると仮定しよう。効用関数をCRRAに特定化することのメリットは，危険回避度が変化したときの影響のシミュレーション分析が容易になることである[4]。

プラット（Pratt 1964）とアロー（Arrow 1971）によれば，CRRAの効用関数は次式のように特定化することができる（ただし，kはCRRAの値，'A'は保有する資産総額である）[5]。

$$U(A) = [1/(1-k)]A^{1-k} \quad k > 0, \ k \neq 1 \quad (8\text{-}12)$$

さて裁判後の資産状態に関する期待効用（V）は（8-3）式で表されている。そして勝訴と敗訴のときの効用はそれぞれ $U(W_1) = [1/(1-k)]W_1^{1-k}$，$U(W_2) = [1/(1-k)]W_2^{1-k}$ であるから（ただし $k \neq 1$）これらを（8-3）に代入すれば，次式（8-13）が導かれる。これがCRRA効用関数を用いて表した

訴訟後の期待効用（V）である。

訴訟後の期待効用　$V = [1/(1-k)][PW_1^{1-k} + (1-P)W_2^{1-k}]$　（8-13）

8-3-2　米国ルールにおけるICNV（裁判価値ゼロの無差別曲線）

裁判の価値がゼロであるような無差別曲線を考え，これを'裁判価値ゼロの無差別曲線（Indifference Curve of Null Trial Value：ICNV）'と呼ぶことにする。図8-1において，もし訴訟を提起した場合の均衡点EがICNVより上方にくれば，提訴によって効用が裁判前より上昇するから，提訴が行われることになる。逆に均衡点がICNVよりも下方になれば提訴は行われない。

米国ルールにおける，勝訴後と敗訴後の資産額はそれぞれ（8-1），（8-2）式で与えられている。これらを（8-13）に代入して整理すれば次式（8-14）がえられる。

$$V = [1/(1-k)]Z^{1-k}[P(a-x+1)^{1-k} + (1-P)(a-x)^{1-k}]$$　（8-14）

ただし $a = W/Z$，$x = R/Z$．

そして（8-14）式をPについて解くと，米国ルールにおける無差別曲線（8-15）が得られる。

米国ルールの無差別曲線：　$P(x) = \dfrac{-(a-x)^{1-k} + \{(1-k)/Z^{1-k}\}V}{(a-x+1)^{1-k} - (a-x)^{1-k}}$　（8-15）

次に，効用水準が裁判前と同じ水準，すなわち $V = [1/(1-k)](aZ)^{1-k}$ の無差別曲線がICNVであるから，これを（8-15）に代入すれば次式のようにICNVが得られる。

米国ルールの ICNV：$P(x) = \dfrac{-(a-x)^{1-k} + a^{1-k}}{(a-x+1)^{1-k} - (a-x)^{1-k}}$　　　（8-16）

（8-16）から容易に分かるように，米国ルールの ICNV は (0,0), (1,1) を通過する。

8-3-3　日本ルールにおける ICNV

日本ルール（敗訴者負担法案）では，勝訴後と敗訴後の資産額は（8-10），（8-11）で与えられている。したがってこれらを（8-13）式に代入して整理すると，裁判後の期待効用は次式のようになる。

$$V^* = [1/(1-k)]Z^{1-k}[P(a-x+1.1)^{1-k} + (1-P)(a-x-0.1)^{1-k}] \quad (8\text{-}17)$$

そして（8-17）式を P について解くと，日本ルールにおける無差別曲線（8-18）が得られる。

日本ルールの無差別曲線：$P(x) = \dfrac{-(a-x-0.1)^{1-k} + \{(1-k)/Z^{1-k}\}V^*}{(a-x+1.1)^{1-k} - (a-x-0.1)^{1-k}}$　　　（8-18）

次に，効用水準が裁判前と同じ大きさ $V^* = [1/(1-k)](aZ)^{1-k}$ を（8-18）に代入して，日本ルールの ICNV が次式（8-19）のように得られる。

日本ルールの ICNV：$P(x = \dfrac{-(a-x-0.1)^{1-k} + a^{1-k}}{(a-x+1.1)^{1-k} - (a-x-0.1)^{1-k}}$　　　（8-19）

両ルールの ICNV を，異なる'資産・訴額比率（a＝W/Z）'と危険回避度（k）の組合せのもとで比較したものが，図8-2(a) (a＝10, k＝0)，図8-2(b) (a＝10, k＝5)，図8-2(c) (a＝2, k＝5) である。これらの図から分かるように，無差別曲線はコンケイブ（凹形）である。そして，危険回避度（k）が大きくなるほど，あるいは資産・訴額比率（a＝W/Z）が小さくなるほ

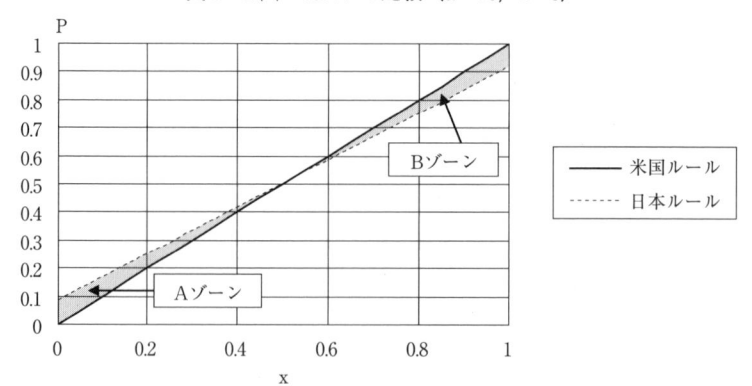

図 8-2(a)　ICNV の比較　(a=10, k=0)

凡例：米国ルール（実線）、日本ルール（点線）

注：原告はその均衡点が ICNV の上方に位置すれば，提訴を行う。

ど，それらはよりコンケイブになる。

8-3-4　米国ルールから日本ルールへの転換は提訴件数を減少させる

　前述の司法アクセス検討委員会は，日本ルールの導入により，裁判へのアクセスが便利になることを期待しているようであるが，果たしてそうなるであろうか。

　図 8-2(a) において，日本ルールの ICNV が米国ルールの ICNV の上方にきて，かつ両ルールの ICNV で囲まれている領域を A ゾーンと呼ぶことにしよう。一方，米国ルールの ICNV が日本ルールの ICNV の上方にきて，かつ両ルールの ICNV で囲まれている領域を B ゾーンと呼ぶことにしよう。すると A ゾーンに均衡点があるような訴訟は，米国ルールでは提訴されるが，日本ルールでは提訴されない。一方，B ゾーンに均衡点があるような訴訟は，日本ルールでは提訴されるが，米国ルールでは提訴されない。したがって，もし米国ルールから日本ルールへの転換が，総提訴件数を増やすとすれば，それは B ゾーンにある訴訟件数が A ゾーンのそれより多い場合ということになる。ここで注意すべきは B ゾーンにある訴訟は，弁護士費用・訴額比率（$x = R/Z$）が 50％を超えたものであり，かつ勝訴確率（P）が 50％を超えるものに限られる

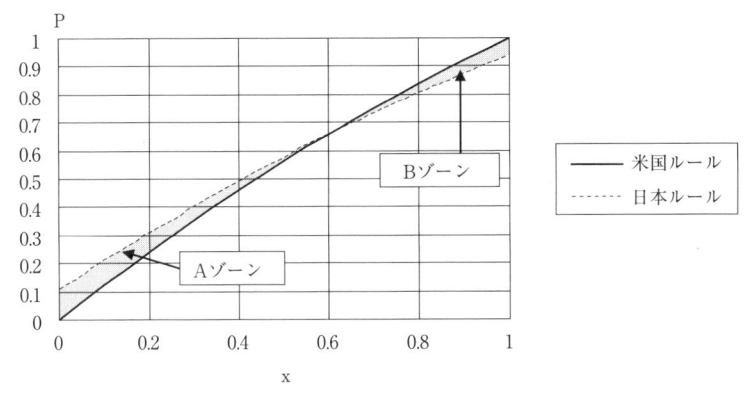

図8-2(b)　ICNVの比較（a＝10，k＝5）

［グラフ：横軸 x（0〜1）、縦軸 P（0〜1）、米国ルール（実線）と日本ルール（破線）、Aゾーン、Bゾーンが示されている］

注：原告はその均衡点がICNVの上方に位置すれば，提訴を行う。

ことである。実証を要するけれども，このような条件を備える裁判事件の割合はあまり多くはないであろうと考えられる。

図8-2(b)（k＝5，a＝10）では，Aゾーンがより大きくなり，逆にBゾーンはより小さくなっている。したがって，原告のリスク回避度（k）がより大きくなるほど，日本ルールへの転換は提訴総件数をより減らすことになろう。次に図8-2(c)（k＝5，a＝2）では，Aゾーンはさらに大きくなり，Bゾーンはほとんど消滅している。したがって原告の資産規模が（訴額に比して相対的に）小さくなるほど，日本ルールへの転換は提訴総件数をより減らすことになる。

以上をまとめると，原告がより危険回避的であるほど，あるいはその資産規模が相対的に小さくなるほど，日本ルールへの転換は提訴総件数を減らすことになる。危険回避度の大きさについては実証分析を必要とするが，わが国では訴訟費用保険とか訴訟扶助制度がほとんどないから，当事者のリスク回避度は欧州諸国よりかなり大きいと考えてよいであろう。

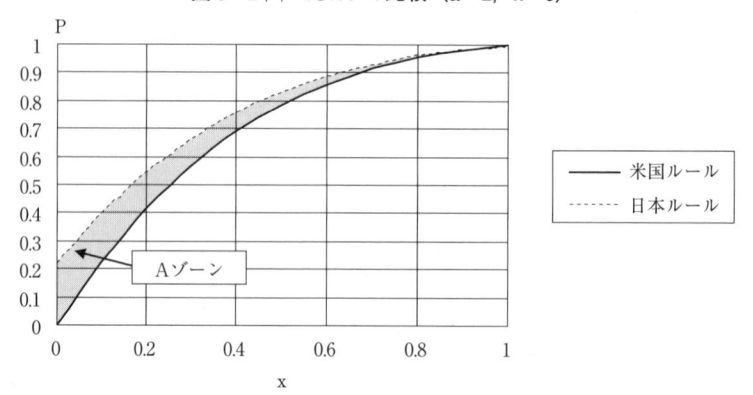

図8-2(c)　ICNVの比較　(a=2, k=5)

　　　── 米国ルール
　　　---- 日本ルール

Aゾーン

注：原告はその均衡点がICNVの上方に位置すれば，提訴を行う。

8-4　日本ルールへの転換は弁護士費用支出を増加させる蓋然性が高い

　一般に，米国ルールから英国ルール（敗訴者負担ルール）への転換は，弁護士費用支出を増加させると考えられているが，米国ルールから日本ルールへの転換にも同様のことがいえる。これについては図8-2(a)を用いて次のように簡単に説明できる。いま同図ではICNVのみが描かれているが，それより効用水準が高くてより上方にある無差別曲線はICNVにほぼ平行であると考えてよいであろう。次に，米国ルールのもとにある原告とその均衡点を想定する。そして，その均衡点を通過する日本ルールに基づく無差別曲線とその傾きを考える。もし，それが米国ルールの無差別曲線の傾きより小さければ，日本ルールへの転換は弁護士費用支出を増加させることになる。なぜなら，勝訴確率関数は $\Phi'>0$, $\Phi''<0$ だからである。そして，図8-2(a)では，米国ルールの無差別曲線の傾きは全領域（$0 \leq x \leq 1$）において，日本ルールのそれよりも大きい。したがって，この条件（a=10, k=0）のもとでは，日本ルールへの転換は確かに弁護士費用を増大させると結論できる[6]。

　次に，米国ルールの無差別曲線の傾きが，日本ルールのそれよりも大きくな

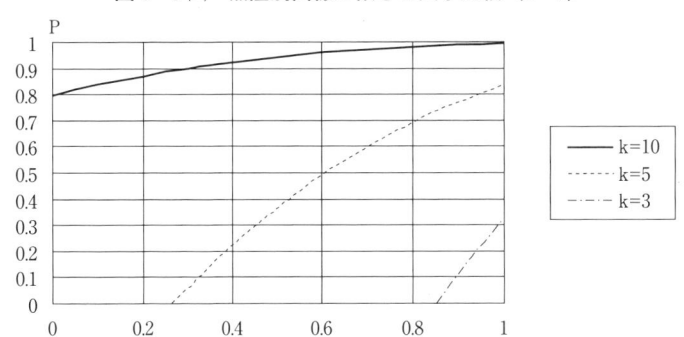

図8-3(a) 無差別曲線の傾きの大小比較（a＝2）

凡例：k=10, k=5, k=3

注：境界線の上方の領域では，|米国ルールの無差別曲線の傾き＞日本ルールの無差別曲線の傾き| となる。

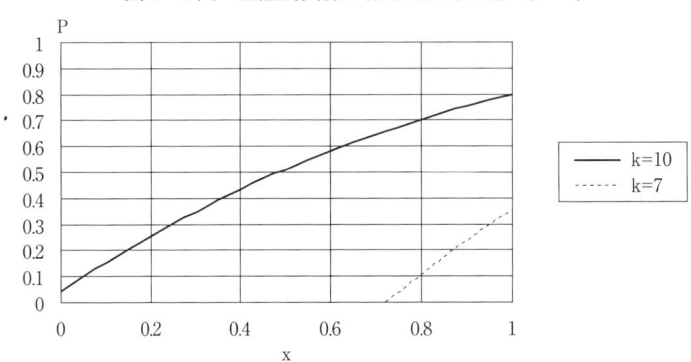

図8-3(b) 無差別曲線の傾きの大小比較（a＝3）

凡例：k=10, k=7

注：境界線の上方の領域では，|米国ルールの無差別曲線の傾き＞日本ルールの無差別曲線の傾き| となる。

る一般的条件を求めよう。米国ルールと日本ルールの無差別曲線の傾きは（8-9）の左辺に与えられている（ただし，両ルールにおける W_1, W_2 の定義は異なり，それぞれ（8-1），（8-2）と（8-10），（8-11）で与えられている）。そして，これに（8-12）式で与えられている CRRA 効用関数を用いて整理すると，両者の傾きはそれぞれ（8-20），（8-21）のようになる。

米国ルールの
無差別曲線の傾き： $\dfrac{(1-k)[P(a-x+1)^{-k}+(1-P)(a-x)^{-k}]}{[(a-x+1)^{1-k}(a-x)^{1-k}]}$

(8-20)

日本ルールの
無差別曲線の傾き： $\dfrac{(1-k)[P(a-x+1.1)^{-k}+(1-P)(a-x-0.1)^{-k}]}{[(a-x+1.1)^{1-k}-(a-x-0.1)^{1-k}]}$

(8-21)

そして(8-20)>(8-21)になる領域を図示したものが図8-3(a)(a=2)、図8-3(b)(a=3)である。境界線の上方では、'米国ルールの傾き>日本ルールの傾き'となり、したがって日本ルールへの転換は弁護士費用支出を増加させることになる。ここで両図を比較すれば、危険回避度(k)の低下、あるいは資産・訴額比率(a=W/Z)の上昇は、境界線を下方へシフトさせることが分かる。そして、k<7、a>3の範囲では米国ルールの無差別曲線の傾きが(日本ルールのそれよりも)ほとんどの領域で大きいことがわかる。通常のほとんどのケースはa>3、k<7の領域に含まれるであろう。ゆえに、日本ルールへの転換は弁護士費用支出を増大させると結論できるであろう。

8-5 原告の裁判の貨幣等価額(MVT)と
被告の損失貨幣等価額(MVL)

MVTとは、原告が裁判の価値を貨幣額で評価したもの(Monetary Value of Trial)である。言いかえれば、もし相手である被告がそれ以上の金額を和解条件として提示すれば、和解を承諾するような金額である。一方、MVLとは、被告が裁判のマイナスの価値を貨幣額で評価したもの(Monetary Value of Loss)である。言いかえれば、相手の原告がそれ以下の金額を和解条件として提示すれば、和解を承諾するような金額である。

MVTとMVLの大きさを決める要素は、当事者の(a)予想勝訴確率(P)、(b)危険回避度(k)、(c)資産規模(W)である。他の条件にして等しけれ

ば，原告の (a) が大きいほど，(b) が小さいほど，(c) が大きいほど，MVT はより大きくなる。また被告の場合は (a) が大きいほど，(b) が小さいほど，(c) が大きいほど，MVL はより小さくなる。本節では MVT と MVL を表す式を求め，両ルールにおけるそれらの大きさを比較する。

8-5-1　米国ルールにおける裁判の貨幣等価額（MVT_{US}）

いま図8-1は，米国ルールの裁判を表しているとしよう。原告の均衡点は $E(x_e, P_e)$ であるが，それを通過する無差別曲線が $P=1$ の横軸 QS と交わる点を $J(x_l, 1)$ とする。このとき J 点は MVT の大きさを表しており，その大きさは "$MVT_{US} = JQ \times Z = (1-x_l)Z$" になっている。なぜなら J 点は均衡点 E と効用水準が等しく，そしてそれは弁護士費用 ($x_l Z$) を支出すれば確実に（確率1で）勝訴し，貨幣額 "$(1-x_l)Z$" を受け取ることを意味するからである。すなわち，米国ルールにおける MVT は次式（8-22）のようになる。

$$MVT_{US} = (1-x_l)Z \tag{8-22}$$

次に MVT の大きさを，均衡点 E の値 (x_e, P_e) を用いて表そう。いま均衡点における原告の期待効用 V_e^{pl} は，(8-14) 式に $x=x_e$, $P=P_e$ を代入して次のように与えられる。

$$V_e^{pl} = [1/(1-k)]Z^{1-k}[P_e(a-x_e+1)^{1-k} + (1-P_e)(a-x_e)^{1-k}] \tag{8-23}$$

そして，J 点と均衡点 E の効用水準は等しいから次式が成り立つ。

$$V_e^{pl} = [1/(1-k)]Z^{1-k}[(a-x_l+1)^{1-k}] \tag{8-24}$$

(8-22)，(8-24) 式から MVT_{US} は次式（8-25）のようになる（ただし V_e^{pl} は (8-23) 式で与えられる）。

原告の裁判の貨幣等価額（米国ルール）：

$$\text{MVT}_{\text{US}} = (1-x_l)Z$$
$$= [(1-k)V_e^{\text{pl}}]^{1/(1-k)} - W \tag{8-25}$$

8-5-2　米国ルールにおける被告の損失貨幣等価額（MVL_{US}）

被告のMVLは，原告のMVTとほぼ同様にして求めることができる。いま図8-1における均衡点Eを，被告が期待効用を最大化する点であると読みかえてみよう。このとき被告は$x_e Z$の弁護士費用を支出して，勝訴確率P_eを得ている。そして，勝訴したとき，被告の負担は弁護士費用（R）のみで，訴訟額（Z）の支払いはない。逆に敗訴した場合には，弁護士費用（R）と訴訟額（Z）の両方を負担することになる。

さて，被告の場合$J(x_l, 1)$点はMVLを表しており，その大きさはSJ×$Z = x_l Z$になっている。なぜならJ点は均衡点Eと効用水準が等しく，そこではx_lの弁護士費用を支出して勝訴確率＝1を得るからである。すなわち米国ルールにおけるMVLは，

$$\text{MVL}_{\text{US}} = x_l Z \tag{8-26}$$

次に「期待損失の貨幣等価額」MVL_{US}を均衡点の値（x_e, P_e）を用いて表そう。まず裁判後における被告の期待効用水準V_e^{df}は次式（8-27）のように与えられる（これは原告の（8-23）式に対応するものである）。

$$V_e^{\text{df}} = [1/(1-k)]Z^{1-k}[P_e(a-x_e)^{1-k} + (1-P_e)(a-x_e-1)^{1-k}] \tag{8-27}$$

そしてJ点は均衡点Eと効用水準が等しいから

$$V_e^{\text{df}} = [1/(1-k)]Z^{1-k}(a-x_l)^{1-k} \tag{8-28}$$

（8-26）と（8-28）式から，MVL_{US}は次式のように与えられる（ただしV_e^{df}

は（8-27）式で与えられる）。

$$\mathrm{MVL_{US}} = x_l Z \qquad (8\text{-}29)$$
$$= W - \{(1-k)V_e^{df}\}^{1/(1-k)}$$

8-5-3　日本ルールにおける原告のMVTと被告のMVL

日本ルールにおける原告のMVTも，米国ルールの場合と全く同様にして求めることができる。まず，原告の均衡点における期待効用は次式（8-30）のようになる（この式は米国式の8-23式に対応している）。

$$V_e^{pl*} = [1/(1-k)]Z^{1-k}[P_e(a-x_e+1.1)^{1-k} \\ + (1-P_e)(a-x_e-0.1)^{1-k}] \qquad (8\text{-}30)$$

そして米国式の場合と同様な操作をして，日本ルールにおける原告のMVTは次式（8-31）のようになる。これは米国ルールの場合の式（8-25）と形式的には同じであるが，その理由はMVTの大きさが期待効用の大きさに対応して決まるからである。

$$\mathrm{MVT_{JP}} = [(1-k)V_e^{pl*}]^{1/(1-k)} - W \qquad (8\text{-}31)$$

日本ルールにおける被告のMVLについても全く同様である。被告の均衡点における期待効用の大きさは次式（8-32）のようになる（この式は米国式の（8-27）式に対応している）。

$$V_e^{df*} = [1/(1-k)]Z^{1-k}[P_e(a-x_e+0.1)^{1-k} \\ + (1-P_e)(a-x_e-1.1)^{1-k}] \qquad (8\text{-}32)$$

そして被告のMVLは（8-33）式のように表される。これは米国ルールの場合（8-29）式と形式的に同じであるが，その理由はMVLの大きさも期待効用の大きさに対応して決まるからである。

$$MVL_{JP} = (x_l - 0.1)Z$$
$$= W - \{(1-k)V_e^{df*}\}^{1/(1-k)} \quad (8\text{-}33)$$

8-5-4　MVT/Z の大きさ

　表8-2 (a)，表8-2 (b)，表8-2 (c)には，両ルールにおけるMVT/Z（MVTと訴額の比率）が求められている。それらは，P（勝訴確率），k（危険回避度），W（資産規模）の関数である（ただし同表では，弁護士費用支出額（R）は訴額（Z）の30%（x=R/Z=0.3）と仮定されている）。例えば，P=0.5, k=1, a=W/Z=10の場合には，米国ルールのもとでその比率は0.188であり，日本ルールのもとでは0.182である。

　表8-2 (a)，表8-2 (b)，表8-2 (c)から以下のことが分かる。

(1) 危険回避度（k）が大きいほど，あるいは資産規模（W）が小さいほど，MVT/Z は小さくなる。

(2) 勝訴確率が低い（高い）領域では，日本ルールにおけるMVT/Z は米国ルールにおける MVT より小さい（大きい）。

(3) 企業と個人を類型化して比較してみよう。いま，企業の属性は k=0, a=100であり，個人の属性は k=5, a=10としよう。すると P=0.5のとき，企業のMVT/Z はどちらのルールのもとでも同じで0.2であるが，これに対して個人のMVT/Z は米国ルールでは0.139，日本ルールでは0.113である。すなわち，企業にとっては米国ルールから日本ルールへの転換は問題ではない。しかし，個人にとっては，日本ルールへの転換は裁判の価値を約20%下落させる。したがって，個人にとって日本ルールへの転換は不利になる。

8-6　米国ルールから日本ルールへの転換は和解率を高める

　前節の結果に示すように，日本ルールへの転換は，原告の勝訴確率がおよそ

表 8-2(a) MVT/Z の値 (P=0.4)

		a=2	a=10	a=100
k=0	米国ルール	0.1	0.1	0.1
	日本ルール	0.08	0.08	0.08
k=1	米国ルール	0.456	0.0883	0.0988
	日本ルール	0.0014	0.0631	0.0783
k=2	米国ルール	−0.00435	0.0767	0.0976
	日本ルール	−0.069	0.0465	0.0766
k=5	米国ルール	−0.116	0.0432	0.094
	日本ルール	−0.213	−0.00109	0.071

表 8-2(b) MVT/Z の値 (P=0.5)

		a=2	a=10	a=100
k=0	米国ルール	0.2	0.2	0.2
	日本ルール	0.2	0.2	0.2
k=1	米国ルール	0.142	0.188	0.199
	日本ルール	0.117	0.182	0.198
k=2	米国ルール	0.0864	0.175	0.198
	日本ルール	0.0364	0.165	0.196
k=5	米国ルール	−0.0508	0.139	0.194
	日本ルール	−0.145	0.113	0.191

表 8-2(c) MVT/Z の値 (P=0.6)

		a=2	a=10	a=100
k=0	米国ルール	0.3	0.3	0.3
	日本ルール	0.32	0.32	0.32
k=1	米国ルール	0.244	0.288	0.299
	日本ルール	0.238	0.303	0.318
k=2	米国ルール	0.186	0.276	0.298
	日本ルール	0.154	0.286	0.317
k=5	米国ルール	0.275	0.240	0.294
	日本ルール	−0.0614	0.233	0.311

注：(1) '$x=R/Z$' は0.3によって計算されている。
　　(2) '$a=W/Z$' は資産と訴額の比である。

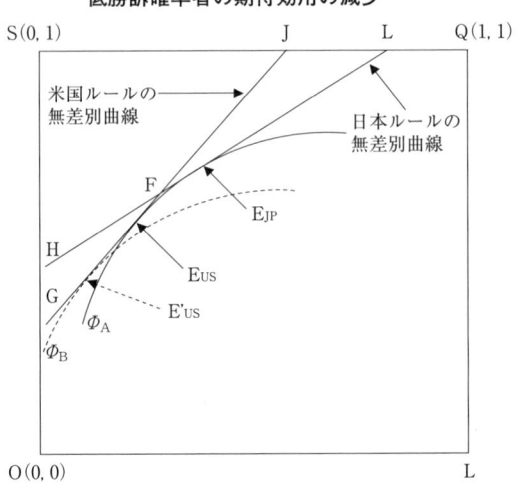

図 8-4 米国ルールから日本ルールへの転換による低勝訴確率者の期待効用の減少

0.5以下の時には，その効用水準が低下して，MVTはより小さくなる。同様に，被告にとってもその勝訴確率がおよそ0.5以下の時，その効用水準は低下して，MVLはより大きくなる。したがって原告と被告両者の勝訴確率がともに0.5付近の時にはMVT＜MVLとなる蓋然性が高まり，それ故に和解の成立する可能性が高まることになる[7]。

次に日本ルールへの転換が和解の蓋然性を高めることを図解によって説明しよう。図8-4は，米国ルールから日本ルールへの転換が原告の効用水準を変化させない特別なケースを描いている。すなわち同図では，米国ルールの無差別曲線JGと日本ルールの無差別曲線HLが同じ効用水準を持ち，かつ勝訴確率関数Φ_Aが両方の無差別曲線に接している。いま，日本ルールへ転換されると，均衡点はE_{US}からE_{JP}へ移動するが，効用水準は変化しない。

次に同図において，勝訴関数Φ_BはΦ_Aを米国ルールの無差別曲線JGにそって下方にスライドさせた位置にある。この位置に勝訴関数があるときには，日本ルールへの転換は原告の期待効用を低下させることになる。なぜなら，日本ルールへの転換により，均衡点は無差別曲線HLよりも効用水準の低い（日本

図8-5(a)　F点の軌跡　(a=10)

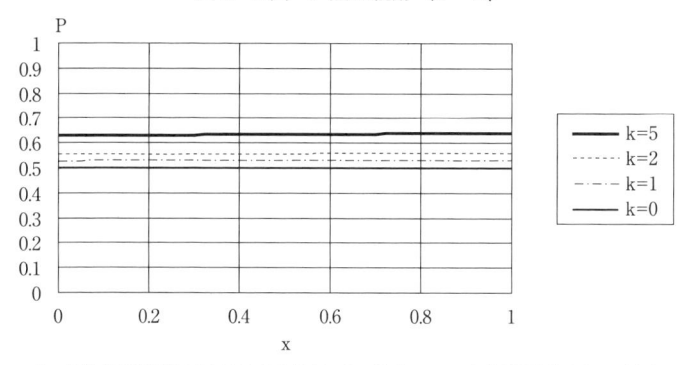

注：均衡点が境界線より下方にある場合には，米国ルールの方が効用水準は高い。同時に$MVT_{US} > MVT_{JP}$になっている。

図8-5(b)　F点の軌跡　(a=2)

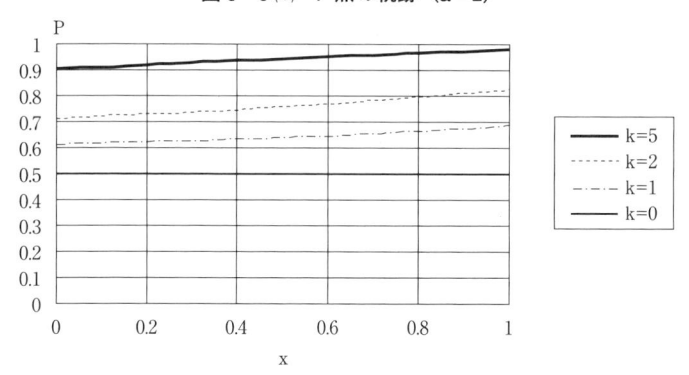

注：均衡点が境界線より下方にある場合には，米国ルールの方が効用水準は高い。同時に$MVT_{US} > MVT_{JP}$になっている。

ルールの）無差別曲線上に移るからである。

次に図8-5(a)と図8-5(b)は，F点（図8-4におけるJGとHLの交点）の軌跡を図示したものである。F点では，両ルールでの効用水準は等しいから，その軌跡を描いた線上では両ルールの効用水準は等しくなる。そして，境界線より下方領域にある点では，"米国ルールにおける効用＞日本ルールにおける効用"となっている。したがって，米国ルールから日本ルールに転換した時に，もし効用水準が増加するならば，均衡点が境界線より下方の領域から上方の領

域へジャンプして移動しなければならない。逆に日本ルールへ転換したとき，均衡点が下方の領域にとどまるときには，効用水準は低下することになる。そして，MVT の金額は効用の大きさから決まるから（(8-25)式，(8-31)式），均衡点が境界線の下方領域から上方領域へ移動する時には，MVT は増加するが，逆に均衡点が下方領域にとどまるときには MVT は減少してしまう[8]。

次に，日本ルールへの変更が均衡点を境界線の上方へ移動させるか否かは，勝訴関数の位置に依存する。例えばいま両図（図 8-5 (a)，図 8-5 (b)）において，もし勝訴関数 $\Phi(x)$ の全体が境界線（F 点の軌跡）の下方に含まれていれば，日本ルールへの変更によって均衡点が上部へ移動できないから，それは日本ルールへの転換が原告の効用水準を低下させる十分条件である。また，勝訴関数 $\Phi(x)$ が境界線の上下にまたがっている場合には，均衡点が境界線の上方へ移動するか否かは，アプリオリには言えない。ただし，移動後の均衡点が境界線の下方に留まる限り，日本ルールへの転換は効用水準を低下させ，したがって MVT を減少させることになる。

例えば，$k=2$，$a=10$ の場合には，境界線はおよそ $P \fallingdotseq 0.55$ の位置にある（図 8-5 (a)）。したがって $\Phi(x) < 0.55$ であれば，日本ルールへの転換は原告の効用水準を必ず低下させ，そして彼の MVT は減少することになる。また，$\Phi(x)$ が $P=0.55$ より上方にまたがっていても，日本ルール転換後の均衡点が $P=0.55$（境界線）より下方にある場合には，同様に彼の効用水準は低下し，そして MVT は減少することになる。因みに，民事訴訟が裁判で争われる場合には，原告の勝訴率の平均は 0.5 前後の場合が多いといわれる。したがって裁判を争う原告の何割かは，$\Phi(x) < 0.55$ の状態にあると考えてよいであろう[9]。

全く同様のことが被告についても言える。$k=2$，$a=10$ である被告の場合には，これに対応した境界線を求めると，それはおよそ $P \fallingdotseq 0.55$ の位置にある（図 8-6 (a)）。したがって，被告の勝訴確率関数の全体がこれより下方にあれば，日本ルールへの転換は必ず彼の効用水準を低下させ，したがってその MVL を増大させる[10]。

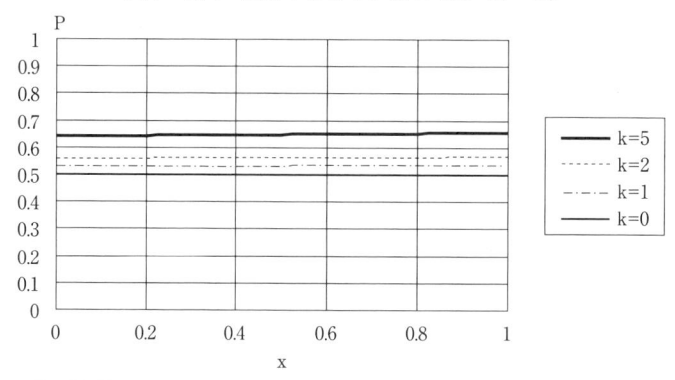

図8-6(a)　被告の場合のF点の軌跡（a=10）

注：境界線より下方ではMVL(JP)＞MVL(US)となり，日本ルールの被告のほうが和解にむけてより大きな金額を提示する。

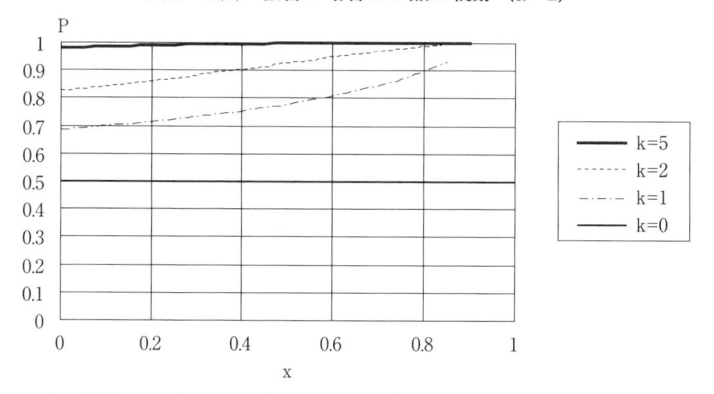

図8-6(b)　被告の場合のF点の軌跡（a=2）

注：境界線より下方ではMVL(JP)＞MVL(US)となり，日本ルールの被告のほうが和解にむけてより大きな金額を提示する。

　要約すると，例えば原告と被告双方の属性が$k=2$，$a=10$であり，両者の$\Phi(x)$が$P=0.55$より下方にあるときには，日本ルールへの転換はMVTを低下させ，かつMVLを増大させて，和解が成立する（すなわちMVT＜MVLとなる）蓋然性を高める。そして，k（危険回避度）がより大きくなるほど，あるいは$a=W/Z$（資産・訴額比率）がより小さくなるほど，その境界線はより上方へ移動するから，それは和解の蓋然性をさらに高めることになる（図8

- 6 (a), 図 8 - 6 (b))。このようにして，日本ルールは（米国ルールに比べて）和解率を高めることになる。アクセス検討委員会において，裁判官や法務省からの委員が日本ルールに好意的であったのは，それに和解を促す効果が高いことを経験的に理解していたからであろう[11]。

8-7 弁護士費用支出に対する資産効果

「より大きな資産をもつ者ほど，より多額の弁護士費用を支出することができ，それにより有利な裁判結果を得ているのではないか」というのがランデス (Landes 1971) の提起した「弁護士費用支出に対する資産効果」の仮説である。もしこの仮説が正しければ，資産保有の大きい者ほど裁判において有利な立場にあることになる。とすれば，問題は資産効果の大きさがどれくらいか，言いかえれば資産弾性値の大きさが問題になる。本節ではシミュレーション計算を行い，両ルールにおける資産弾性値の大きさを求める。

資産効果の図による直感的な説明は以下のようなものである。図 8 - 1 において，いま原告の資産が増加するとき，もし均衡点における無差別曲線の傾きがより小さく（大きく）なる場合には，弁護士費用支出は増加（減少）する（なぜなら，勝訴確率関数が $\Phi' > 0$, $\Phi'' < 0$ だからである）。そして，資産が増加するとき無差別曲線の凹性は小さくなるから，このとき無差別曲線の傾きはPの高い領域では大きくなり，逆にPの低い領域では小さくなる（図 8 - 2 (b) と図 8 - 2 (c) を比較）。したがって前者の領域では資産規模の増加に伴い均衡点は左方に移動して弁護士費用支出 (R) は減少するが，逆に後者の領域では資産額が増加するに伴い均衡点は右方に移動して弁護士費用支出は増加することになる。そして，裁判に進行するような訴訟は，両当事者の予想する勝訴確率Pが 0.5 付近で伯仲している場合が多いから，これらは後者の領域に含まれると推測される。ゆえに，裁判においては資産規模の大きいもの（金持ちになる）ほど，弁護士費用支出を増加させ，有利な裁判結果を得ているのではないかと推測される。

8-7-1 資産効果弾性値の導出

(i) 米国ルールの資産弾性値

資産効果の弾性値を求めるには，均衡式（8-9）をW（資産）に関して微分し，それから弾性値 $\eta = (W/R)(dR/dW)$ を求めればよい．計算は煩雑ではあるが，原理はきわめて簡単なものである．まず，(8-9) 式を W に関して微分して整理すれば次式（8-34）が得られる．

$$\frac{\{U'(W_1) - U'(W_2)\}(\Phi'/Z)(dR/dW)}{\{PU'(W_1) + (1-P)U'(W_2)\}}$$

$$+ \frac{\{PU''(W_1) + (1-P)U''(W_2)\}\{1 - dR/dW\}}{\{PU'(W_1) + (1-P)U'(W_2)\}}$$

$$- \frac{\{U'(W_1) - U'(W_2)\}\{1 - dR/dW\}}{U(W_1) - U(W_2)}$$

$$- \frac{(1/Z)(dR/dW)}{\Phi'}\Phi'' = 0 \qquad (8\text{-}34)$$

いま $-\Phi''/\Phi' = \varepsilon$ とおく．そして特定化した CRRA 効用関数 $U(W_1) = [1/(1-k)]W_1^{1-k}$, $U(W_2) = [1/(1-k)]W_2^{1-k}$（ただし W_1, W_2 はそれぞれ(8-1), (8-2) 式で与えられる）とその導関数を上式に代入して整理すれば次式（8-35）が導かれる．

$$\left[\frac{(1-k)(W_1/W_2)^{-k} - 1}{(W_1/W_2)^{1-k} - 1} + (a-x)\varepsilon\right] \times (x/a)\eta$$

$$+ \left[\frac{(-k)[P(W_1/W_2)^{-k-1} + 1 - P]}{P(W_1/W_2)^{-k} + 1 - P} - \frac{(1-k)[(W_1/W_2)^{-k} - 1]}{(W_1/W_2)^{1-k} - 1}\right]$$

$$\times \{1 - (x/a)\eta\} = 0 \qquad (8\text{-}35)$$

ここで $\eta = (W/R)(dR/dW)$ は資産弾性値である．

(ii) 日本ルールの資産弾性値

　日本ルールの場合も，米国ルールの場合と全く同じ方法で求められる。日本ルールの均衡式は（8-9）式で（形式的）には米国ルールと同じである。ただし，W_1，W_2の定義が（8-10），（8-11）になる点が異なるだけである。したがって，資産弾性値 $\eta = (W/R)(dR/dW)$ の計算は（8-35）式に，$W_1 = W - R + 1.1Z$，$W_2 = W - R - 0.1Z$ を代入すればよい。

(iii) シミュレーション計算

　シミュレーションは，異なるパラメーター（P，$a = W/Z$，k，ε）の組合せに応じて行い，その結果は表8-3(a)（$\varepsilon = 3$），表8-3(b)（$\varepsilon = 5$），表8-3(c)（$\varepsilon = 10$）に示されている。なお，$x = R/Z$ にはすべて0.3の数値を用いている。これらの結果から以下のことが分かる。

(1) 危険回避度がゼロ（$k = 0$，リスク中立）のとき，資産弾性値はゼロである。

(2) 勝訴確率（P）の高い（低い）領域では資産弾性値が負（正）になる。そして，$P = 0.5$の付近では正になる。

(3) （他の条件にして等しければ）危険回避度（k）が大きくなるほど，資産弾性値は大きくなる。

(4) （他の条件にして等しければ）資産・訴額比率（$a = W/Z$）の値が小さいほど（すなわち訴訟額Zの規模が相対的に大きくなるほど）資産弾性値は大きくなる。

(5) （他の条件にして等しければ）$P = 0.5$の付近では，日本ルールの資産弾性値は，米国ルールのそれより40％程度大きい。

8-7-2　シミュレーション結果の解釈

　重要なパラメーターは危険回避度（k）と資産・訴額比率（$a = W/Z$）である。ここで，個人（$k = 5$，$a = 10$）と企業（$k = 0$，$a = 100$）を類型化して比較してみよう。企業はリスク分散が可能なのでリスク中立的（$k = 0$）であるが，個

表 8-3(a)　弁護士費用支出の資産弾性値（$\varepsilon = 3$）

$a=2$		(1) 米国ルール	(2) 日本ルール
$k=0$		0	0
$k=1$	$P=0.6$	0.030	0.0595
	$P=0.5$	0.0862	0.127
	$P=0.4$	0.137	0.186
$k=5$	$P=0.6$	2.47	3.39
	$P=0.5$	2.69	3.54
	$P=0.4$	2.83	3.63
$k=10$		NA	NA

$a=10$		(1) 米国ルール	(2) 日本ルール
$k=0$		0	0
$k=1$	$P=0.6$	$(-)7.53 \cdot 10^{-3}$	$(-)8.19 \cdot 10^{-3}$
	$P=0.5$	$3.62 \cdot 10^{-3}$	$5.22 \cdot 10^{-3}$
	$P=0.4$	$1.45 \cdot 10^{-2}$	$1.83 \cdot 10^{-2}$
$k=5$	$P=0.6$	$(-)2.05 \cdot 10^{-3}$	$1.26 \cdot 10^{-2}$
	$P=0.5$	$6.12 \cdot 10^{-2}$	$8.73 \cdot 10^{-2}$
	$P=0.4$	0.118	0.154
$k=10$	$P=0.6$	0.120	0.204
	$P=0.5$	0.258	0.356
	$P=0.4$	0.372	0.479

$a=100$		(1) 米国ルール	(2) 日本ルール
$k=0$		0	0
$k=1$	$P=0.6$	$(-)1.07 \cdot 10^{-3}$	$(-)1.28 \cdot 10^{-3}$
	$P=0.5$	$3.69 \cdot 10^{-5}$	$5.32 \cdot 10^{-5}$
	$P=0.4$	$1.15 \cdot 10^{-3}$	$1.38 \cdot 10^{-3}$
$k=5$	$P=0.6$	$(-)5.09 \cdot 10^{-3}$	$(-)5.98 \cdot 10^{-3}$
	$P=0.5$	$5.61 \cdot 10^{-4}$	$8.08 \cdot 10^{-4}$
	$P=0.4$	$6.16 \cdot 10^{-3}$	$7.53 \cdot 10^{-3}$
$k=10$	$P=0.6$	$(-)9.44 \cdot 10^{-3}$	$(-)1.08 \cdot 10^{-2}$
	$P=0.5$	$2.09 \cdot 10^{-3}$	$3.01 \cdot 10^{-3}$
	$P=0.4$	$1.34 \cdot 10^{-2}$	$1.65 \cdot 10^{-2}$

表 8-3(b)　弁護士費用支出の資産弾性値（$\varepsilon=5$）

a = 2		(1) 米国ルール	(2) 日本ルール
k = 0		0	0
k = 1	P = 0.6	0.0169	$3.33 \cdot 10^{-2}$
	P = 0.5	0.0484	$7.14 \cdot 10^{-2}$
	P = 0.4	0.0769	0.105
k = 5	P = 0.6	0.686	0.931
	P = 0.5	0.777	1.003
	P = 0.4	0.840	1.053
k = 10	P = 0.6	17.5	NA
	P = 0.5	16.9	NA
	P = 0.4	16.6	NA

a = 10		(1) 米国ルール	(2) 日本ルール
k = 0		0	0
k = 1	P = 0.6	$(-)4.46 \cdot 10^{-3}$	$(-)4.85 \cdot 10^{-3}$
	P = 0.5	$2.14 \cdot 10^{-3}$	$3.09 \cdot 10^{-3}$
	P = 0.4	$8.61 \cdot 10^{-3}$	$1.08 \cdot 10^{-2}$
k = 5	P = 0.6	$(-)1.14 \cdot 10^{-3}$	$7.02 \cdot 10^{-3}$
	P = 0.5	$3.41 \cdot 10^{-2}$	$4.86 \cdot 10^{-2}$
	P = 0.4	$6.60 \cdot 10^{-2}$	$8.57 \cdot 10^{-2}$
k = 10	P = 0.6	$6.04 \cdot 10^{-2}$	0.103
	P = 0.5	0.130	0.180
	P = 0.4	0.187	0.241

a = 100		(1) 米国ルール	(2) 日本ルール
k = 0		0	0
k = 1	P = 0.6	$(-)6.4 \cdot 10^{-4}$	$(-)7.67 \cdot 10^{-4}$
	P = 0.5	$2.21 \cdot 10^{-5}$	$3.19 \cdot 10^{-5}$
	P = 0.4	$6.87 \cdot 10^{-4}$	$8.29 \cdot 10^{-4}$
k = 5	P = 0.6	$(-)3.03 \cdot 10^{-3}$	$(-)3.56 \cdot 10^{-3}$
	P = 0.5	$3.35 \cdot 10^{-4}$	$4.82 \cdot 10^{-4}$
	P = 0.4	$3.67 \cdot 10^{-3}$	$4.84 \cdot 10^{-3}$
k = 10	P = 0.6	$(-)5.59 \cdot 10^{-3}$	$(-)6.42 \cdot 10^{-3}$
	P = 0.5	$1.24 \cdot 10^{-3}$	$1.78 \cdot 10^{-3}$
	P = 0.4	$7.93 \cdot 10^{-3}$	$9.79 \cdot 10^{-3}$

表 8-3(c)　弁護士費用支出の資産弾性値 ($\varepsilon = 10$)

a = 2		(1) 米国ルール	(2) 日本ルール
k = 0		0	0
k = 1	P = 0.6	$8.02 \cdot 10^{-3}$	$1.59 \cdot 10^{-2}$
	P = 0.5	$2.31 \cdot 10^{-2}$	$3.41 \cdot 10^{-2}$
	P = 0.4	$3.68 \cdot 10^{-2}$	$5.04 \cdot 10^{-2}$
k = 5	P = 0.6	0.245	0.331
	P = 0.5	0.280	0.360
	P = 0.4	0.305	0.379
k = 10	P = 0.6	0.674	0.800
	P = 0.5	0.686	0.806
	P = 0.4	0.694	0.810

a = 10		(1) 米国ルール	(2) 日本ルール
k = 0		0	0
k = 1	P = 0.6	$(-)2.21 \cdot 10^{-3}$	$(-)2.40 \cdot 10^{-3}$
	P = 0.5	$1.06 \cdot 10^{-3}$	$1.53 \cdot 10^{-3}$
	P = 0.4	$4.26 \cdot 10^{-3}$	$5.36 \cdot 10^{-2}$
k = 5	P = 0.6	$(-)5.40 \cdot 10^{-4}$	$3.33 \cdot 10^{-3}$
	P = 0.5	$1.61 \cdot 10^{-2}$	$2.31 \cdot 10^{-2}$
	P = 0.4	$3.13 \cdot 10^{-2}$	$4.07 \cdot 10^{-2}$
k = 10	P = 0.6	$2.69 \cdot 10^{-2}$	$4.58 \cdot 10^{-2}$
	P = 0.5	$5.59 \cdot 10^{-2}$	$8.01 \cdot 10^{-2}$
	P = 0.4	$8.37 \cdot 10^{-2}$	0.108

a = 100		(1) 米国ルール	(2) 日本ルール
k = 0		0	0
k = 1	P = 0.6	$(-)1.32 \cdot 10^{-3}$	$(-)3.83 \cdot 10^{-4}$
	P = 0.5	$1.10 \cdot 10^{-5}$	$1.59 \cdot 10^{-5}$
	P = 0.4	$3.43 \cdot 10^{-4}$	$4.14 \cdot 10^{-4}$
k = 5	P = 0.6	$(-)1.51 \cdot 10^{-3}$	$(-)1.77 \cdot 10^{-3}$
	P = 0.5	$1.66 \cdot 10^{-4}$	$2.40 \cdot 10^{-4}$
	P = 0.4	$1.83 \cdot 10^{-3}$	$2.23 \cdot 10^{-3}$
k = 10	P = 0.6	$(-)2.77 \cdot 10^{-3}$	$(-)3.18 \cdot 10^{-3}$
	P = 0.5	$6.13 \cdot 10^{-4}$	$8.82 \cdot 10^{-4}$
	P = 0.4	$3.93 \cdot 10^{-3}$	$4.84 \cdot 10^{-3}$

人のリスク回避度は1よりは大きく、おそらく2～5の間であろう。なぜなら個人にとって、裁判は繰り返し行える行為ではなく（non-repeated game）またリスク分散ができない、そして日米両国とも訴訟保険や法律扶助制度はほとんど整っていないからである。また資産・訴額比率（$a = W/Z$）については、企業のそれは大きく100以上であろう。一方個人の場合には小さく、10以下の場合が多いであろう。

いま個人が原告になる裁判で、その標準的なケースとして$a = W/Z = 10$、$k = 5$、$P = 0.5$、$\varepsilon = 10$の場合を考えてみよう。このケースは訴訟額の大きさは総資産の10％であり、危険回避度が5、予想勝訴確率が0.5の場合である。このとき米国ルールの資産弾性値は1.61×10^{-2}で、日本ルールの資産弾性値は2.31×10^{-2}である。したがって、資産高が10倍になれば、弁護士費用支出はそれぞれ16.1％、23.1％増えるわけである。

次に訴額が大きくなった場合（$a = 2$、$k = 5$、$P = 0.5$、$\varepsilon = 10$）を考えよう。$a = 2$とは訴額が総資産の半分の大きさであるが、これは刑事事件で実刑が争われるようなケースにも該当させることができるであろう。このとき、資産弾性値は米国ルールが0.28、日本ルールが0.36であり、いずれもきわめて大きな数値である。したがって、このような事件では資産格差が裁判に大きな影響を与えるといえるであろう。

以上のシミュレーション分析の結論はランデス（Landes 1971）の実証分析の結果とうまく符合する。ランデスによれば、"刑事事件で実刑判決を受ける割合は、所得水準の高い地域ほど低く、逆に所得水準の低い地域ほど高い"。すなわち、所得水準の高いものほど多額の弁護士費用を支出して、有利な裁判結果を得ていると解釈できるわけである。

8-8　要約

本章では裁判モデルを作成し、それを用いて米国ルールと日本ルールの比較を行った。基本的な仮定は、訴訟当事者の効用関数は「相対的危険回避度一

定」であり，勝訴確率は弁護士費用支出と訴訟額の比の関数になるというものである。

本章の主要な結論は以下のように要約できる。
(1) （米国ルールから）日本ルールへの転換は，低勝訴確率の原告のアクセスを排除する効果をもつ。また，彼らの危険回避度が高くなるほど，あるいは（訴額に対して相対的に）資産高が小さくなるほど，低勝訴確率者のアクセスを排除する効果は強くなる。
(2) （米国ルールから）日本ルールへの転換は，当事者の弁護士費用支出を増加させる。
(3) （他の条件にして等しければ，）原告の裁判の貨幣等価額（MVT）は，危険回避度が大きくなるほど，あるいは総資産高が小さくなるほど小さくなる。
(4) （他の条件にして等しければ，）被告の損失貨幣等価額（MVL）は，危険回避度が大きくなるほど，あるいは総資産高が小さくなるほど大きくなる
(5) MVTに関して日米両ルールを比較すると，勝訴確率の低い場合（$P=0.4, 0.5$）はMVT_{US}の方がMVT_{JP}よりも大きくなる。しかし，勝訴確率が高い場合（$P=0.6$）は逆に，MVT_{JP}の方がMVT_{US}よりも大きくなる場合が出てくる。
(6) 米国ルールから日本ルールへの転換は和解率を高める効果をもつ。
(7) ある標準的なケース（$a=W/Z=10$, $k=5$, $P=0.5$, $\varepsilon=10$）では，米国ルールと日本ルールの資産弾性値の大きさはそれぞれ1.61×10^{-2}, 2.31×10^{-2}で，その水準は決して小さくない。
(8) $P=0.5$付近では，日本ルールの資産弾性値は米国ルールのそれより40％ほど大きい。

以上のように，米国ルールから日本ルールへの（一般的には，各自負担ルールから敗訴者負担ルールへの）転換は，資力が小さい，あるいは危険回避度が

高い当事者にとって不利になるルール変更である。逆に，大企業のように，資産保有額が大きく，危険回避度が小さい（あるいはリスク分散が行える）ものは大きな影響を受けない。したがって'個人（原告）vs. 企業（被告）'という訴訟の構図を考えたとき，日本ルールへの転換は，裁判という土俵上での力関係を企業に有利な方向に動かすということができる。

　以上の結果から，法曹三者や経団連，労働組合などの態度を説明することができる。弁護士会が反対する理由の一つは，現今の主たるクライアントが個人階層であり，敗訴者負担ルールの導入は，彼らのクライアントを減らすからであろう。次に，経団連が賛成した理由も十分理解できる。危険回避度が小さく，かつ資産規模の大きい法人企業にとっては，敗訴者負担ルールは相対的に有利になるからである。また，裁判官や法務省からの委員が敗訴者負担ルールに熱心だったのは，裁判所の供給能力を慮ってのことと理解できる。すなわち敗訴者負担ルールの導入は，低勝訴確率事件の提訴数を減らし，あるいは和解率を高めて，裁判所の負担を軽減することになるからである。消費者団体や労働団体が反対した理由も理解できる。彼らの提訴する相手はもっぱら法人企業だからである。

　ところで，ヨーロッパ諸国は敗訴者負担原理を採用しているが，そこでは法律扶助制度や訴訟保険が整備されており，個人対企業における力関係のバランスがそれなりにとれているからであろう。このように考えると，わが国において敗訴者負担ルールを導入するには，訴訟保険制度や法律扶助制度の整備を並行して進めていく必要があるのではないだろうか[12]。

注
1) 弁護士費用敗訴者負担制度の導入は，すでに昭和30年代の「臨時司法制度調査会（我妻栄会長 1964）」においても議論されている。これについては大内・我妻(1965) pp.136-142を参照。
2) 弁護士費用敗訴者負担制度に関しては内外に多くの文献がある。司法制度改革推進本部（2003）の司法アクセス検討委員会では全22回，2年にわたって多方面にわたる議論が展開されたが，そこには日本弁護士連合会（2003）の欧州調査報告な

ど多数の資料が提供されている。また，ドイツにおける敗訴者負担制度の歴史と法理論については半田 (2006) が詳細である。米国での文献も豊富であるが，理論的分析としては Shavell (1982) が著名である。また，Law and Contemporary Problems (1984), vol.47 no.1 は敗訴者負担制度を特集しているが，なかでも Braeutigam and Panzar (1984), Leubsdorf (1984), Percival and Miller (1984), Rowe (1984) が有用である。その他に，Hughes and Snyder (1995), (1998) をも参照されたい。

3) 英国において，実際に敗訴者が負担する額は相手側の弁護士費用支出の全額ではなくその一部である。その算定基準は複雑であり，それを査定する専門の担当官 (taxing master) がいる。また，算定額をめぐって，それが訴訟に発展する場合もあるといわれている。

4) CRRA 効用関数を用いた弁護士費用支出の理論的分析に Hughes and Woglom (1996) がある。本稿も同論文から多くの示唆を受けた。

5) $k=1$ の場合には，効用関数は (8-12) ではなく $U(A)=\ln(A)$ になる。すなわち
$$\lim_{k \to \mp 1}[1/(1-k)]A^{1-k}=\ln(A) \quad となる。$$

6) Katz (1987) のシミュレーション分析は，米国ルールから英国ルールへの転換が，弁護士費用支出を100％以上増加させるケースがあることを示している。また，Snyder and Hughes (1990) の実証分析では，米国のフロリダ州が英国ルールを採用した際に，被告側の弁護士費用支出が61.3～108.1％増加したとの結果を示している。

7) MVL＞MVT になる場合には，被告の提示する和解金額の方が，原告の要求する額よりも大きくなり，和解が成立することになる。このような考えに基づくモデルは，オプティミズムモデル (optimism model) と呼ばれている。より詳細は Shavell (2004) pp.86-90，Posner (1998) pp.607-615，Cooter and Rubinfeld (1989) p.1075 を参照。

8) F点の軌跡の式は，(8-23) と (8-30) 式を連立させて $V_e^{pl}=V_e^{pl*}$ とおけば次式のように求められる：
$$P=\frac{-(a-x)^{1-k}+(a-x-0.1)^{1-k}}{[(a-x+1)^{1-k}-(a-x)^{1-k}]-[(a-x+1.1)^{1-k}-(a-0.1-x)^{1-k}]}$$

9) Priest and Klein (1984) によれば，訴訟が裁判に進展するのは，両当事者の勝訴確率の予想が0.5付近で伯仲している場合である。逆に，一方がより有利な予想をもっていれば，その訴訟は和解で解決されやすいというのである。また Gould (1973) では，原告と被告の裁判結果に対する予想勝訴確率が完全に一致している場合には，和解で解決する方が両者にとって有利であることが示されている。

10)　境界線の式は，注8)と同様にして（8-27）と（8-32）式を連立させて，$V_e^{df}=V_e^{df*}$とおいて求められる。

11)　アクセス検討委員会で，裁判官代表の三輪委員と法務省代表の始関委員は日本ルール導入賛成派であった。また時代は遡るが，三ヶ月（1961）は「裁判官の総意」と題するコラムのなかで，1960年頃の裁判官会同において，大部分の裁判官が敗訴者負担ルールの導入に賛成であったと述べ，三ヶ月教授自身も導入に賛成であるとの意見を表明している。

12)　Gryphon（2008）は，米国における訴訟の氾濫を防ぐには敗訴者負担制度を導入すべきであると主張している。そして，その導入が裁判へのアクセスを不当に抑制することがないようにするために，訴訟保険制度の導入を提唱している。

第9章　裁判員制度の導入と国民の司法参加

　日本においても欧米においても，陪審制は少なくとも政治制度としての面を有するものとして意味づけられてきた。場合によっては経済制度としてさえ見做されてきた。（中略）そのような観点に立てば，陪審制を再導入するかどうかという問題は，司法制度改革の問題を超えて，政治改革の問題であるというべきであろう。（中略）それはおそらく日本の政治の将来（とくに政治の主体としての日本国民の「公共」観念の形成）に大きな影響を及ぼすであろう。司法制度をいかに変えるかという問題は，デモクラシーの質をいかに高めるかという問題と深く関連している。

　　　　　　　　　　　　（『政治制度としての陪審制』三谷太一郎 2001 p.25）

> **本章の主な内容**
> (1) 英国における陪審制の歴史は12世紀中葉のクラレンドン法（1166年）にまで遡ることができる。また，米国はその憲法において，国民が陪審裁判を受ける権利を明記している。
> (2) コモン・ロー諸国では，陪審が有罪・無罪に関わる事実認定を裁判官から独立して行っている場合が多い。他方，大陸法系諸国では，裁判官と陪審とが合議して事実認定を行う，いわゆる参審制が多い。わが国が実施しはじめた裁判員制度も参審制の範疇に含まれるものである。
> (3) 大正時代にわが国で導入された陪審制は，陪審の権限がきわめて限定されたものであり，国民の司法参加としては不完全なものであった。しかし，それは大正デモクラシーと政党政治の進展を反映したものであった。
> (4) 平成21年から導入された裁判員制度は，少なくとも短期的には政治的意味合いを強く持つものとは思われない。注目されるのは刑事司法分野への影響であろう。特に検察や警察が作成した調書の証拠能力や自白の証拠能力に裁判員がどのような判断を下すのかが注目される。

9-1　序

　英国における陪審制の歴史は，わが国の茶の湯や能狂言よりもさらに古く，少なくともプランタジネット朝のクラレンドン法（1166年）にまで遡ることができる。また，米国はコモン・ローを英国から継受したが，その憲法（1787年）ならびに修正憲法（権利章典，1791年）において，国民が陪審裁判を受ける権利を明記している。陪審制を憲法に規定することの意義はまことに大きい。ちなみにわが国で陪審制の導入が図られるときに，それは憲法に抵触するのではないかという議論がしばしば起きるのである。わが国が不十分ながらも陪審制を導入したのは大正12（1923）年のことであった。そして，今般，新しいスタイルの裁判員制度がスタートするが，いずれの場合にも憲法問題が議論になった[1]。

　陪審制は裁判（司法）に国民が直接参加するのであるから，その導入は政治制度の大きな変更であることは疑いないであろう。トクヴィル（Alexis de Tocqueville 1835）はその著書『アメリカのデモクラシー』において「陪審制は何よりも一つの政治制度である」と繰り返し述べている。それは第2節以降で詳述するが，陪審制の歴史を見ることによっても明らかであろう。

　わが国は，陪審制度を昭和3～17（1928～42）年にかけて実施した経験をもっている。原敬首相がその導入に執念を燃やした一因は，そのときの検察権力が選挙違反容疑をたてに政友会議員に対し過酷な取調べを行ったからであるといわれている。陪審法は難産のすえ原敬の死後にようやく実現したが，戦局の影響もあり昭和17年に停止された。したがって陪審制度を再び導入することは，戦後日本にとって積年の課題であったともいえる。また一般論としても，国民の司法への参加を図ることはデモクラシーの理念のもとで必然的な帰結であるともいえる。

　裁判員制度は2009（平成21）年5月から施行された。裁判員制度は，3人のキャリア裁判官と6人の一般国民から選ばれた裁判員との合議によって刑事事

件を裁判するものである。それは陪審制と参審制をミックスしたような制度であるが，その性格は参審制に近いといえるであろう。

なぜこの時期に裁判員制度が導入されることになったのであろうか。裁判員制度は政治制度としてどのような意味をもつのであろうか。これを調べる手がかりの一つは，陪審制度の歴史的な発展過程を見ることであろう。もう一つは，わが国の裁判員制度を英・米の陪審制度や仏・独の参審制度と比較してみることであろう。

本章の構成は以下のようになっている。第2節では，発祥の国である英国の陪審制度史の概略について述べる。ここでは英国の歴史から陪審制の意義を見聞する。第3節では，米国の陪審制度史からその意義を考える。米国は陪審制を英国から継受したが，英国以上に陪審制を多用している国である。また，トクヴィルによる米国民主主義分析から，民主主義と陪審制の関係について考える。つづいて第4節では，ヨーロッパ大陸諸国の陪審制史を概観する。そして，第5節では，日本における戦前の陪審法と今般の裁判員制度とを比較する。両者の構造を比較すると，それらはそれぞれの時代の背景にある政治状況を映していることが分かるであろう。第6節では，司法制度改革審議会において，裁判員制度が生まれるまでの審議過程を追跡調査する。そして第7節では簡単な要約を行う。

9-2 英国における陪審制度の歴史

9-2-1 イングランドにおける陪審制の起源

ノルマンによるイングランド征服（Norman Conquest of England, 1066）を契機にして英国では封建制度（feudalism）が成立していく。そして，その後国王による中央集権化が進展し絶対王政が確立していくことになる。この過程で王権は司法制度（コモン・ロー制度）を整えていくが，裁判制度においては陪審制を導入し，それが定着することになる。陪審による裁判は，ノルマンが

フランスの慣習を持ち込んだとも，あるいはイングランドでそれ以前から行われていたともいわれ，定かではない[2]。

9-2-2　クラレンドン法（1166年）と起訴陪審の導入

陪審制（jury trial）の制定は，ヘンリー2世（アンジュー伯，1154-89）のときに遡る。ヘンリー2世は起訴陪審（jury of presentment）と判決陪審（jury of trial）という2種類の陪審制度を設けたが，前者（起訴陪審）は1166年のクラレンドン法によって発布された。その手続きは，「12人の騎士を選び，彼らに宣誓のうえ，当事者の訴えが起訴されるべきか否かについて言明させる」というものであった。このように，宣誓のうえ真実を述べさせて情報を収集するという方法は（もしそれが虚偽の供述であれば厳罰を下す），ウィリアム王がドゥムズデイブックの作成（Doomsday Book, 1086）に用いた方法であるといわれる。これが陪審の最初の形態であったが，重要なことはこの制度は近代の陪審制のように，政府の圧制に対する市民の保護を目指したものではなく，国王がその政治行政権力を行使する制度だったことである。

9-2-3　第4回ラテラン公会議（1215年）と判決陪審の導入

1166年クラレンドン法の制定後，起訴されたときの裁判にはもっぱら神盟裁判が用いられ，その判定は聖職者にゆだねられていた。しかし，第4回ラテラン公会議（1215年）により，聖職者が世俗裁判を行うことが禁止された。このためにイングランドでは，陪審による裁判（判決陪審）に移行し，そしてこの制度は13世紀後半には定着していたと考えられる。

判決陪審による裁判において重要な点は，事実認定を行う機能が陪審に委ねられたことであった。裁判官は自ら証拠を集めたり，あるいは12人の陪審を尋問してその証言の信憑性の評価を行うようなことをしなくなったのである。これはカノン法的な手続きをとるフランスの裁判官から見ると，責任の放棄のように見えることであった。それではなぜ，このようなことが起きたのであろうか。その理由としてメイトランド（1926）は，陪審の評決は「近隣者たちによ

る評決」であり，言いかえれば「その地域を代表する声」であったことを上げている。すなわち，陪審にはその地域の騎士や有力者が選ばれていたから，その評決には強制力と説得力があったというのである。

　しかし，国王側はなぜ地域の有力者たちにそのような権限を与えたのであろうか。その理由はいくつかあげられているが，第1は，1166年当時には増加しつつあった裁判を指揮できる熟練した法律家が十分には存在しなかったことである。すなわち，裁判官が糾問的な手法で，時間をかけて裁判を指揮するにはその人数が不足していたというのである。第2は，国王の権力が十分に強化されており，煩雑な裁判事務やその判断を各地方の有力者（領主や騎士など）に押し付けることができたからというものである。そして第3は，カノン法に基づく裁判手続きがまだ十分に発達していなかったというものである（フランスはイングランドより1世紀遅れて国王の中央集権化が達成されたが，そのときにはカノン法的な裁判手続きが整備されていた）。第4は，同じ階層の人たちによる裁判（judgment by peers）による方が，裁判の結果が当事者たちに受け入れられやすかったということがあげられている。

9-2-4　陪審の役割の変化

　陪審による裁判は，13世紀末には刑事事件と民事事件ともに主要なものとなっていた。この頃，陪審を担当するものはその地域社会の人たちで，当事者の近隣者とか，あるいは事件に関する情報をもった者たちであった。そして陪審の役割は，今日のように証拠の信憑性を評価するというものではなくて，自らの知識や判断を述べるものであった。

　初期の陪審はしばしば神盟裁判のような性格をもち，有罪の評決を出すことを強制される場合も少なくなかったといわれる。例えば星室庁裁判所（the Star Chamber：1641年に廃止）は無罪の評決を出す陪審の土地や財産を取り上げる過酷さで知られていた。これに転機をもたらしたのがブッシェル事件（Bushell case, 1670）であった。ブッシェルらはクエーカー教徒のペン（William Penn）の陪審で，迫害を受けながらも有罪評決を出すことを拒否し

た。これによって、陪審員は彼ら自身の良心に基づいて評決を下すことができるようになり、裁判官とは異なる見解を述べても罰せられることはなくなった。これを契機にして、陪審は自由を守る砦として認められるようになったのである（Lloyd-Bostock and Thomas 1999 p.9）。

ところで、18世紀末にかけて当事者主義（adversarial system）が重視されるようになった。すなわち陪審員は自分たち（あるいは他の陪審員）の知見に基づいて判断するのではなく、当事者が出し合った証拠や意見に対する判断をすればよいことになった。

それゆえ陪審員は、その地域の事情に詳しくなくても、あるいは専門的知識を持たなくても良くなったのである。こうして陪審は、提示された証拠を判定する審判者になったが、これが今日の陪審制度の誕生である。ここにおいて、陪審員と証言者は分離することになる。

ところが、自己の良心に基づいて評決を下すという陪審の役割は、新たな問題を生み出した。というのは、事実と法に照らして明らかに有罪であるにもかかわらず、陪審が無罪の評決を下すことがしばしば起きたからである。例えば、ジョージ3世の治世に、国王と政府に対して過激なパンフレットを出版した者に対して陪審はしばしば無罪の評決を出したのであった。あるいは、18〜19世紀には、陪審は盗品の価格をしばしば過小（40シリング以下に）に評価して、死刑判決を回避させたりした。このようにして陪審による法の無効化（law nullification）は、圧制に対する抵抗権、さらには民主主義の枢要な要件とまで考えられるようになった。

9-2-5 陪審の選任（Jury Selection）と自由保有権土地台帳（Freeholder Book）の作成

陪審を務めるのはどのような資格をもった者あるいは階層であったろうか。陪審資格の変遷を見ると、それが政治制度の変遷と密接な関係をもっていることが明瞭に分かる。陪審資格を定めた法によれば、1414年における有資格者は、年額40シリング（＝2パウンド）以上の生産物を産する自由保有権土地

(freehold property) の所有者であったが，これは1430年の選挙権の資格と同じであった（なおその後，選挙権資格は18世紀まで変更がないが，陪審資格はその間に何度か変更されている）。

1664年法では陪審資格は，自由保有権の土地の年生産額が20ポンド以上の者となっている。そして1692年にはそれが自由保有権土地保有者（freeholder）と謄本保有権土地保有者（copyholder）で年生産額が10ポンドにまで下げられている。これによって，陪審資格者は農場経営者（farmer），熟練工（craftsman）などに広げられた。

都市部（incorporated towns）については，ヘンリー8世の治世（1509～47）に自由保有権者以外でも年額40ポンド以上の生産者に与えられた。そして1730年には，21～70歳の小作で年額20ポンド以上のものにまで広げられた。

1696年には'An Act for the Ease of Jurors'と'Regulating of Juries'が制定されたが，これは自由保有権土地所有者の台帳を整備するものであった。デボン州（Devon Archives）には17～18世紀にかけて作成された自由保有権土地台帳（Freeholder Book）が少なからず残されている。この台帳によれば，台帳に登録される人数は1730年頃に倍増し，その後は18世紀を通じて安定していたことが分かる。そして，18世紀末において，成人男子の5.3%が陪審資格者としてこの台帳に登録されていた[3]。

陪審の選定はこの台帳から行われ，裁判（courts of assizes, quarter sessions）の陪審が決められた。また，陪審の選定は州長官（sheriff）によって行われた。陪審には起訴陪審（grand jury）と判決陪審（petty jury）の2種類があったが，興味あることに陪審の種類によってそれを構成する社会階層が異なっていた。例えば，起訴陪審のパネルにおいては，40人中の37人が郷紳（gentleman）であった（Michaelmas session, 1741）。一方，判決陪審の構成は，36人のヨーマン（yeoman），そして洋服商（clothier），仕立て商（tailor），サージ製造者（serge-maker），反物商（mercer）がそれぞれひとりずつであった（そのすぐ後のクリスマス集会 Christmas session においても，その構成はほぼ同様であった）。すなわち，社会的にステイタスの高い起訴陪審は郷紳

表9-1 自由保有権土地所有者台帳 (Freeholder Book) における職業別, 階層別の人数分布

(単位:%)

職業, 階層 \ 年	1711	1721	1733	1741	1751	1762	1771	1783	1799
郷紳 (Gentry)	97.5	98.0	28.7	34.7	45.7	40.8	30.6	37.2	98.4
専門職 (Professional)	0.0	0.0	1.4	2.1	4.3	3.4	2.8	2.7	0.5
ヨーマン (Yeoman)	2.5	2.0	55.6	46.1	30.2	36.9	41.2	37.0	0.5
熟練工・商人 (Artisans & Tradesmen)	0.0	0.0	1.6	1.7	2.6	1.3	0.7	1.6	0.0
海運業 (Maritime occupation)	0.0	0.0	1.6	1.7	2.6	1.3	0.7	1.6	0.0
労働者 (Labourers)	0.0	0.0	0.0	0.0	0.0	0.0	0.0	0.1	0.0
僧職 (Clergy)	0.0	0.0	0.2	0.1	0.0	0.0	0.1	0.1	0.5
総数 (人)	320	402	2,218	1,608	1,004	984	1,481	1,218	193

注:1760年頃から土地囲い込み (enclosure movement) が盛んになり,産業革命が始まる。
出所:Devon Archives.

によって占められていたこと,そして,起訴陪審は20~25人で構成され,判決陪審は12人で構成されていたことが分かる。

表9-1は自由保有権土地台帳 (Freeholder Book) に登録されている者の,社会的地位による構成であるが,以下のことが分かる。(1)郷紳が大きな割合を占めている。(2)1733年以降,ヨーマンと熟練工・商人 (Artisans & Tradesman) が増えてきている。(3)労働者はほとんど皆無である。総じて,郷紳とヨーマンが中心であることが分かる。

表9-2は熟練工・商人 (Artisans & Tradesman) の職業別の構成を見たものである。サージ製造者の増大が目だつが,これは羊毛業,紡織業,紡績業の発展を示すもので興味深い。このようにイングランドにおける陪審資格は資産保有高によるもので,大土地所有者や新興の資本家 (ブルジョワジー) が中心であった。

ところで意外なことに,その後の陪審資格の拡大は1974年の陪審法 (Juries Act) の改正まできわめて緩慢なものであった。1825年の陪審法では,21~60歳の男性で家長 (householder) である者にまで拡大された。次に1919年には,女性の一部 (ただしhouseholderであること) に拡大された。そして,1974年

表9-2　熟練工・商人（Artisans & Tradesmen）の職種別内訳（人）

職　業	1733年	1741年	1751年	1762年	1771年	1783年
パン製造	2	5	4	6	7	10
鍛冶，蹄鉄工	11	6	6	2	5	4
精肉	42	30	24	19	34	9
大工	3	3	0	5	17	8
織物仕上げ	13	9	8	9	9	3
桶屋	3	2	2	1	3	6
靴製造	7	7	4	7	10	8
羊織物縮充	4	6	5	3	4	3
食料雑貨	1	1	0	1	10	7
公園内私有地保有	5	8	3	4	9	7
指物師	2	3	2	1	6	4
モルト製造	18	14	10	7	27	7
反物商	18	5	8	5	6	5
商業	17	25	16	2	8	15
製粉	16	11	4	9	10	11
サージ製造	26	30	12	29	55	40
サージ織物業	20	6	0	5	9	5
造船	2	6	8	3	15	15
小売業	5	7	3	2	5	3
洋服仕立て	5	6	2	0	1	2
なめし皮	14	16	9	7	15	8
酒類販売	3	0	1	2	12	9

注：1760年頃から土地囲い込み（enclosure movement）が盛んになり，産業革命が始まる。
出所：Devon Archives.

の陪審法によって初めて選挙権者全員（18～70歳）に拡大されたのであった。

　総じて，陪審資格の拡大は選挙権の拡大にやや遅れながら拡大していったと言える。すなわち選挙権資格は，1918年には21歳以上の男子全員と30歳以上の結婚した女性，そして，1928年には21歳以上の男女全員に拡大された（完全な普通選挙の実現）。一方，陪審資格者は財産制限があったために，1965年当時でも有権者全体の22.5％にすぎなかった。このためにモリス委員会は1965年に選挙権資格者をもとに陪審資格者を定めるべきことを勧告し，これは1974年の陪審法（Jury Act）で実現した。

9-3　米国における陪審制とトクヴィルの分析

今日の米国は，陪審制と民主主義（デモクラシー）をもっともラディカルな形で具現している国である。それゆえ，米国の陪審制を見れば，民主主義において陪審制が果たす機能と役割を知ることができるであろう。また本節では，トクヴィル（1835）に依拠しながら陪審制の役割を考える。

9-3-1　米国における陪審制の継受

米国はコモン・ローとともに陪審制度を英国から継受した。合衆国憲法（1787年）の第3条2項には，犯罪はすべて陪審裁判によって裁かれるべきことが宣言されている。そして1791年に付加された修正憲法（権利章典）の修正第5条では，犯罪の起訴は大陪審によることを，つづいて修正第6条では，刑事裁判は迅速で公開の陪審による裁判を，そして修正第7条では，訴額が20ドルを超える民事事件は陪審裁判によるべきことを宣言している。このように米国では陪審裁判を重視して，陪審裁判を受ける権利を憲法で保障しているのである。

陪審裁判が政治的な重要性をもっていることは，独立前夜の米国でも十分に認識されていた。これに関しては有名なピーターゼンガー事件（J. Peter Zenger case, 1735）がある。ゼンガーは当時のニューヨーク植民地総督（William Cosby）を批判した新聞を発行して煽動罪により裁判にかけられた。事実関係には争いがなかったが，陪審は無罪評決を下したのであった。この裁判の重要な点は弁護士のハミルトン（Andrew Hamilton）が，被告の無実を争ったのではなく，犯罪の合法性を争ったことにあるといわれている。この無罪評決は，法の無効化の一例としても有名であるが，陪審制が政治的意味合いを強く持つことを示している（フット 2007 p.244）。

陪審資格において今日の米国では，人種や性別の差別はなく，選挙人名簿や運転免許資格者から陪審が選ばれている。しかし独立の当初，選挙権と陪審資

格は白人の男性でかつ十分に資力のあるものに限られていた。そして，選挙権については1870年に修正憲法第15条によって黒人の参政権が認められた。しかし，黒人の陪審資格については連邦最高裁の判決（Strauder v. West Virginia, 1879）を待たねばならなかった。この判決において連邦最高裁はウエストヴァージニア州法が陪審資格を白人に限っているのは修正第14条（equal protection clause）に反するとして，黒人の陪審資格を認めたのであった。ただし実際には，ニューディール期までにかけての南部諸州では，黒人の陪審員は認められなかったという。

一方，女性の陪審資格が認められるのは，黒人の陪審資格が認められたさらに後のことである。女性の普通選挙権が認められたのは修正憲法第19条（1920年）によってであり，そして，州によっては参政権と同時に陪審資格を認めたが，また他の州によっては新たな立法を必要とした。いち早く女性の陪審資格を認めたのは，ワシントン州（1911年）とカンザス（1912年）であった。一方，参政権と同時に陪審資格を認めたのはデラウエア（1920年），ペンシィルヴァニアなどであり，また特別立法によって認めた州としてはカリフォルニア（1917年）やルイジアナ（1921年）がある。しかしながらその後も，女性の陪審はその選任手続きなどをめぐって法廷から排除されがちであった。たとえばHoyt v. Florida（1961）で最高裁判決（Earl Warren裁判長）は，フロリダ州の立場を支持し，女性の陪審志願者がいないときには男性だけからなる陪審パネルが形成されても憲法違反ではないとした。その主たる理由は女性はなお家庭の中心であるからというものであった。そして，この判決が覆されるのはTaylor v. Louisiana（1975）であるが，これによって，女性が陪審から規則によって自動的に除外されるのは憲法違反であることになった。

陪審資格の変遷はこのようにきわめて政治的な色彩を持ち，人権運動や女性解放運動とも密接に関係していた。そして興味深いことに，米国におけるそのルール変更は，国会や州議会による法律の制定だけではなく，裁判所の判決が大きな役割を演じてきたことである。

9-3-2　米国における陪審制の機能と問題点：トクヴィル（1835）の分析

(1)　トクヴィルの問題提起：「多数の暴政」に対する砦

　トクヴィルがアメリカを訪れたのは1831年のジャクソン大統領のときであり，いわゆるジャクソン・デモクラシーの時代であった。そのころ選挙権が白人男子全体に拡大され，いわゆる大衆民主主義の時代が到来していた。したがって行政府や議会には多数派の利益を代表するものが選ばれた。この見聞からトクヴィルは，アメリカの民主主義が持つ問題点の一つは「多数派の暴政」が起こりうることであると考えて，次のように述べている。「万一にもアメリカで自由が失われることがあれば，少数派を絶望に追いやり，実力に訴えることを強いた多数の全能に責めを帰すべきであろう。このときは確かに無政府状態になろうが，それは専制の帰結として生じたのである」（1835，第2部，第7章，p.163）。

　そして，トクヴィルは，多数派の暴政に対する防壁になっているものが「法律家に権威を認め，政治に対して法律家が力を揮う余地を残したこと」であるという（トクヴィル 1835 p.169）。さらに「裁判所は法曹身分が民主主義に働きかけるために利用するもっとも目立つ機関である」と述べて，そこに陪審制が果たす重要な役割を見たのである。

(2)　陪審資格と選挙権資格は一致すべきであること

　トクヴィルは「陪審制は何よりも一つの政治制度であり，人民主権の一つのあり方と考えねばならない」（前掲 p.186）と述べ，それゆえに「人民主権を確立した他の法律に陪審制をも一致させるべきである。陪審は国民のなかで法律の執行を確実にする役目を与えられた部分であり，それはちょうど議会が立法の任にあたる部分であるのと同じである。そして，社会を一定の決まった仕方で治めるためには，陪審員のリストは有権者のリストと一致して伸縮することが必要である」（前掲 p.186）と主張する。トクヴィルの洞察は，陪審制は政治制度の枢要な部分であり，陪審資格は選挙権資格と同一であるべきだと主

張したのである。

(3) 刑事陪審・民事陪審と陪審制との関係

　陪審制は刑事裁判と民事裁判の両者において用いられる方が望ましいが、その効用はやや異なるとトクヴィルはいう。

　刑事陪審の必要性については、「政治の法制の真の保障は刑法にあるのであり、もしこの保障が欠ければ法律は遅かれ早かれ力を失うであろう。したがって、犯罪者を裁く人間こそ真に社会の主人である」と述べる。すなわち、社会秩序が維持されるには刑法が不可欠であり、したがって刑事陪審は不可欠であるという。

　また、刑事裁判について以下のようにも述べる。「社会全体が一人の人間と争う刑事裁判では、陪審員は判事を社会の力の受動的道具とみなし勝ちで、その意見に警戒的である。それに、刑事裁判は良識で容易に判断のつく単純な事実に専ら関わるものである。この領域では、裁判官と陪審員は同等である」。ここで'社会の力の受動的道具'とは、'政府権力（あるいは多数派）の受動的道具'という意味であろう。そして、'刑事裁判の事実判断に関する能力においては、陪審員と裁判官は同等である'という指摘は重要である。これは陪審が、事実判断を裁判官から独立して行いうることを肯定したものであろう。こうして、ひとりの人間が社会全体と争わなければならないとき、個人の基本的人権を守るうえで陪審の果たす役割はきわめて重要になる。

　他方、民事陪審について、トクヴィルはその重要性を次のように指摘する。「陪審制が刑事事件に限られるとき、国民はその作用をずっと遠くから、個別の事件においてのみ見るだけである。日常生活の中では陪審制を意識しないのが普通であり、人はこれを公正な裁判の一手段と考えても、唯一の手段とはみなさない。この点は陪審制が一定の刑事事件にしか適用されない場合、一層強い理由で真実である」（前掲 p.186）。すなわち、多くの国民にとっては、自分が刑事裁判の被告になることは一生ないと考えるものがほとんどであろうから、刑事裁判だけを陪審の対象にすると、国民の多くは裁判に無関心になるお

それがあるという。一方,「陪審制が民事事件にまで広げられると, その実体が刻々目に触れる。このとき陪審制はあらゆる利害に関わり, 誰もがその作用に手を貸す。こうしてそれは生活習慣の内部に浸透し, 人間精神をその形式に慣れさせ, いわば正義の観念そのものと一つになる」(前掲 p.187)。すなわち民事事件は国民の多くに身近なものであり, 関心が高くなる。そして, 正義や衡平という法律的な観念が体得されるようになるというのである。すなわち, 民事事件にも陪審制を適用すべきであるというのがトクヴィルの主張である[4]。

9-4 ヨーロッパ大陸諸国における陪審制

9-4-1 古代ギリシア(アテネ)における民主制と市民の司法参加

アテネの直接民主制では, 司法機能に関しても全市民が参加するように設計されていた。紀元前6世紀頃には, 重要な政治事件に関する裁判は, 市民集会(assembly)が担うようになっていたが, このような制度は少なくともペリクレスの時代(443〜429B.C.)には完成していたといわれる。そして市民集会がもつ司法権の強さは, 貴族勢力の政治権力の抑制と符号していた。すなわち, 司法権への一般市民の参加は, 民主制の成熟を意味していたのである(Dawson 1960 pp.10-14)。

司法機能の拡大に伴い, 市民集会は10程度のパネル(dikasteria)に分かれていた。パネルのメンバー(diskasts)は裁判官と陪審員との役割を兼務しており, 30歳以上の市民が抽選で選ばれた。ペリクレスはパネルメンバー(diskasts)に対して一定額の手当てを支給する制度を作ったが, これは低所得層の参加を容易にするためであった。こうして裁判所では一般市民の勢力が多数を占めるようになり, 国政における市民(demos)の優位が保障されるようになった。パネルの標準的な大きさは501人であったが, 場合によりその構成人数は201人, 301人, 401人と様々であり, ペリクレスの弾劾の場合には1,500人であったという(前掲 p.12)。

タロック（Tullock 1987）によれば，アメリカの陪審制のルーツはアテネのそれではないが，両者の形態はきわめて似通っているという。すなわち，どちらも陪審が全市民（あるいは全国民）からランダムサンプルで抽出して選ばれるのである。これが機能するためには，ある少数のグループ（陪審）に委任しても全市民参加の場合と同じ結論が得られることが重要であり，これが可能であるためには全市民の意見が大きくは分かれていないことが必要である。もし仮に全市民の意見が半々に分かれているような場合には，陪審の選び方によっては逆の結論がでる可能性が高くなってしまう。言いかえれば，全市民の意見が割れているような問題については，小規模な陪審では十分な機能を果たせず，それゆえ陪審の規模をより大きくしなければならない。アテネにおいてパネルの規模が大きくなる場合があったのは，このような事情によるものであろうと考えられる。

プラトン（Plato）やアリストテレス（Aristotle）は，ギリシアの直接民主制において，全市民がそれに参加する権利があり，また，より多くの市民が参加して決めるほうがより良い決定が生まれると主張している。彼らの考えは，それより1世紀ほど前のペリクレスの時代に確立されたアテネの政治体制を踏まえたものであったといわれるが，アテネの民主制と陪審制は，今日的意味を持っていたといえるであろう。

9-4-2　フランスにおける陪審制

フランスはドイツとともにローマ法を継受した大陸法系の国である。そして市民革命（ブルジョワ革命）を契機に陪審制をとりいれたが，その後，陪審制から参審制に移行したという点で両国は共通している（フランス啓蒙期の陪審制議論については石井1999を参照）。

フランスは革命（1789～99年）を契機に，1791年の刑事訴訟法によってイギリス流の陪審制を定め，起訴陪審と判決陪審を設けた。陪審資格は選挙人の資格を必要としたが，選挙人資格は一定額以上の納税者であることや高額の財産所有者であることが条件であった。革命後にナポレオン1世のもとで制定され

た刑事訴訟法（1808年）でも陪審法は維持されたが，起訴陪審は廃止された（詳細は中村1995，2005を参照）。

　陪審制が参審制に変わったのは1941年のヴィシー政権による刑事訴訟法の一部改正のときである。これによって陪審と裁判官は合議体で評議することになった。すなわち，陪審は独立の決定を行えなくなったのである。今日でもその名称は陪審制であるが，実質は参審制である（ただし，陪審員の数は12名なので，その相対的力は必ずしも弱くない）。また，現在の陪審資格は（2000年の法改正による）23歳以上の男女市民である。なお，選挙権は18歳以上の男女に与えられている。

9-4-3　ドイツにおける陪審制

　ドイツで陪審制が成立したのは1848年の三月革命が契機である。フランクフルト国民会議の主な要求の一つが陪審制の導入であり，これが取り入れられたわけである。そのモデルになったのはフランスの陪審制であり，陪審は有罪か否かの決定権をもつものであった。ただし，陪審資格については財産やその他の制限条項があり，また政府や裁判所が広い裁量権をもつものであった（Casper & Zeisel 1972 p.139）。

　参審制への萌芽は1850年にハノーヴァ公国によって提案された制度であるが，これは専門の裁判官と一般市民とから構成される裁判であった。もともとドイツではショーフェン（Schöffen）と呼ばれる素人裁判官の伝統が中世まで存在していたが，ハノーヴァ公国におけるこの制度はショーフェンの現代版ともいえるものであり，一人の裁判官と二人のショーフェンが合議して決めるものであった。そしてドイツが統一（1871年）されたあと，1877年に新しい刑事訴訟法が制定されるが，これは部分的に陪審制を残したが広く参審制をとりいれたものであった。そして，ワイマール共和国の時代，1923年の国会で法改正が行われて，民事と刑事の両訴訟法が変更されて陪審制は消滅し参審制に移行した。社会民主党は1925年に陪審制の復活を要求し，またドイツ弁護士会の特別総会も法令の変更を求めたが成功しなかった。第三帝国（1933〜45年）の時期にも

基本的な変化はなかった。そして戦後のドイツ連邦政府も1950年に，ワイマール時代の参審制を踏襲した。ただし，1950年までの短い期間，バヴァリア州のみが一時的に陪審制に復帰した。

9-5　陪審法（大正12年）と裁判員法（平成16年）の導入過程の比較

本節では，わが国における大正12年の陪審法（以下，陪審法と略記）と平成16年の裁判員法（以下裁判員法と略記）の導入過程を比較する。大正陪審法導入は，絶対王政＝天皇制を支える藩閥官僚体制と，勢力を増大させてきたブルジョワジー（産業資本家）をバックにした政党（政友会）との厳しい政治的対立であった。これに対して裁判員法導入には大きな政治的確執はなく，また国民の関心は必ずしも高くはなかった。それは安村（2001）が言うように「啓蒙的色彩の強いもの」であったといえる。

9-5-1　陪審法導入過程の政治的背景

陪審法の導入をめぐる政治史的分析は三谷（1980，2001）によって詳細に行われており，ここでの概略は同書に基づくものである。陪審法が立法過程に初めて導入されたのは，明治43年2月の第26議会に野党政友会が提出した「陪審制度設立に関する建議案」によってである。建議案は翌月満場一致で衆議院を通過した。ただし立法作業が具体化したのは政友会の原内閣が成立した大正7年9月のことである。原の動機は(1)司法部（特に検事局）の人権侵害に対する人権擁護，(2)司法における人民参加のための陪審制実現，であったと言われる（三谷 1980 pp.143-177）。

司法部の人権侵害で有名な事件として「京都豚箱事件（大正7年）」がある。これは京都市会と府会に関係する議員らが逮捕された疑獄事件であるが，検事が取調べのさい，三尺程度の狭い箱に何時間も入れ，拷問による自白を強要したといわれる。ここから警察の留置所が豚箱と呼ばれるようになったという

（森長英三郎1984 第2巻，pp.49-56）。

　検事局が強大な権力をもつにいたった理由の一つは，それが裁判所に布置されており（裁判所構成法第5条1項），かつ検事は裁判所に対し独立してその事務を行うことができた（同条3項）ことがあげられる。そして裁判所は司法の独立（帝国憲法57条）を与えられており，これから司法権の独立は検察権の独立を含むものと観念されるようになっていた。三谷（1980 pp.49-73）によれば，統帥権の独立に依拠していわゆる軍ファッショが生まれたように，司法権の独立に依拠して司法（検察）ファッショが生まれた。そして両者とも，他からの政治的介入を排するイデオロギーであったものが，逆に他への政治的介入を正当化するイデオロギーに転化したことに共通性を見出せるという。原敬はこのような司法部に政党政治に対する脅威を感じ，それをチェックするために陪審法の意義を見出したのであった。また，大逆事件（明治42年）も原に大きな影響を与えたといわれている。

　政府による陪審法の立法作業が具体化したのは原内閣の大正7年9月のことである。すなわち，政党内閣が成立して，初めて陪審法が政治の俎上に載ったのである。そしてそれが成立したのは加藤内閣の大正12年4月のことであり，およそ5年の歳月を要した。ただし，原敬は陪審法の成立する前に東京駅頭でのテロに倒れている[5]。

　陪審法の制定がいかに政治的権力闘争を孕んだものであったかは，政府の諮問した臨時法制審議会（穂積陳重総裁），司法省に設置された「陪審法調査委員会」，枢密院における審議，そして枢密院と政府とのやりとりを通観すれば十分であろう。また，政府が諮問した臨時法制審議会による綱領と成立した陪審法とを比較すれば明らかであろう（これらの詳細については三谷1980，2001を参照されたい）。

　成立した陪審法は後述するようにきわめて不徹底なものであった。そして，陪審法は制度的に定着する前に大戦に突入し，停止されることになってしまう。すなわち，民主主義と政党政治が内生的に成熟する前に，破局的な戦争に突入し，そして絶対王政的な藩閥政治体制も自壊したのであった。

しかし，不十分ながらも陪審法が成立したことには大きな政治的，歴史的意義があろう。三谷（1980）は大森洪太大審院判事の言を引用して，在朝法曹の立場にあるものも政党のイニシアティブの重要性を認めていたと記している。三谷からの孫引きになるが，それは次のように述べている。「原首相が断乎として臨時法制審議会に陪審法の制定の可否を諮問したのは，正に空谷に跫音を聞くの観があった。少なくとも朝野多数の法曹は左様に感じたものと私は考える。斯かる情勢のもとに陪審法が比較的短期のうちに成立したことは，全く一つの不可思議な奇蹟ではある」（三谷1980 p.325）

9-5-2　裁判員法導入の政治的文脈

裁判員法は「裁判員の参加する刑事裁判に関する法律案（平成16年5.28，法律63号）」（以下，裁判員法と略記する）によって公布された。この法律案が衆議院に受理されたのは平成16年3月2日であり，衆参両院での審議期間は併せて3ヵ月であった。国会審議がこのように短期間であったのは，それが時の政局と大きな軋轢を起こすものではなかったからであろう。したがって裁判員法成立の意義は，（少なくとも短期的には）政治制度よりもむしろ刑事司法制度においてより大きな意義があると見るべきであろう。

陪審制や参審制は，大多数の民主主義諸国では市民革命を契機に導入されており，大正期の陪審制もこのような文脈の中で理解される。したがって，第二次大戦後の日本が陪審制を再出発させていても不思議ではなかった。それが戦後の混乱期で陪審制が復活する機会が見失われ，今日まできたといえる。このように考えれば，平成の司法改革において裁判員制度が導入されたことは，遅ればせとはいえ自然な成り行きであろうが，それゆえにそれは啓蒙的色彩を帯びていたといえる[6]。

(1) **経済の規制緩和と司法制度改革機運の高まり**

司法制度改革の機運は1980年代の後半から高まってきたが，それは経済のグローバル化と規制緩和に伴い戦後司法制度の見直し機運が高まったことによる。

自由民主党の司法制度特別調査会はその報告書「21世紀の司法の確かな指針（平成10（1998）年6.16）」において，「司法への国民参加の在り方（陪審・参審等）についても，わが国の司法の基本に関わる問題であるという視点から，広く国民の意見を踏まえて議論される必要があろう」と述べている。

この時期，公明新聞（1999.1.7）は「司法改革論議は国民とともに大改革につながる陪審，参審制の導入」というタイトルの論説を載せている。また，日本弁護士会（1998.11.20）の「司法改革ビジョン」は法曹一元制とともに陪審制・参審制の検討を主要テーマにあげている。このように陪審制に対する認識は各界において高まりを見せてきたといえる。

自民党の調査会報告からほぼ1年後，司法制度改革審議会設置法（平成11（1999）年6.9，法律68号）が制定され，司法制度改革審議会（佐藤幸治会長）が設置された。同法には衆参両法務委員会の付帯決議が付けられているが，それぞれ「国民の司法参加……について十分論議すること」（衆議院法務委員会付帯決議），「国民の司法制度への関与……を審議するにあたっては……」（参議院法務委員会付帯決議）と述べられており，陪審制，参審制が議論されるべきことを要請している[7]。

(2) 司法制度改革審議会における中心的な議論は陪審制か参審制かの選択

内閣により，司法制度改革審議会が設置されたが，司法制度改革審議会は第1回（平成11年7.27）から第63回（平成13年6.12）まで2年余にわたった。このテーマに関する中心的な議論は，(i)陪審制，参審制のいずれを選ぶか，(ii)参審制になった場合，専門裁判官と素人裁判官（裁判員）の構成比をどのようにするか，の2点であったといえる。

上記の2点はラディカルな制度変更に関わる問題であった。第1点については，陪審制は事実判断を陪審だけで行うから，法律の無効化が起こりうる。これは裁判官の権限を制約するものでこれまでの制度を大きく変更する可能性をもつものである。第2点（参審制）については，裁判官と裁判員の構成比が重要であり，またこれと関連して評決方法が重要になる。なぜなら，裁判員の人

数が相対的に多くなるほど，それは裁判官のコントロールする力が弱くなり，陪審制に近づくからである。

(3) 司法制度改革審議会での議論

ここでは審議会における議論の概要を振り返る。メンバーにおいて陪審制を主張したものは少数派であり，議論は参審制に収斂した。これは時代背景から見て自然な成り行きであったかもしれない。

第6回（平成11.11.9）には各委員の論点整理が提出されている。一部の委員は陪審制を積極的に支持しているが，その他の大勢は「国民の司法参加」を図るというような抽象的な表現にとどまっている。

第30回改革審では法曹三者からの代表者（委員ではない）がそれぞれの意見を陳述した。まず日弁連の山田幸彦副会長が参審制よりも陪審制を強く推奨した。次に，法務省の房村精一調査部長は，陪審制の問題点を指摘し以下のように述べた。

「陪審が有罪，無罪の判断をする場合に，その理由を勿論示しませんし，どのような証拠を用いたかということも，その結果には示されないことになります。……またこれに対する上訴というものも陪審制のもとでは一般に許されていない。なお，フランスの参審制度の場合には，名前は参審でございますが，参審員が9人と非常に多くて，実質陪審員に近いような機能を果たしております」。

つづいて最高裁の中山隆夫総務局長は，陪審制に対して（そして参審制に対しても）もっとも消極的な姿勢を示している。すなわち，陪審が評決権を持たないような制度を提案して以下のように述べた。

「陪審制は各国の歴史に根差した制度であり，多くの社会的条件によって支えられています。まず第1は国民の負担です。（中略）わが国の憲法では陪審制または参審制を想定した規定はありません。これについて合憲論と違憲論の双方があり得るところでありますが，この点は第一次的には

立法機関で，最終的には司法権の行使の主体としての最高裁によって判断されるべき事柄であります。……

　もっとも陪審制について憲法問題を回避するためには，旧陪審のように，陪審員の事実認定に，裁判官に対する拘束力を認めないような形態が考えられましょう。また，参審制について，憲法上の疑義を生じさせないためには，評決権を持たない参審制という独自の制度が考えられるのではないかと思います」。

　第31回審議会では，石井委員，高木委員，吉岡委員の3委員が意見を述べた。石井委員は経営者の立場から，陪審制には否定的な意見を展開した。つづいて，高木委員と吉岡委員は陪審制を優れた制度であるとして積極的に評価し，参審制には否定的意見を表明した。

　第45回審議会（平成13年1.30）には佐藤会長，竹下代理，井上委員の三人が共同作成したレジュメ「訴訟手続きへの新たな参加制度」が配布された。そして「裁判官と裁判員の役割分担」を中心に議論がなされた。これまでの議論の結果，陪審派対参審派の勢力図はほぼ明確になったといえよう。陪審制賛成派は吉岡，高木，中坊の3委員のみであり，一方，参審制賛成派は竹下，石井，井上，北村，藤田，水原，山本の7委員である。残りの3名のうち佐藤会長は司会役に徹しており，鳥居委員の態度はまだ明確ではない。また曽野委員は前回までの意見から明らかなように，現行の裁判制度で良い（陪審制は不要）という考えであった[8]。

　第51回審議会（平成13年3.13）では，佐藤会長，竹下代理，井上委員の三人が共同作成した'骨子案'「訴訟手続きへの新たな参加制度」が配布され，井上委員が説明した。次に，高木委員が3月6日付けで提出していたペーパー（陪審賛成案）の説明を行い，その後，討論が行われた。骨子案には具体的数値（裁判員の数など）は示されていないものの，大枠はのちに成立する裁判員法と合致したものであった。同案では，裁判官と裁判員との協働によって有罪・無罪の決定を行うこと，裁判員は裁判官と同一の権限を与えられること，

また評決方法は多数決であるが裁判官あるいは裁判員のみの多数では被告に不利な決定が出来ないようにするとされている[9]。

　第60回審議会（平成13年5.22）[10]では，裁判員の数と評決方法に関して，どのように取りまとめるかが議論された。とりまとめは困難を極め，具体的な数値や方法について結論は出なかったが，意見書の「Ⅳ．1．刑事訴訟手続きへの新たな参加制度の導入国民的基盤の確立」にあるような"適切なあり方"という表現で両者の言い分を取り入れている。最終的に，陪審制案ではなく参審制案が答申されたわけであるが，その制度設計は「裁判員制度・刑事検討会（井上正仁座長）」に託されることになった。

　裁判員制度・刑事検討会[11]は，第1回（平成14年2.28）から2年あまりの審議を経て第32回検討会（平成16年7.6）をもってその任務を終えた。検討会のメンバーは刑事訴訟の専門家が大半を占めており，様々な問題点が議論された。第7回（平成14年9.24）には，民間企業，労働組合の連合，犯罪被害者友の会，警察庁，日弁連，法務省，最高裁からの代表を招いてヒアリングが行われた。また第17回（平成15年5.16）には，日本新聞協会からのヒアリングが行われた。第28回には井上座長から「考えられる裁判制度の概要について」という骨格案が提示され，第31回（平成16年1.29）で成案を得た。そして，内閣が衆議院に提出したのが平成16年3月2日で，両院を通過して公布されたのが平成16年5月28日のことである。

9-6　大正陪審法（大正12年）と裁判員法（平成16年）の構造比較

　本節ではわが国の陪審法（大正12年制定）と裁判員法（平成16年制定）の内容を比較する。陪審法の条文を通読すると，大正デモクラシーとその政党政治がきわめて不完全な民主主義であったことが分かる。一方，裁判員法は，国民が刑事裁判に直接参加することになった点では画期的ではあるものの，今日の政治制度へのインパクトは大きくはなく，その影響はもっぱら刑事裁判のあり

方に限定されるのではないかと思われる。それは安村（ジュリスト2001a）が評したように「極めて啓蒙的色彩を有していた」改革であったといえるであろう。

　本節では比較の基準として，現代の米国における陪審制を用いるが，その理由は米国の陪審制がもっともラデイカル（基本的）な制度を整えているからである。また，比較の指標として以下の三つを用いる。

　1．陪審資格
　2．評決の方法
　3．陪審裁判の対象事件

　第1は，陪審にどのような階層が選ばれるか，言いかえれば陪審の資格（qualification）である。今日では各国とも陪審資格者は選挙権保有者とほぼ一致しているが，これは民主主義の帰結といえるであろう。しかし前述したように，歴史的には陪審資格は選挙権に遅れながら拡大してきた。第2は，陪審員が裁判官から独立して有罪無罪の決定を行う権能をもつか否かである。米国では事実認定を陪審員だけで独立して決定し，そこでは職業裁判官の影響は排除される。これはコモン・ロー諸国に共通しているが，それだけ一般市民（陪審）の権限が大きいということが言える。一方，フランスやドイツなどにおける参審制では，専門裁判官と素人裁判官（陪審）が一緒に事実認定を行い，量刑を評決する。ここでは両者の割合が問題になるが，陪審員の数が相対的に少なくなるほど職業裁判官の意見が強くなるから，それは米国型の陪審制から遠いものになる。また，評決の仕方（全員一致なのか，過半数なのか）が問題になる。例えば，有罪に満場一致を要求する場合には，ひとりひとりの陪審員（参審員）が拒否権という強い力を持つことになる。

　第3は陪審裁判の対象事件の広さである。被告が要求した場合には，すべての裁判が陪審裁判（請求陪審）になるのか。あるいは刑事事件だけに限るのか，はたまた民事事件にまで広げるのかが問題になる。また，もし陪審裁判の対象が極端に狭く限定されれば，陪審制度は意味をなさなくなる。

9-6-1 米国の陪審裁判[12]

米国の陪審裁判（連邦裁判所）の概要は以下のようなものである。
1．陪審資格：18歳以上の合衆国市民
2．評決の方法：12人の陪審の全員一致による。
3．陪審裁判の対象事件：刑事事件の5.2％（3,515件），民事事件の1.7％（6,783件）（ただしいずれも連邦地裁）
4．備考：①上訴はない。
　　　　②評決は，有罪，無罪のみの結論で，理由は示されない。
　　　　③陪審員には日当が支払われる。

次に，裁判手続きはおおよそ以下のようなプロセスで行われる。

(1) 憲法による陪審裁判の保障と司法取引

米国では憲法によって，民事事件・刑事事件ともに陪審裁判を受ける権利が保証されている。ただし刑事事件では，罪を軽減されることを条件に有罪を認め決着する司法取引が行われる場合も多い（なお米国では，民事事件も陪審裁判が行われる場合があるが，以下は刑事裁判についてである）。

(2) 大陪審（grand jury）と小陪審（petit jury）

大陪審は起訴陪審とも呼ばれるが，国が行う刑事事件の起訴が妥当であるか否かを判断する。普通，6〜24人で構成される。この制度の理念は，国民が不当に起訴されることがないようにするためのものである。不当な起訴は，たとえ裁判で勝つことができても，それは被疑者にとって大きな負担になるからである。

一方，小陪審とは起訴された事件の量刑をきめる裁判である。審理陪審あるいは判決陪審（trial jury）とも呼ばれるが，単に陪審という場合にはこれを指す場合が多い。基本的には12人で構成される。

(3) 陪審員の選定 (jury selection)

　陪審員は，陪審資格をもった候補者群（jury pool）（例えば選挙人名簿など）から選ばれ，普通は6～12人によって構成される。また，その偏りを防ぐために被告人の弁護士と検察官，そして裁判官は何人かの候補者の選任を拒否（challenge）することができる。陪審員の選定はきわめて重要で，陪審が選定された時点で事件の勝敗があらかた決まるとさえ言われている。

(4) 裁判官と陪審との分業体制

　裁判の指揮は裁判官によって行われるが，裁判官と陪審の役割は分業になっている。すなわち，陪審は有罪か無罪かに関わる事実認定を行い，裁判官は陪審の事実認定に基づき法律を適用して量刑を決めることになっている。しかしこのような役割分担は原理的なもので，現実には完全な分離は困難であるとも言われている。例えば，事実を認定すれば死刑が適用される場合に，そしてもしある陪審員が死刑反対論者であれば，彼はその事実を認定しようとしない場合がおきる。そしてこのような場合に，陪審員の思想や偏見によっては，法が求めるものと逆の結果が生じうる。これは陪審による法の無効化（law nullification）であるが，法の無効化が生じるということは，それだけ陪審の権限が強いことを意味する。

(5) 裁判審理の具体的プロセス：説示（charge to the jury），冒頭陳述（opening statement），尋問（examination）

　裁判官は裁判の最初に陪審員，弁護人と検察官に対して説示を行う。冒頭陳述では被告弁護人と検察官の双方がそれぞれの主張を陳述する。そして証人に対する尋問などが行われる。審理の最後には，両者の最終弁論が行われ，そして裁判官が陪審員に対する説示を行う。

(6) 陪審の評議と評決

　陪審員のみによる評議が行われ，評決（verdict）が下される。有罪の評決

は基本的には全員一致であるが，州によってはこの条件が緩和されている。もし陪審が結論を出せないときは評決不能（hung jury）となり，裁判は最初からやり直しになる。

(7) **陪審裁判に対する賛否**

陪審裁判に対する批判は少なくない。例えば，①陪審員はすぐに退屈する，②事件の背景に対する理解に乏しい，③無責任である，④偏見をもち辛抱強さに欠けるなどである。

また，陪審裁判が誤審を排除する切り札ではないともいわれている。例えばマサチューセッツ州ボストンでおきたサッコ・ヴァンゼッティ事件（1920年）では二人は死刑に処せられたが，それは冤罪で50年後にその名誉が回復された。

9-6-2 大正12年の陪審法

1．陪審資格：30歳以上の男子，直接税の納付額3円以上。
2．評決の方法：有罪は12名の陪審員の過半数の意見による。
3．陪審裁判の対象事件：刑事事件で重罪事件（死刑，無期懲役，禁錮）。
　　　　　　　　　　　　ただし，皇室に対する罪，内乱に関する罪，選挙違反に関する事犯，治安維持法に関わる罪は除く。
4．備考：①請求陪審の場合，陪審費用は被告の負担による。
　　　　②裁判所が陪審の答申を不当としたときは，新たな陪審に評議を求めることができる。
　　　　③陪審員には日当が支払われる。

「陪審法」は大正12（1923）年4月18日法律第五十号として成立し，そして昭和18（1943）年10月1日に「陪審法ノ停止ニ関スル法律」によって停止された。大正期に陪審法が成立したのは，日本の政党政治が実現しつつあったことと，労働者階級（無産階級）の台頭が背景にあったと言われている。これは陪審法が大きな政治的な意味合いをもつものであることを示している[13]。

「陪審法」の政治的な要点は利谷（1966）の指摘するように，絶対王政的な政治体制とブルジョワジー勢力との妥協の産物といえるであろう。陪審法第一条は，陪審裁判が扱うのは刑事事件であり，陪審が事実判断を行うとしている。すなわち，陪審が裁判官とは独立に評議して有罪か無罪かを決定するわけである。この点では陪審が独立して事実の認定を行う権利を得たかに見える。しかし，この規定はのちにみるように，様々な制約を受けており，陪審の力はきわめて限定的で骨抜きにされたものでしかない。

第二条で，対象は刑事事件のなかでも重罪事件（死刑，無期懲役，禁錮）に該当する事件であると定めている。第四条では不適事件（陪審裁判が適用されない事件）として，皇室に対する罪，内乱に関する罪，軍機又は軍律に関する罪，選挙違反に関する事犯が挙げられている。そして，のちに（昭和4年＝1929年）治安維持法に関わる罪が加えられた。いわゆる政治的事件や犯罪は除かれていたわけであるから，政治的観点から見れば，骨抜きされたものだったと言わざるをえない。

第八条は，地方の状況によって陪審の評議に公平を失するおそれのあるときには，検察官は直近の上級裁判所に管轄の移転を請求することができることを規定している。そして，第十一条は，上級裁判所では陪審の評議に付することは不可であることを規定した。すなわち，検察官の意向によっては事件を上訴し，それによって陪審の機能を停止することができた。

第十二条では陪審員の資格を，30歳以上の男子，直接国税を3円以上納めていることと規定している。利谷（1966）によれば，これは陪審法のブルジョア的性格を表すものであるという。同書によれば，「陪審法のたたき台となった江木衷案および在野法曹案は，ブルジョワジーを中心とする有産階級の人権を守るための制度であり，そこには法律の民主化的あるいは社会化的要素はいまだ存在していない。それゆえ，その陪審法案は普通選挙の否定と両立するのである。陪審制の要求は，ブルジョワジーの天皇制絶対主義に対するある種の闘争であり，司法のブルジョア化への一歩前進」（p.383）とされるのである。そして，陪審法の推進者であった原敬に対しても「原敬の天皇制観は福沢の帝

室論と軌を一にする。そしてブルジョア的であり，プロレタリアートの進出については反感を示し，普通選挙の実現は阻止しようとした。陪審制導入は普選を先延ばしするための手段であった」（p.375）と評価する。利谷の言うように，大正期という時代は，絶対王政的権力とブルジョワジー（産業資本家）のせめぎあいの時代であり，そして，その背後にプロレタリア運動の台頭があった。すなわち，陪審法は大正デモクラシーが受けていた時代的制約をまさに反映していたのである。

第九十五条は，陪審の効力を限定しようとしたものである。すなわち，裁判所が陪審の答申を不当と認めるときには，新たな陪審に評議を求めることができた。そして，裁判官は望む評決が出るまで，陪審を取り替えることができた。このように陪審の効力を限定した法律は，当時にはポルトガル以外にはなかったという。したがって陪審の力はきわめて限定されたものであり，米国におけるような「法律の無効化」は起こりうべくもなかった。むしろ，裁判官による「陪審の無効化」が行われるような規定であったといえる。

第百七条は，請求陪審による裁判には陪審費用（第百六条の規定による）を被告が負担しなければならないと規定した。請求陪審とは3年を超える有期の懲役などで，被告が陪審裁判を請求した場合である（第三条）（他方，死刑又は無期懲役の場合は法定陪審であり，被告による陪審費用の負担は無かった）。藤田（2008 p.118）の推計によれば，この費用は一件当り70万～160万円（2004年の貨幣価値）であったという。

以上のように，大正期に制定された陪審法は，当時においては画期的なものであったとはいえ，今日から見れば骨抜きにされた陪審制度であった。

9-6-3 裁判員制度（平成16年）

1．裁判員資格：衆議院議員の選挙資格を有する者（20歳以上の男女）。
2．評決の方法：裁判官3名と裁判員6名の合議により，過半数で行う。
3．裁判員制度の対象事件：刑事事件で重罪事件（死刑，無期懲役，禁錮）にあたるもの。

4．備考：①裁判官と裁判員は合議し，事実認定と刑の量定に関わる。
②上訴ができる。
③陪審員には日当が支払われる。

　裁判員制度は「裁判員の参加する刑事裁判に関する法律（平成16年法律第六十三号）」として公布された。基本的には，3人の裁判官と6人の裁判員（素人裁判官）の合議体で評議する（第二条2）。対象事件は「死刑，無期の懲役若しくは禁錮に当たる罪に係る事件」と「故意の犯罪行為により被害者を死亡させた罪に係るもの」（第二条1）である。これに該当する事件の数は，刑事事件全体のおよそ3％で，年間およそ3,600件程度と予想されている（土屋2008 p.28）。選挙違反，贈収賄，名誉毀損などは対象ではないから，政治的な重要性をもった事件は除外されている。したがって，この制度は政治的な事件（言論の自由，出版の自由）に大きなインパクトを与えるものではないであろう。裁判員制度が対象とするような重罪事件は重大ではあるが，国民は身近に感じないかもしれない。

　裁判官と裁判員の役割は，合同で評議し①事実の認定，②法令の適用，③刑の量定につい判断し，両者は同等の権限をもつ（第六条1）。したがって裁判員は法律の専門的知識はないとしても，事実の認定については裁判官と同等の権限を持つことになる。

　評議の決定で意見が分かれた場合には，「裁判官と裁判員双方の意見を含む合議体の員数の過半数の意見による（第六十七条1）」。したがって有罪の評決を出す場合には，少なくとも裁判官の1人を含む過半数が有罪と判断する必要がある。例えば，3人の裁判官と2人以上の裁判員が有罪と判断する場合には，有罪の評決が出る。逆の言い方をすれば，裁判官側が有罪の評決を出したいときには，少なくとも2人の裁判員を説得する必要がある。あるいは，裁判員側が無罪の評決を出したいときには，6人のうち，5人以上が無罪を主張しなければならない。

　裁判員の資格は，衆議院議員の選挙権を有するもの（第十三条）である。こ

の資格は，今日のほとんどの民主主義諸国が採用しているものであり，普通選挙と同等の資格である。

9-7　要約

　裁判員制度（平成21年施行）は，国民が裁判（司法）に直接参加する制度であり，参審制度の一種である。一般に，陪審制（あるいは参審制）はきわめて政治的な意味合いをもった制度であり，その導入はきわめて重要な政治的改革である。例えば，アメリカ合衆国が陪審制の導入を決めたのは独立時の憲法においてであり，フランスのそれはフランス革命を契機として，そしてドイツは３月革命が契機であった。そして，大正期に導入されたわが国の陪審法も，政党内閣と藩閥勢力（絶対王政的な天皇制）との政治闘争であった。

　ところで，今次の裁判員制度導入は革命的な事件がもたらしたものではなく，司法制度改革の一環として整備されたものである。そして，裁判員制度導入に対する国民の盛り上がりは必ずしも大きくはなかった。このような状況を安村（2001）は「今回の改正論議が極めて啓蒙的色彩を有していることは否めない」と総括している。

　裁判員制は死刑に関わるような重大事件を扱うことになっているが，国民の多くはこれらに必ずしも大きな関心を示さないかもしれない。なぜなら，トクヴィルが指摘するように，多くの国民は殺人を犯すような立場におかれることは希だからである。しかしながら，トクヴィルのいうように，刑事司法は政治制度の根幹であるから，裁判員制度がこれを避けることはできないであろう[14]。

　裁判員制度の導入は，わが国の刑事司法にどのようなインパクトをもたらすかであろうか。ミランダ法理が浸透して，警察による強制的な取調べや自白の強要がなくなるのであろうか。また，裁判において当事者主義が強調されるようになり，自白調書の証拠能力が低下してゆくのであろうか。はたまた，警察の取調べは可視化され，ビデオで記録されるようになるのであろうか。しかして，これらは取調べに支障をきたすことになりはしないであろうか[15]。

最後に一つの疑問が残る。なぜコモン・ロー諸国では，陪審が裁判官から独立して事実認定を行う権限を今日まで保持しえているのであろうか。逆に，大陸法系の諸国では（日本も含めて）そのような権限を持つことができなかったのであろうか。それは文化や歴史の違いによるものであろうか，あるいは法体系の違いがそれを許さなかったのであろうか。はたまた，民主主義に対する思想の違いなのであろうか。

注
1) 大正8年，原内閣から諮問を受けた臨時法制審議会（一木喜徳郎委員長）のなかで，美濃部達吉，倉富勇三郎の両委員は，陪審制が憲法に違反するのではないかという意見をとなえた。また今般の司法制度改革審議会が行ったヒアリング（第30回，平成12年9月12日）で，最高裁の代表は陪審制が違憲のおそれがあると懸念を表明している。
2) 本節の記述については，メイトランド（1926），プラクネット（1956），Dawson (1960), Devlin (1956), 小山貞夫（1992）に負っている。
3) 台帳に登録された者の氏名は，長期間にわたって継続されているものがいる反面，一時的にしか登録されてないものも見受けられる。経済的な状況によって，資格を失う場合もあったようである。
4) もちろん'民事事件には陪審制はあまり力を発揮できない'という考えにはトクヴィルも理解を示す。「少なくとも事実問題に関わらぬときは常に，（民事訴訟では）陪審員は外見だけの司法機関にすぎない。陪審員は裁判官が決めている判決を宣告するのである」と。すなわち，民事事件は刑事事件に比べて事実関係が複雑であるから，素人の陪審員が適切な結論を導き出すのは困難である，という考えには理解を示す（トクヴィルは，母国のフランスが陪審制を採用するときに，民事陪審は時期尚早であるという意見を述べている）。しかしながら，民事裁判においても，陪審員は裁判官の訴訟指揮や原告と被告双方の言い分の整理，調停の仕方を見て，裁判官を信頼の目で見，尊敬の念をもってその意見を聴くようになる。そして，これは裁判官と裁判に対して信頼を増す効果をもつであろう，とトクヴィルは述べている。
5) この5年間の審議過程は三谷（1980, 2001）に詳細に述べられている。原首相は臨時法制審議会（穂積陳重総裁）に立法化の諮問を行い，審議会は主査委員会（委員長一木喜徳郎ら10名，大正8年10月）を任命した。主査委員会は21回を数え，「陪審制度に関する綱領」が穂積総裁に提出（大正9年6.21）された。これを受け

て政府は「陪審法調査委員会」を司法省（大正9年7.28）に設置した。そして，全9回の委員会を経て司法省案が決定され（大正9年12.3），これは翌年（大正10年1.1）枢密院の審査に付された。枢密院での第一次諮詢案の審議は第22回（大正10年3.26）をもって審議未了となるが，このために第二次諮詢案（大正10年6.21）が出された。この間に刑事訴訟法の改正があったため，これとの調整を経た第3次諮詢案（大正10年10.26）が提出された（この間，11月4日に原が暗殺され，高橋内閣に変わっている）。同年12月12日，枢密院委員会は5：4の一票差で可決し，大正11年2月27日の枢密院本会議へ提出され14：4で可決された。そして，3月11日に衆議院本会議で可決し，貴族院へ送られたが審議未了のまま閉会となった。同年6月に高橋内閣が瓦解し加藤友三郎内閣に替わるが，加藤内閣のもとで再び枢密院への諮問が行われた。枢密院の承認をえた陪審法案は，衆議院に再上程され本会議で可決（大正12年3月2日）され，貴族院では5日の本会議で可決成立した。

6)　終戦後の憲法制定と裁判所法の制定過程で陪審法はなぜ復活しなかったのであろうか。これについてはフット（2007 pp.67-72），出口（2001）を参照。

7)　司法制度改革審議会のメンバーは次の13名である。佐藤幸治（会長，京都大学名誉教授・近畿大学法学部教授），竹下守夫（会長代理，一橋大学名誉教授・駿河台大学長），石井宏治（石井鐵工所代表取締役），井上正仁（東京大学法学部教授），北村敬子（中央大学商学部長・会計学），曽野綾子（作家），高木剛（連合会副会長），鳥居泰彦（慶応義塾大学前塾長・経済学），中坊公平（弁護士・元日弁連会長），藤田耕三（弁護士・元広島高等裁判所長官），水原敏博（弁護士・元名古屋高等検察庁検事長），山本勝（東京電力株取締役副社長），吉岡初子（主婦連合会事務局長）。構成をみると法学専攻の大学教授が3名，法曹三者から代表が1名ずつの計3名，財界・経営者から2名，法学以外の大学教授が2名，労働組合代表，主婦連，小説家が各1名ずつである。

8)　これより前の第38回改革審議会（平成12年11.20）では中間報告が策定されている。また第43回には，陪審制度に関して，有識者（藤倉浩一郎，三谷太一郎，松尾浩也の各氏）からヒアリングが行われた。

9)　この審議会では高木委員が意見書を提出し，裁判員の数は裁判官の'数倍'は必要と主張した。また，'被告人が裁判員のみによる評議を求めたときなど一定の条件のもとで，裁判官が事実認定における評決権を有しない'制度を設けること，すなわち一種の請求陪審制を設けることを主張した。

10)　なお第58回審議会資料（平成13年5.18）には，吉岡委員の高木委員案を支持する旨の文書「国民の司法参加に関する意見」が提出されている。

11)　刑事検討会のメンバーは以下の11名である。池田修（東京地裁判事，東京地検検事），井上正仁（東京大学法学部教授，刑事訴訟法），大出良知（九州大学教授，

刑事訴訟法），清原慶子（東京工科大学教授），酒巻匡（上智大学教授，刑事訴訟法），四宮啓（弁護士，日弁連司法改革調査室長），高井康行（弁護士，東京高検検事），土屋美明（共同通信社論説委員），中井憲治（最高検察庁検事），平良木登規男（慶応義塾大学教授，刑事訴訟法），廣畑史朗（警察庁刑事局刑事企画課長）。構成をみると，刑事訴訟法専攻の大学教授，検察庁検事の経験者が中心であり，それに加えて警察庁，日弁連，マスコミの代表が加わっている。また刑事検討会と並行して「公的弁護制度検討会」も延べ14回の委員会（井上正仁座長）を開催している。なお，刑事検討会の議事録は以下に公開されている。http://www.kantei.go.jp/jp/singi/sihou/kentoukai/06saibanin.html

12) 米国の陪審制の概要については，ジュリスト（2001a pp.394-399）を参照。また以下の裁判手続きの概要はザーマン（1990）による。

13) 陪審法の成立に政治的生命をかけた原敬個人の役割は大きく評価されるべきであろう。
　　また大正期陪審法の詳細については三谷（1980），丸田（1990），藤田（2008）を参照されたい。なお，原敬の政策と政治家としての評価についてはナジタ（1974），三谷（1980，1995，2001）を参照されたい。

14) 検察審査会法の改正（平成19年5.30）が，国民の司法参加の一環として実現したが，この制度は言うなれば裁判員制度と双生児である。しかし，両制度はシンメトリーには設計されていない。もっとも大きな違いは，検察審査会にはプロの検察官が加わらず，11人の国民から選ばれた委員のみによって評決されることである。（これは注目すべきことに米国の陪審制に近い形態である。）したがって，一般市民のしかも11人という少ない数の代表によって，重要な政治的事件（例えば造船疑獄事件や政治資金規正法に関した事件）が起訴にもちこまれる可能性が出てきたといえる。言いかえれば，11人の検察審査会メンバーの判断が政局に重大な影響を与える事態が起こりえることになったと言える。

15) ミランダ法理とは，米国連邦最高裁（アール・ウォーレン長官）がミランダ対アリゾナ州（Miranda v. Arizona 1966）において，被疑者の人権を擁護するために確定した刑事裁判ルールである。これは供述や自白が裁判の証拠として用いられるには次の4項目（①あなたは黙秘する権利がある，②あなたの供述は法廷で不利な証拠として用いられる場合がある，③あなたは弁護士と相談する権利がある，④経済的な余裕がなければ，公選弁護人をつけてもらうことができる）が事前に被疑者に告知されていることを要求するものである。

第10章　法科大学院の設立と法曹養成制度：
　　　　人的資本理論の観点から

「制度を生かすもの，それは疑いもなく人である。本意見で述べるような，新たな時代に対応するための司法制度の抜本的改革を実りある形で実現する上でも，それを実際に担う人的基盤の整備を伴わなければ，新たな制度がその機能を十分に果たすことは到底望み得ないところである」。

（『司法制度改革審議会意見書』平成13年6月12日）

本章の主な内容

(1) 法曹養成制度と法科大学院制度は，何よりも法曹を目指す学生たちにとって，教育投資（human capital investment）の環境を整えた制度にすべきである。

(2) 新司法試験制度の問題点は旧制度と比較すると，学生たちにとってコストとリスクがともに大きくなってしまったことである。

(3) 諸外国の法曹養成制度をみると，ほとんどの国では入口で絞る制度になっているが，わが国の新制度のみが出口で絞るようになっている。

(4) 現行制度の改善には第1に，法科大学院の総定員数を早急に4,000人以下に絞り込み，修了者の8割以上が合格できるようにするべきである。第2は，法務省は司法試験合格者数／年を2,500人とか3,000人というように明示し，それを中長期的（少なくとも5年以上）に固定すべきである。

10-1　序

「制度を活かすもの，それは疑いもなく人である」と司法制度改革審議会の意見書（2001年6.12）は宣言している。しかしながら，人づくりの根幹である法科大学院制度はその出発当初からいくつかの問題に直面している。なかでも重要なのは司法試験合格率の低さ（2009年度では27.6％）である。このために司法試験は，資格試験ではなく競争試験の様相を呈しているが，これは司法制度改革審議会の掲げた理念とは大きく異なるものである。

改革審意見書は「2010年頃には，新司法試験の合格者数3,000人／年を目指すべきである」そして「法科大学院修了者の7～8割が新司法試験に合格できるよう，充実した教育を行うべきである」と述べている。法曹を目指す若者はこの指針に大いに鼓舞され，そして法科大学院の人気は弥が上にも高まった。しかし，改革審の掲げた「3,000人，7～8割」という目標は，法科大学院の出発時点（2004年）ですでに不可能になっていた。その原因は法科大学院の入学定員総数が6,000人近くまで膨らんだことである。そして，それに追い討ちをかけるかのように，平成18年以降，司法試験合格者数が2,000人程度に抑制されている。前者は文部科学省行政のもたらした問題であり，後者は法務省行政のもたらした問題である。すなわち合格率の低さは，法務・文部科学両省の行政が，改革審の青写真と異なるためにおきたものである。

法曹養成とそれに伴う弁護士の増加には様々なグループの利害が複雑に関わっている。今般の制度設計には，立法府（と与党），法曹三者（最高裁，法務・検察，日弁連），文部科学省，大学が関わっており，それぞれがそれぞれの立場を主張して出来上がったといえる。しかし強調されるべきは，制度の主人公たるべき法科大学院生（司法試験受験生）の立場が十分考慮されなかったことである。法曹養成を教育投資の観点からみるとき，その投資コストの最大の担い手は学生達自身であって，法科大学院ではない。学生たちは3年間という掛け替えのない年月と総額1,000万円にも及ぶと見られる資金を投下するの

である。しかるに，彼らの立場が十分に考慮されてこなかったということこそ，この制度の抱える最大の問題点ではないだろうか[1]。

　法科大学院制度がスタートしてすでに数年が経過したが，それは二つの大きな問題点を提起している。第1は，なぜ3,000人と目された司法試験合格者数に対して，法科大学院の入学定員がその2倍にも膨らんだかである。第2は，法務省（司法試験委員会）は，司法試験合格者数を2,000人規模に抑えようとしているかに見えるが，それは何ゆえであるかという問題である。第1の問題を産業政策に例えれば，文科省は総需要量（司法試験合格者数3000人）の2倍の供給力をもつ産業（法科大学院）を認可したことになる[2]。また，第2の問題については，司法試験合格者数（新規法曹の供給量）を誰が決定すべきか，という問題を提起している。現状は法務省の裁量的な行政政策によっていると言えようが，決定権を法務省が持つのか，あるいは需要サイドの代表がどのように加わるのかが，改めて議論されるべきではないだろうか。

　本章の構成は以下のようになっている。II節では，法科大学院の理念について述べ，そして新旧司法試験制度を比較する。III節では，簡単なモデルを用いて，大学院進学の前提になる司法試験合格率を考える。IV節では，司法試験合格率について実証分析を行う。V節では，合格者をどの時点で選抜するべきかという問題を考え，諸外国の制度と比較する。続いてVI節，VII節ではそれぞれ，法務省と文科省の行政政策について批判的な検討を行う。最後にVIII節では要約を行う。

10-2　法科大学院制度の概要と新・旧司法試験制度の比較

　法科大学院制度の基本理念は改革審意見書（III，第2）で与えられ，その具体的制度設計は後述の三つの会議（注17）を参照）によって行われた。そして現実に出来上がった制度が改革審の基本理念ともっとも乖離した点は，何よりも司法試験合格率の低さであった。

10-2-1 法科大学院の基本理念とその具体的制度

(1) 法科大学院の三つの基本理念

　改革審意見書は法科大学院の教育理念として(1)豊かな人間性，(2)創造的な思考力，(3)責任感と倫理観を持った法曹の育成という三点をあげている。

　第1の豊かな人間性をもった法曹の育成とは，「国民の社会生活上の医師」としての役割を期待される法曹であるためには，専門的能力の習得とともに，人びとの喜びや悲しみに対して深く共感しうる豊かな人間性が涵養されねばならないからである。

　第2の創造的な思考力の育成とは，専門的法知識を批判的に発展させていく思考力であり，また具体的問題の解決に必要な法的分析能力や法的議論の能力の育成である。そして，第3の責任感と倫理観は，弁護士が「国民の社会生活上の医師」としての役割と期待に応えるための必要条件だからである。これは医師が高度の倫理性を要求されることと共通するものである。

(2) 制度設計の要点

　上記のような基本理念に基づき，改革審意見書は次のような制度設計を提言している[3]。

　①入学者選抜における公平性，開放性，多様性の確保

　多様なバックグラウンドを有する人材（経済学，理数系，医学系など他学部を卒業した者や社会人経験を積んだ者など）を多数法曹に受け入れるために，入学者選抜の「公平性，開放性，多様性」を確保する。具体的には，学部の学業成績だけではなく，学業以外の活動実績や社会人としての活動実績を考慮すべきであるとする。これは「法の支配」が社会の様々な領域に広がっていくためには，多様なバックグラウンドの人材と彼らの知識を受け入れることが不可欠という認識からである。

　②既修者コースと未修者コース

　法学部以外の出身者にも門戸を広げたことから，修学年限は2年（法学既修

者コース）と3年（法学未修者コース）の二つに分けること，そしてそれに対応した入学者選抜方式が採られた。すなわち，既修者コースへの入学希望者には法律科目の試験を課すが，未修者コースへの入学希望者には適正試験を課す。そして適正試験は，法律学の知識ではなく，判断力，思考力，分析力，表現力等の資質を試すものとする。これは法学のバックグラウンドが全くない学生の入学も積極的に受け入れることを目指したからである。

③教育内容：修了者の7～8割の合格を目指す

教育内容は，法理論を中心としつつ，実務教育の導入部分をも併せて実施することとし，実務との架橋を強く意識する。そして，法科大学院の課程を修了した者のうち相当程度（例えば7～8割）の者が新司法試験に合格できるよう，充実した教育を行うべきであるとしている。

この提言（7～8割の合格）は制度設計の中でもっとも肝要な点であり，法科大学院制度の理念を実現するための扇の要になっている。その理由は，もし仮に合格率が30％というような低い水準になれば，法学未修者は資格取得が困難になり，入学を敬遠することになろう。すると公平性・開放性・多様性の理念が崩れることになる。また低合格率になれば，資格試験ではなく競争試験になるから，実務を重視した教育は困難になり，法理論と実務との架橋という理想も困難になるからである。

意見書は，「（旧制度のように司法試験という）点のみによる選抜ではなく，プロセスとしての法曹養成制度を整備する」ことを重視しているが，そのためには「法科大学院の学生が在学期間中その課程の履修に専念できるような仕組みとすることが肝要で」あり，この観点からも7～8割の合格率が必須であるとしている。要するに，7～8割の合格率を達成することは，プロセスとしての法曹養成を実現するための基本的前提であったと言えるであろう[4]。

(3) **実現した法科大学院制度の概要**

法科大学院は2004（平成16）年から入学生の受け入れを始めたが，その概要は以下のようなものである。

1．設置基準に基づき適格認定を受けた74校が法科大学院に認可された。2004年当初の入学者総数は約5,800名であった。
2．修了年限は3年（法学未修者コース）と2年（法学既修者コース）である。
3．法科大学院はその教育内容について，認証評価機関から5年に一度評価を受けることが必要である。
4．学費は年額およそ80万～150万円である。

10-2-2　新司法試験制度の概要

新司法試験の概要は以下のようになっている。
1．受験資格は法科大学院の課程を修了した者，あるいは予備試験（平成23年から始まるが，制度の骨格は未定である）に合格した者で，修了（合格）後5年以内で，その間に3回までの受験が可能である。
2．予備試験は，司法試験を受ける者が，法科大学院課程修了と同等の学識および応用能力を有するかどうかを判定することを目的とする。
3．合格者は司法試験考査委員の合議による判定に基づき，司法試験委員会が決定する。
4．司法試験委員会は，委員7人をもって組織する。委員は，裁判官，検察官，弁護士および学識経験を有する者のうちから，法務大臣が任命する。

　新司法試験制度が旧制度と異なる点は，受験資格として法科大学院修了を要求するようになったことと，合格者総数が大幅に増やされたことである。しかし合格者の決定方式は新旧両制度において大差はない。すなわち，新制度でも合否の判定は司法試験委員会が行い，その委員の任命は法務大臣が行う。そして重要な点は，司法試験委員会に需要サイドの委員が入っていないことである。したがって，司法試験の実施と合格者数の決定は，法務大臣（行政府）と法曹三者（法律サーヴィスの供給サイド）が強い影響力を持っているという点で新旧両制度は共通している。

表10-1 新司法試験と旧司法試験制度の比較

		新司法試験制度	旧司法試験制度
(a)	受験資格	○予備試験：なし ○本試験：法科大学院修了者 　　　　　または予備試験合格者	○第一次試験：なし ○第二次試験：第一次試験合格者
(b)	受験回数制限	法科大学院修了後または予備試験合格後5年以内に3回まで	なし
(c)	弁護士資格がほぼ確実になる最小年齢	24歳 (法科大学院・既修コース修了後，1回目の司法試験で合格する場合)	21歳 (大学4年次に司法試験に合格する場合)
(d)	学費	300万〜400万円 (法科大学院の学費)	(試験予備校の費用)
(e)	司法研修の人数/年	2,000〜3,000人（2007年〜）	990人（2001年，55期） 1,200人（2003年，57期） 1,500人（2005年，59期）
(f)	司法研修の期間	1年間（2006年〜）	2年（〜1998年） 1.6〜1.4年（1999年〜2005年） 1年（2006年〜）
(g)	法科大学院への財政支出	70億円（法科大学院への助成） 130億円（奨学金の原資）	

注：(1) (g)の資料はhttp://www.mext.go.jp/b_menu/shingi/chukyo/chukyo4/012/gijiroku/06051204/001.htm による。
(2) 司法修習生に対しては国家公務員甲種合格者と同じ給与・手当てが支給されていたが，2010年からは貸与制（無利子）に変わる。また，旧制度における司法研修所予算の7割程度は修習生の給与が占めていると推測される。

10-2-3　新・旧司法試験制度の比較

旧制度と新制度の主な差異はどこにあるか，両者を比較してみよう（表10-1）。第1の相違点は，弁護士資格が確実になる最少年齢（同表，c欄）が，旧制度では21歳（大学4年）であるのに対して，新制度では24歳で3年（既修者コースでは2年）遅くなることである。これは個人のキャリア設計においてきわめて重要な意味をもっている。なぜならわが国では，大学4年次がキャリアの分岐点になっており，企業への就職活動はそれから遠ざかるほど不利になるからである。

第2の相違点は，新司法試験が受験資格として法科大学院修了を要求していることである。このために法科大学院の学費と生活費などで新たに500万

〜1,000万円が必要になる。もし新制度において，司法試験合格率が十分に高ければ（例えば80％以上），500万円の費用投下はペイするものかもしれない。しかし，それが50％以下の水準になれば，この費用投下はきわめてリスクの大きいものとなるであろう。そして経済的に裕福でない学生ほど，このリスクは大きくなる。したがって，家貧しければ，法曹にはなりにくい制度になったといえる[5]。

第3の相違点は，旧制度では受験回数の制限はなかったが，新制度では受験期間（5年）と回数（3回）の制限が設けられたことである。これは受験生にとってはきわめて不利な制度であろう。なぜなら，司法試験にはきわめて長期間の勉学を要する。そして勉学のパターンは人により様々である。例えば扶養家族や両親の介護がある場合などは短期集中型ではなく長期分散型の勉強になるかもしれない。また，女性にとっては出産による中断もありえる。したがって，広い社会階層から法曹候補者を集めようとすれば，この制限は大きな桎梏になろう。この制限が設けられた理由について，改革審その他の議事録には説得的な説明はないように思われる。一つの理由として，受験生の滞留を防ぐためという理由が挙げられているが，これは試験を実施する側の都合でしかないであろう。仮に3回制限が妥当性を持つとしたら，それは合格率80％が前提であろう。

第4はマクロレベルでの人的資源配分の問題である。新制度では不合格になった人たちの行く先が定まっていない。法律的訓練を受けた25〜29歳の，そしてきわめて優秀な人的資源が有効に生かされず，マクロ的に見てこれは人的資源の大きな浪費になりかねない[6]。

10-2-3　法科大学院のカリキュラムと新司法試験の関係

改革審意見書によれば「新司法試験は，法科大学院の教育内容を踏まえたものとし」，かつ「十分に教育内容を修得した履修者に，司法試験後の司法修習をほどこせば，法曹としての活動を始められる程度の知識，分析力を備えているかを判定するもの」とされている。これを文面どおりに読めば，司法試験は

競争試験ではなく一種の資格試験になるように思える．要するに，法科大学院での教育，司法試験，司法修習の三者が「プロセス」としてつながることを目指しているわけであるが，これは旧制度が司法試験という「点」による選抜であったことへの反省に基づくと言われている．

上記のように，新司法試験は一種の資格試験を目指したとも言われるが，実際は合格率が30％程度になり（平成21年），形を変えた競争試験の様相を呈している．この傾向が続けば，法科大学院は旧制度における受験予備校と同じ存在になり，プロセスとしての法曹養成は失敗しかねないと危惧されている．また，受験の3回制限から「受験控え」が起きており，あるいは3回の制限枠を使いきって受験資格を失う者（2008年200人，2009年600人）が出てきている[7]．

10-3　法科大学院進学を決断する司法試験合格率：モデル分析

司法試験合格率は，学生にとっても，また個々の法科大学院にとってもきわめて重要な指標である．大学生が法科大学院への進学を決断するか否かは，その3年後に受験することになる司法試験の合格確率予想がある水準より高いことが条件になろう．また個々の法科大学院にとっては，ある一定水準以上の合格率を維持することが重要になろう．さもないと，入学希望者が減り定員を確保することが難しくなるからである．

不確実性のもとでの意思決定を説明するものとして期待効用モデルがある．ここではその簡単なモデルを用いて，大学院進学を決断する合格確率について考えよう．一般に，大学院進学への決断は次のような条件に依存するであろう．

(1) 弁護士になれた場合に得る所得．
(2) 法科大学院に進学したが，司法試験に失敗したときの所得（大卒中途採用者の所得）．
(3) （法科大学院に進学せずに）新規大卒で就職した場合に得る所得．
(4) 親から相続する資産の大きさ．
(5) 法科大学院の学費．

(6) 司法試験に合格できない場合のリスクを嫌う程度（リスク回避度）[8]。

いま上記の諸条件について，以下のような仮定をおいて簡単なシミュレーション分析を行ってみる。大卒者，弁護士，大卒中途採用者それぞれの1年当り所得は，以下のようになっていると仮定しよう。

年当りの所得（万円）

	22歳	23歳	24歳	25歳	26歳	27歳	…	65歳
大卒	1,000	1,000	…	…	…	…	…	1,000
弁護士	−200	−200	−200	−200	1,500	1,500	…	1,500
中途採用	−200	−200	−200	900	900	900	…	900

すなわち，大卒で就職した場合には22歳から65歳の定年まで，毎年一定額1000万円の所得が得られると仮定する。一方，弁護士は大卒者の1.5倍の年所得1,500万円があるが，22〜25歳の4年間（法科大学院と司法研修所）は200万円／年の授業料と生活費の支出が要る。そして，もし司法試験に失敗し，中途採用で就職する場合には，22〜24歳の3年間は200万円／年の授業料が要り，そして25歳からは900万円／年の所得（中途採用なので大卒者より1割年収が少ない）になると仮定する。

上記の条件で生涯所得（21歳時点での現在価値，割引率5％／年）を求めると，弁護士，大卒者，中途採用者がそれぞれ2.047億円，1.766億円，1.290億円になる。

次に相対的危険回避度（k）が一定の効用関数 $U(A+生涯所得)$ を仮定する。ここで，A は両親から相続する資産である。すると合格確率がPのとき，もし次式がなりたてば，法科大学院へ進学して弁護士を目指す方の期待効用が大きくなり，進学を決断することになる[9]。

大学院進学の条件：$PU(A+2.047)+(1-P)U(A+1.290) > U(A+1.766)$

このときPの大きさは，相続資産（A）と危険回避度（k）に依存するが，そ

表10-2 法科大学院へ進学を決意するために必要な合格確率

危険回避度(k) 相続資産(億円)	k = 0	k = 1	k = 2	k = 5
A = -0.5	0.629	0.702	0.768	0.910
A = -0.1	0.629	0.683	0.735	0.860
A = 0.1	0.629	0.677	0.723	0.840
A = 0.5	0.629	0.669	0.707	0.808
A = 1	0.629	0.661	0.693	0.779
A = 5	0.629	0.642	0.655	0.693

注:(1) Aは相続する資産額(億円)、kは相対的危険回避度である。
(2) 弁護士の生涯所得は2.047億円、大卒者の生涯所得は1.766億円、司法試験に不合格で中途採用就職した場合の生涯所得は1.290億円(いずれも21歳時の現在価値)と仮定している。

れをまとめたものが表10-2である。すなわち、合格確率が同表の数値より大きければ大学院へ進学することになる。例えば、危険回避度がk=5で、相続資産がA=0.1億円のときには、合格確率が0.840以上であれば進学することになる。

法科大学院への進学希望者の危険回避度(k)はおそらく2より大きく5前後であろうと考えられる。学生が投資するのは自分自身であって、それはリスク分散ができないからである。また大学院修了後、5年以内に3回まで受験可能という制限はリスクの度合を高める一因になろう。

同表でA=-0.1の場合は、-1,000万円を相続するという意味であるが、これは親の介護とか出産などで負の資産がある場合である。総じてA<0.5、k>2というのが一般的なケースであろう。とすれば、少なくとも合格確率が0.707以上でないと進学を決意しないことになる。逆の言い方をすれば、意見書の述べた、「修了者の7～8割が合格できるように」という文言は、法曹を目指すものにとってかなり魅力的であったと言えるかもしれない。

表10-2のもう一つの含意は、表中の合格確率がすべて0.6以上になっていることである。ゆえに、自分の予想する確率が0.6以下の場合には、法科大学院への進学を断念することになろう。したがって個別の法科大学院が長期間にわたって0.6より低い平均合格率しか生み出せないときには、その大学院への入学希望者は漸減していくことになるといえる。

10-4　新司法試験における合格率の実証分析

前節でみたように，司法試験合格率は受験生個人にとっても，また個々の法科大学院にとっても最大の関心事である。本節では現実の合格率がどのような数値になっているかをみる。

合格率をどのような側面から見るべきであろうか。例えば，合格率を法科大学院の入学者数に対する比率で見るか，あるいは修了者数に対する比率で見るかによって数値はかなり異なってくる。司法制度改革審議会は「修了者の7～8割」を合格率の目安としたが，個々の大学院生にとってはむしろ入学者に対する比率の方が重要かもしれない。また，既修コースと未修コースでは合格率が大きく異なっていることも重要である。例えば，平成18年度修了者の場合を見ると，合格者数／入学者の比率は既修コースでは52.2％，未修コースでは25.7％である。そして，合格率が年々低下傾向にあることも注目すべきである。これは不合格者が滞留していることによるものであろう。

10-4-1　入学者数に対する比率と修了者数に対する比率

表10-3は入学者数の何割が修了できるかを見たものである。平成16年度の入学者数（第1期生）は既修コースが2,350人，未修コースが3,416人であった。そして，既修コースを順調に2年間で（平成17年に）修了した者は2,176人（92.6％）であった。一方，未修コースを順調に3年間で（平成18年に）修了した者は2,563人（75.0％）であった。以下，平成17年以降の入学生についてもほぼ同様の傾向が窺える。すなわち，既修コースでは入学生の9割強が修了するのに対して，未修コースで修了できるのは7～7.5割である。

表10-4は，修了者数と司法試験合格者数の関係をみたものである。平成17年度の修了者は既修コース2,176人のみであるが，1回目（平成18年）の受験で合格した者は1,009人（46.4％），2回目（平成19年）の受験で合格した者は396人（18.2％），そして3回目で合格した者は99人（4.6％）で，累計では

第10章 法科大学院の設立と法曹養成制度：人的資本理論の観点から

表10-3　年度別の修了者数（下段括弧内は入学数に対する割合）

入学年度	平成16年度		平成17年度		平成18年度		平成19年度	
	入学数5,766人		入学数5,544人		入学数5,784		入学数5,713	
修了年度	既修入学数 2,350	未修入学数 3,416	既修入学数 2,063	未修入学数 3,481	既修入学数 2,179	未修入学数 3,605	既修入学数 2,169	未修入学数 3,544
平成17年度	2,176 (0.926)							
18年度	33 (0.014)	2,563 (0.750)	1,819 (0.882)					
19年度		NA	362 (0.175)	2576 (0.740)	1,972 (0.905)			
20年度				NA	NA	2,542 (0.705)	1,996 (0.920)	

注：(1) データは文部科学省「法科大学院修了認定状況調査の概要」による。
(2) 法学部出身者は全入学生の7割程度をしめるが，それがすべて既修コースに所属するわけではなく，その半分程度は未修コースに所属する。したがって，大まかに区分すると，「法学部出身・既修コース」「法学部出身・未修コース」「その他学部出身・未修コース」の比率が1対1対0.5となる。
(3) 非法学部出身者（全体のおよそ2.5～3割）の8割以上は未修コースに所属する。
(4) 社会人の入学割合は48.4％（平成16年），32.1％（平成19年）で年々低下傾向にある。
(5) 修了せずに退学した者の一部には，以下のように旧司法試験に合格した者がいる。75人（平成18年），61人（平成19年），38人（平成20年）。

1,504人（69.2％）が合格した。同様のことを平成18年度の修了者についてみると，既修コースの修了者（1,819人）の合格者累計は2年間で1,077人（59.2％）であった。また，平成18年度，未修コース修了者の合格者数は，2年間のみの累計であるが878人（34.3％）であった。また，最下段の（f）行は，その対応する年度の入学者数に対する比率である（もちろん2回目，3回目の受験がカバーされていない場合は，合格者数とその割合はこれよりやや増加する）。例えば，未修コース・平成19年度修了者で20年に合格した者は492人であるが，彼らの入学年は17年度でその入学者数は3,481人である。したがって合格者数／入学者数の比は0.141（＝492/3481）となる。

さて表10-4からおおよそ以下のことがわかる。第1は，既修コースと未修コースでは合格率に大きな差（対修了者数比，対入学者数比のいずれにおいてもおよそ30％）がある。第2は，既修，未修の両コースともに合格率が年々低下している。これは前年度の不合格者が滞留することによるものであろう。第

表10-4 司法試験合格者数と合格率（下段括弧内は修了者数に対する割合）

	平成17年度修了者数		平成18年度修了者数		平成19年度修了者数	
	既修 2,176	未修 —	既修 1,819	未修 2,563	既修 1,972	未修 2,576
(a) 合格者数 平成18年度	1,009 (0.464)	—	—	—	—	—
(b) 合格者数 平成19年度	396 (0.182)	—	819 (0.450)	636 (0.248)	—	—
(c) 合格者数 平成20年	99 (0.046)	—	258 (0.142)	242 (0.094)	974 (0.494)	492 (0.191)
(d) 合格者数 累計（人）	1,504		1,077	878	974	492
(e) 合格者数の修了者数比	0.692		0.592	0.343	0.494	0.191
(f) 合格者数の入学者数比	0.640		0.522	0.257	0.447	0.141

注：(1) 既修コースで平成16年度入学者は，順調にいけば17年度に大学院を修了し，18年度の司法試験合格となる。また，未修コースの16年度入学者は，順調にいけば18年度に大学院を修了し，19年度に司法試験合格となる。
(2) (d)行の合格者数累計は，(a)+(b)+(c)で求めた。
(3) (e)行は，'(d)/(修了者数)'で求めた。
(4) (f)行は，'(d)/(対応する年度の入学者数)'で求めた。
出所：データは法務省「新司法試験法科大学院別人数調」による。

3は，平成18・19年度のデータから考えると，長期的に収斂する合格者数／入学者数の比率は，既修コースではおよそ40％，未修コースでは15％であろうと推計される。そして両者の平均値は30％弱であろうと推計される。

未修者コースの3分の2は法学部出身者である（表10-3注参照）ことから考えると，法学の基礎が全くない異分野（例えば工学士，理学士など）からの進学はほとんど無謀に近いとさえ感じられる。司法改革審議会意見書の「法学部以外の学部の出身者や社会人などを一定割合以上入学させる」という理想は画餅に帰したことを窺わせる数値である[10]。

10-4-2 各法科大学院の合格率と合格者数

各法科大学院にとって，その合格率と合格者数は重要な指標である。これらは法科大学院受験者の人気を保つうえで重要である。

図10-1は合格率の高い順に並べて，各大学院の合格率を見たものである。

第10章　法科大学院の設立と法曹養成制度：人的資本理論の観点から　279

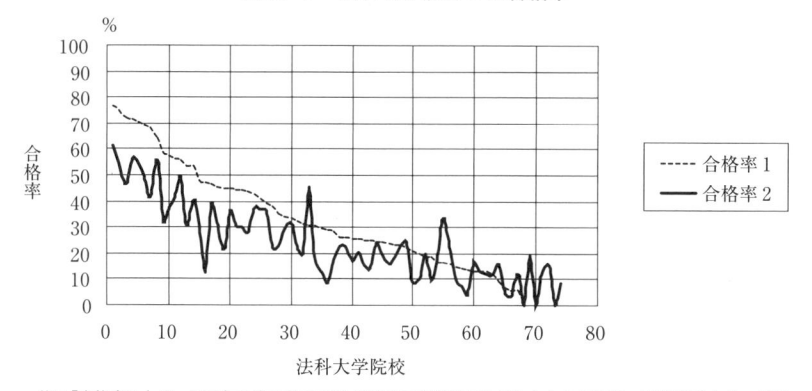

図10-1　法科大学院ごとの合格率

注：「合格率1」は，2006年の修了者で2007，08年に司法試験に合格したものの比率。「合格率2」は，2008年の受験者数と合格者の比率。
出所：データはそれぞれ，週刊ダイヤモンド2009.8.29，(55p)，日経キャリア（法科大学院徹底ガイド2009.6.19）による。

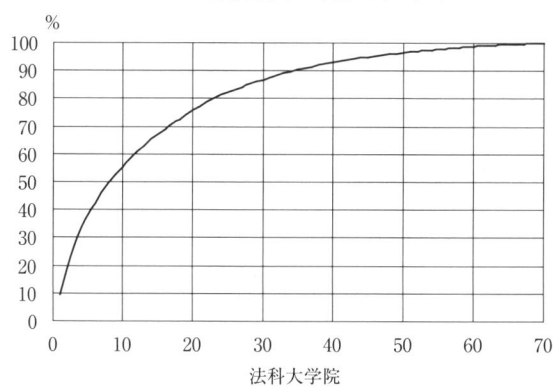

図10-2　合格者数の累積比率（％）

　二種類の合格率指標が示されているが，合格率1（2006年の修了者で，07，08の両年で合格した者の割合）で合格率が60％を超えるものは8校あり，一方40校は30％以下の水準である。また，合格率2（2008年の受験者数に対する合格率）で50％を超えているのは5校のみである。合格率1の指標でみると，上位10校以外では入学希望者が漸減してゆく可能性があろう。

　図10-2は，合格率1の合格者数を規模別に並べ，累積％を見たものである。

これによれば上位10校で全体の55％を，そして上位20校で75％を合格させている。すなわち，上位10校規模のものが20校あれば全体を賄えるという計算になる[11]。

10-5　選抜の時期をいつにするべきか：労働経済学の視点から

　法曹たらんと志望する人は多く，その競争率は高い。それでは大勢の志望者の中から適正な人数に，どの時点で絞り込むのが最善であろうか。この問題はいわゆる「入口論と出口論」の議論であり，司法制度改革審議会でも大いに議論された。労働経済学の観点からは，その時期は可能な限り若い時点で行うべきである。しかるに，新制度は旧制度に比べて2～3年選抜の時期が遅くなってしまっている。

　いま以下のような二つの選抜方法があるとし，それを比較してみる。一人前の法曹を養成するのに必要な期間は6年とし，また必要とする新規法曹の数は3,000人／年であると仮定しよう。すると次の二つの養成・選抜方法のうちいずれが望ましいであろうか。

① 18歳の優秀な人材を3,000人／年選び，彼らに6年間の教育・訓練を施す。

② 18歳の優秀な人材を6,000人／年選び，彼らに6年間教育・訓練を施し，6年目（彼らが24歳の年）にその中から3,000人を試験によって選び，残りの3,000人は不合格にする。

　①はいわゆる入口論（入口で絞る方法）であり，一方②は出口論（出口で絞る方法）である。上記2種類のうち，どちらがより望ましい選抜方法であろうか。もし法曹に必要な資質を18歳で見抜くことが可能であれば，明らかに①の方が優れている。なぜなら②の方法は，3,000人が無駄な教育投資を行い，そして彼らに24歳のとき，それまでの勉強が役にたたない進路を選ぶように要求するからである。これはマクロ的には誤った人的資源配分であり，個々の学生

表10-5　新規法曹を選抜する時期の国際比較（括弧内は合格率）

年　齢	～21歳	22歳	23歳	24歳	25歳	26歳	27歳
日本 （新司法試験）	大学	入学試験 法科大学院			司法試験 （30％？） 司法修習	終了試験 弁護士開業	
日本 （旧司法試験）	大学	司法試験 （約3％） 司法修習	終了試験 （約100％）	弁護士開業			
米国	大学	入学試験		ロースクール	弁護士試験（約70％） 弁護士開業		
英国	大学 （法学位） （70％）	ソリシター協会 法律学校	実務演習		資格取得 （70％）		
ドイツ	大学卒業資格 ＝第一次国家試験 （70～80％）			実務研修（2年）		第二次国家試験 （90％） 弁護士開業	
フランス	大学または修士課程 CRFP入所試験 （20～30％）		CRFPでの修習 （2年） CAPA試験（100％）		研修弁護士（2年）を経て 弁護士開業		
韓国（新）	大学	入学試験 法学専門大学院（ロースクール）			新弁護士試験（80～90％？） 弁護士開業		
オーストラリア	大学法学士 （4～5年） （1年目で30％退学。 卒業後は95％がソリシターになる。）		実務研修 （PLT，2年）		弁護士開業 継続研修制度（CLE）など		

出所：以下の文献から作成した。(1)小野秀誠（2001），(2)司法制度改革審議会，第14回配布資料（平成12年3.2）。(3)英国は日本弁護士連合会（1995）によるが，ソリシターのみについてである。

に対しては無駄な教育投資（時間と金銭）を誘ったことになる。また②の方法は①の2倍の学生を訓練するから，マクロ的には2倍の教育費用がかかり，コスト的にも不効率である[12]。

　上記の観点から諸外国の制度を見てみよう。表10-5は各国の法曹養成における選抜時期と合格率を比較したものである。ほとんどの国は入口で絞る方法をとっているのに対して，わが国の新制度のみが出口で絞り込むようになっている。例えばドイツの場合には，入口である大学卒業資格（これが第一次国家

試験をかねている）の合格率は70～80％であり，出口になる第二次国家試験の合格率は90％と高い。フランスの場合は，入り口であるCRFP入所試験は希望者を20～30％と厳しく絞り込み，出口のCAPA試験はほぼ100％の合格率である。英国におけるソリシターの場合は，大学の法学位が要件であるが，それを取得した者のうち70％がバリスターまたはソリシターの道に進む（日本弁護士連合会1995 p.21）。そして最後の資格取得段階での合格率は約70％である（p.35）。すなわち，最初の大学入学段階がもっとも競争倍率が高く，最後の資格取得での合格率は70％と高い。次にオーストラリアの場合は，大学で法学士を得る途中で絞り込まれ（1年目で30％が退学すると言われる）るが，卒業すれば95％がソリシターになれる。米国はやや特殊であるが（新規法曹の供給はほぼ規制されていない），やはりその出口（弁護士試験）は緩い。弁護士試験の合格率は70％前後であるが，各州が独自に試験を主催しており，また年に2回ある。したがって弁護士資格をとるチャンスはほぼ100％に近いと言えるであろう。最後に，韓国はまさにこれからロースクールがスタートするが（2009年開校），法学専門大学院の認可校数と入学定員数を厳しく絞り込んだ。すなわち入口を厳しく，出口は緩くなっている。以上のように，多くの国では入口を厳しくして，出口を緩くしている。すなわち，日本の新制度だけが出口で絞るようになっている[13]。

　各国の法曹養成が，このように入口で絞るようになっている理由は何であろうか。第1は，学生たちに自主的な研究と努力を行うモチベーションを与えることである。わが国の新制度のように出口で絞るのでは，大学院の勉強は司法試験を目指したものになる。したがって，独創的な仕事を生み出すような素地は生じず，ステレオタイプな法曹ばかりが生まれる危険性がある。第2は，優秀な人材が他の分野に逃げることを防ぐためである。出口で絞る制度では，学生にとって法曹を選んだ場合のリスクが高まる。したがって優秀な学生の一部はリスクを嫌い，医学部とか理・工学部の方を目指すようになる。第3は，入口で絞るときの方が，家計の貧しい青年にもより公平に法曹への道が開かれることである。逆に，出口で絞る制度では経済的余裕がないと法曹へチャレンジ

できなくなる。したがって，法曹のイデオロギーが偏るおそれもでてくるが，法律家たちのイデオロギーは広く分散することが望ましい。

10-6　法務省の司法試験行政をめぐる問題

10-6-1　弁護士サーヴィスの特質からくる問題

　弁護士と医者という二つのプロフェッションのサーヴィスには共通点がある。第1は，一般の消費者がサーヴィスの質を見抜けないという情報の非対称性（asymmetric information）である。第2は，それが公共財（public goods）的な性格をもっていることである。すなわち，法律サーヴィスや医療サーヴィスは，それを必要とするすべての国民に広く供給されることが望ましい。第1については，その質を認定する国家資格制度が必要になり，そしてそれに伴い新規法曹の合格判定を誰が行うかという問題が起きる。そして，これは技術的問題から専門家に委ねざるをえない。とすれば，専門家が新規法曹供給量の決定権を独占しかねないという問題が起きる。

　第2の公共財的性格に関連しては，その総供給量をどのような水準にすべきか，という問題が起きる。例えば改革審意見書のように，フランスなみを目標にするとすれば，そこから新規法曹が3,000人／年というような数値目標が導かれてくる。しかし，数値目標を目指す政策には新たな問題が発生する。一つは，3,000人の新規法曹の質が前記の合格水準を満たしているか否かの判定についてである。因みに専門家の判断が，新規法曹の質がその水準を満たしていないという理由で，3,000人／年を拒否することがありえる（これは現在わが国で実際に起きていることでもある）。もう一つは，3,000人の新規法曹を作り出していったとき，弁護士たちの適正な所得水準が保障されるかという問題である。この点は医師を増加する場合と事情がやや異なっている。なぜなら，医師の場合には保険制度が整っているから，医療サーヴィスへの需要がある程度保障されている。ところが，法律サーヴィスにおいては保険制度や法律扶助制

度が未整備であり，法曹の供給量が急速に増えたときに，そのサーヴィス価格が低下して弁護士所得が低落する危険性がなしとはしない。かくして新規法曹の増員に対しては，弁護士会から間断ない反対が噴出してくる[14]。

10-6-2　司法試験合格者数の決定をめぐる問題

　新制度における司法試験合格者数の決定は，司法試験委員会によって行われるが，それは旧制度の決定方式と大差ない。ここで重要な点は新旧両制度ともに，司法試験委員会に需要サイドの委員が加わっていないことである。司法改革審議会には需要サイド（労組，主婦連の代表など）の委員が含まれていたことから考えると，新司法試験委員会には需要サイドの委員が加わるべきであったろう。

　司法試験委員会は，裁判官，検察官，弁護士，学識経験者など7名から構成されている。また司法試験考査委員会は，大学教授，裁判官，検察官，法務省担当官，弁護士など150名前後から構成される。そして，司法試験の問題作成や採点は，司法試験考査委員会によって行われ，合格者の決定は，司法試験考査委員会の合議による判定に基づき，司法試験委員会が決定する（司法試験法8条）。そして，司法試験委員会の委員を選ぶのは法務大臣であるから，司法試験合格者数の決定にもっとも影響力を持つのは法務大臣と政府与党であると考えられる。

　意見書の3,000人／年という数値が生まれたのは，規制緩和の流れが頂点に達した小泉内閣の時代であった。その後の自民党内閣は，規制緩和路線をやや修正してきているが，それと同調して鳩山法相は，3,000人／年は多すぎるという談話を何回か発している。そして平成19～21年には，合格者数が2,000人規模に抑制されているが，これは政府与党が抑制的なスタンスに変わったことの反映とも考えられる[15]。

　同時に，司法試験考査委員会と司法試験委員会には3,000人／年に対して消極的なメンバーも少なくないと考えられる。弁護士会が急速な弁護士人口の増加に消極的なのはいうまでもない。そして裁判官と検察官も消極的であること

が推測できる。なぜなら，もし弁護士人口が急増すると，それは民事・刑事の両面において訴訟数を増加させる。そして，それは裁判官と検察官の速やかな増員を必然にする。すると裁判所組織と検察庁組織の規模を拡大しなければならず，両者にとっては新たな問題を引き起こすからである。したがって，政権与党が法曹増員に消極的になるとき，司法試験委員会もこれに同調することにやぶさかではないはずである。

10-6-3　司法試験は資格試験かあるいは競争試験か

　司法試験は資格試験なのか，あるいは競争試験なのであろうか。司法試験委員会は，資格試験という建て前をとっているようである。すなわち，平成19～21の3年間にわたり2,000人程度の合格者しか出していないことに対して，林真琴人事課長（法務省）は「あくまで合格成績に達した人数で抑制ではない。三千人目標は法科大学院の充実した教育が前提だ」（東京新聞2009年9.1）と述べている。ここでの問題点は第1に，合格基準の設定とその判定は供給サイドの専門家によって行われ，需要サイドはそれに参加していないことであり，第2に，結果的には合格者数の決定が供給サイドの専門家によって行われることである。言いかえれば，需要サイドの希望数が3,000人／年であっても，司法試験委員会はそれを拒否できることである。

　ところで，合格者数と合格基準に関する情報が開示されることは，法曹養成制度にとっては重要である。というのは，司法試験合格者数と法曹養成制度とは密接な関わりをもっており，法科大学院を目指す学生にとっても，また法科大学院にとっても，司法試験合格者数（そして，これから導かれてくる合格率）は明確でなければ困るからである。ところが，現行制度では過渡期とはいえ，合格者数が2,000人になるのか，あるいは2,500人になるのかが不明確で，しかもその決定はブラックボックス（司法試験委員会と法務省の裁量に任されている）の中で行われているのである。

表10-6

	受験者総数	論文試験該当者	最終合格者	合格率	合格ライン点（標準正規分布）
平成18年	2,091人		1,009人	48.3%	
平成19年	4,607人	3,408人	1,851人	40.2%	−0.1128
平成20年	6,261人	4,416人	2,065人	33.0%	0.0940
平成21年	7,392人	4,817人	2,043人	27.6%	0.1809

注：平成18年には未修コース修了者はいない。

10-6-4　合格基準は年々引き上げられている？

　新司法試験の受験者数は，平成19年から増加し続けているが，合格者数はそれに比例して増加してはいない。そして，表10-6に示されているように，合格率は年々低下してきている。これは，受験者総数が増加してきたことと同時に，司法試験委員会が合格基準を引き上げていることも一因ではないかと推測される。

　図10-3は，平成19，20，21年の総合試験成績分布図である[16]。横軸に総合点数，縦軸に人数比（％）をとっているが，同図は標準正規分布に変換しているので平均点は0，標準偏差は1になっている。三年度とも正規分布に近い形をしており，しかもほぼ同じ分布形をしている。しかるに，表10-6に示してあるように，合格ラインの点数はそれぞれ−0.1128（平成19年），0.0940（平成20年），0.1809（平成21年）と年々高くなっている。平成19年の合格ラインは，平均点（0）より−0.1128点（標準偏差を1として）だけ低いところにあった。そして翌20年の合格ラインは0.0940点であるから，0.2点ほど高くなった。そして21年には0.1809点とさらに0.1点ほど高くなっている。もし受験生全体の平均的能力がこの3年間同程度であったとすれば（おそらくこの仮定は正しいであろう。なぜなら，母集団は数千人規模であり，大数の法則が働くからである）合格基準は毎年引き上げられてきたことになるであろう。

　平成21年度において，もし合格基準が−0.0849点まで下げられたならば，合格者数は2,561人になり，さらに−0.1292点まで下げられていたならば，合格

第10章　法科大学院の設立と法曹養成制度：人的資本理論の観点から　287

図10-3　得点別の合格者分布（標準正規分布による）

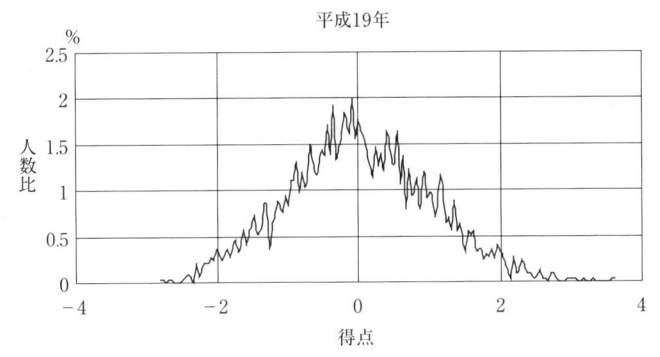

平成19年

注：合格ラインは−0.1128，サンプル数は4,607人。

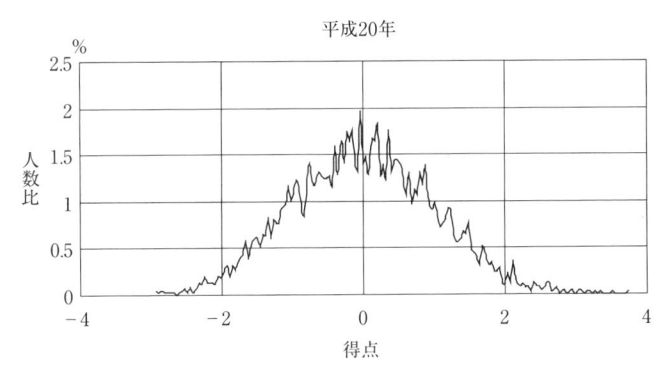

平成20年

注：合格ラインは0.0940，サンプル数は6,261人。

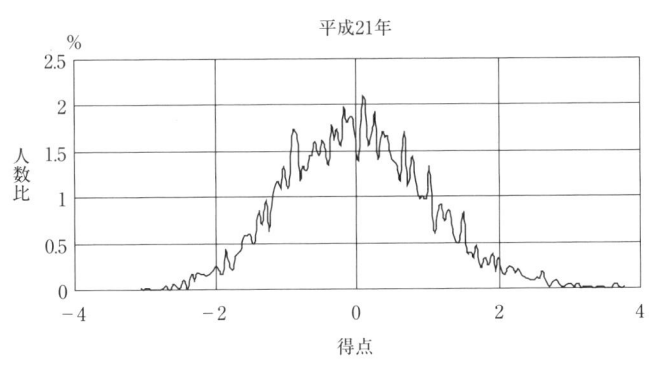

平成21年

注：合格ラインは0.1809，サンプル数は7,392人。

者数は2,648人であった。すなわち平成19年に近い合格基準であれば，2,600人程度の合格者が出ていたことになる。以上から判断すれば，合格者数を抑制しようとする判断が，司法試験委員会内で高まったこと，そして法務大臣もこれに暗黙の了解を与えていたことが推測されるのである。

10-7　文部科学省の法科大学院行政をめぐる問題

　司法試験の合格率が低い水準で推移している一つの要因は，総入学定員数が6,000人と大きくなったからである。この数値が，意見書のガイドラインである「修了者数の7〜8割の合格，合格者数3,000人／年」と齟齬をきたすのは明らかであった。文科省と法科大学院の設計チームは一体どのように考えていたのであろうか。これについて検証してみる。

10-7-1　制度設計の担い手

　基本構想の議論と制度設計が行われたのは司法制度改革審議会など三つの会議を通じてであったが，これらの議事録をみると文科省，大学，それに弁護士会の三者が積極的に発言したことが窺える。もちろん，中心的であったのは前二者である[17]）。

　これらの会議における大学教授委員は，公的な立場と同時に個別大学の利害調整を行う役割を持っていたであろう。特に法学部を抱える大学は，法科大学院を持つことがそのステイタスを維持するうえで重要と考えられたから，設置基準の策定と認可校数は重要な問題であった。一方，文科省は全般的な大学・大学院行政のなかに法科大学院をどのように位置づけるかが重要であったが，専門職大学院制度を成功させる有力な手段として法科大学院を利用しようとしたと推測される。また，弁護士会は，法曹養成に対して一定の発言権を維持することが必要であった。特に，旧制度の司法修習制度は法曹一元制の理念を取り入れたものであったので，これを維持，発展させることを企図した。そして，法科大学院制度が弁護士増員の圧力になることを阻止するためにも，一定の発

言権を保持しておくことは重要であった。こうして法科大学院制度設立にはこれら三者の理念と利害が交錯したといえる。

そもそも，改革審から始まる法科大学院の構想段階では二つの意見が対立していた。一つは出口論とも呼ばれるものであるが，それは設置基準を緩くして認可を広く認め，総入学者数が過大になったときには法科大学院修了後の司法試験（すなわち出口）で絞り込めばよいという考えであった。もう一つは入口論とも呼ばれるもので，法科大学院の入口で総定員数を絞り，それを4,000人以下にすべきであるという意見であった。前者の考えは，規制緩和の時流に沿うものとも考えられたが，また各大学の思惑とも合致していた。すなわち法学部をもつ大学は，法科大学院を持つことがそのステイタスを維持するうえで必須と考えたのである。一方，文科省は専門職大学院構想の中核として法科大学院を位置づけることを企てたと思われるが，そのためには法科大学院が叢生することは歓迎すべきことであった。要するに，緩やかな設置基準と70校に及ぶ認可校数は，文科省と各大学の思惑と合致していたと考えられるのである[18]。

10-7-2 出口論への収斂

司法制度改革審議会を主導した大学側の委員は，佐藤委員長，竹下，井上の両委員であるが，彼らの考えは出口論であり，結局その線に沿う制度設計が行われた。

司法制度改革審の第14回（平成12年3.2）審議会で井上委員は基本方針を次のように説明している，すなわち「合格数から逆算して法科大学院の数を20～30という風に限定して，それをどのように選ぶかは極めて困難な問題だと思われる。最低水準を満たしている限り設置を認めるべきである」。また「やる気があって，それだけの力を持っているところは自由に参加していい，そうでないとやはり制度としてはうまくいかない」。そして，これを受けて竹下委員は「それだけの費用と時間をかけられるような社会層からしか人材がでてこなくなるという問題は考えておかなければならない。……それゆえに大検のようなロースクールを出なくても何か一定の試験を受ければ，司法試験の受験資

格を認めるようなことも必要と考えている」と述べて,「予備試験」についての構想がすでにあったことを窺わせている[19]。

一方,水原委員は以下のような入口論的主張を行っている。「今の医学部は最初から6年間で半人前のお医者さんになる資格を与えられるわけです。……一人前になっていくのはどの社会においても,一定の資格をもって,それからが出発点という考え方を持たないと,余りにも教育の時点において,本当に完成した人間を作らなければいけないという考えには疑問を強く持ちます」。しかしこの意見は大勢とはならなかった。

具体的な制度設計は,文部科学省・法科大学院構想に関する検討会議(小島武司座長)によって行われ,改革審の集中審議日の初日(平成12年8.7)に提出された。その内容は以下のようなものであった。

① 法科大学院の設置に必要な一定の客観的基準を満たしたものは,設置認可するとともに,広く参入を認める仕組みとする。
② 法科大学院の設置を表明している相当数の大学が存在する以上,基本的には,どの法科大学院にどの程度の数の入学定員を配分するかを規制・調整することなく,一定の設置基準を満たした法科大学院の自由競争に委ねるとの方向を機軸とすることが適切である。
③ 法科大学院制度および新司法試験の趣旨を考えると,3回程度の受験制限を設けることが合理的と考える。受験回数の制限を設けないことは,受験生の滞留を招き新たな受験競争が始まる原因となりえる。

検討会議の提言は,おおむね第14回改革審で井上委員が行った提案に沿うものであるが,これは法曹を目指す学生の立場よりも各大学の経営戦略を優先させたものというべきであろう。各大学にとって,法科大学院経営は赤字でも,法学部との連結決算で帳尻が合えばよいからである。また,3回の受験制限は資格試験という建前と矛盾しかねないものであろう。もし合格率が80%という水準であれば,3回制限は理解できるが,現状のように,6,000人の総入学定員数を認可し,30%の司法試験合格率という状況では妥当性を欠くのではない

だろうか。

　改革審の第33〜37回では，検討会議の提言をもとに議論が行われた。特に第34回では，司法試験が資格試験か競争試験かという議論が交わされている。「もし，3000人／年という数を司法試験で絞るようになるのなら，それは資格試験ではなくなりますね」（山本委員）。これに対して佐藤委員長は「失われるわけではないです」と答えたが，高木委員は「蛇口で絞るなら基本的には山本さんのいうように資格試験でなくなってしまう」との応酬があった。また第35回において，吉岡委員は「数を決めてそれに合わせて合格させてゆくということですと，今とは違うかもしれないけれど，現状に近い決め方にならないかと思う」と述べ，進められている設計案では競争試験になると主張している。一方，中坊委員は「資格を満たす水準か否かの判断は専門家の考査委員が行うから，今年はこのレベルを満たしているものは2500人しかいないので，3000人は合格させないということもありえる」と述べている。これは今日の状態を予感させる発言であるが，考査委員という少数の専門家によって，司法試験合格者数がコントロールされかねないという危険性が，資格試験の場合にもありえることを暗示していた。

10-8　要約

　法曹養成制度と法科大学院制度は，何よりも法曹（司法試験合格）を目指す学生たちが教育投資（human capital investment）を行う場として捉えるべきである。とすれば望ましい法曹養成制度とは，彼らのために教育投資の環境を整えた制度ということになる。それには以下の3点が重要であると考えられる。(a)教育投資の不確実性を出来うる限り小さくする。(b)投資コストが出来うる限り小さくて済むようにする。(c)投資主体である学生の自由な投資（勉学）パターンを認める。

　新司法試験制度の問題点は旧制度と比較すると，学生たちにとってコストとリスクがともに大きくなってしまったことである。(a)に関しては，司法試験合

格年齢が旧制度より2～3年遅くなるから，これは民間企業や公務員への就職機会を失うリスクを高めた。(b)に関しては，法科大学院修了が受験資格であるから，そのために1,000万円程度の先行投資が必要になった。これは平均的な家庭にとっては少なからぬ負担である。また(c)は，勉学には様々なパターンがあり，何歳になろうともある目標に到達しようと勉学する努力こそもっとも尊重されるべきであるという考えである。これに基づけば，大学院修了後5年以内に3回までの受験という制限は，教育と資格試験の理念にそぐわない。もしこの制限が妥当性を持つとすれば，80％の司法試験合格率が前提であろう[20]。

　さて，法科大学院を学生が教育投資を行う場として捉えるとき，現行制度の改善にはどのような方向が考えられるであろうか。第1は，法務省は司法試験合格者数／年を2,500人とか3,000人というように明示し，それを中長期的（少なくとも5年以上）に固定すべきであろう。これは，大学院生個人や個々の法科大学院が合格率を予想するために必要である。なお受験生の質に関しては，その総数は毎年数千名であるから，（大数の法則により）その質が年々大きな変動をすることはなく，合格者数を固定することが質の低下を招くことはないであろう。第2は，困難な問題であるとしても，法科大学院の総定員数を早急に4,000人以下に絞り込み，修了者の8割程度が合格できるようにすべきである。そして各大学は，法学部と法科大学院を一体化して経営するという戦略を放棄して，この調整を行うべきであろう。

　もう一つの問題は予備試験（平成23年から実施予定）である。予備試験は経済的に恵まれない者のために設けられる制度であるとも言われているが，その具体的設計はまだ明確ではない。しかるに，これは法科大学院を経ないで司法試験の受験資格を与えるものであるから，きわめて大きな需要が予想される。そして，予備試験の合格定員を増やすことは法科大学院の利害と相反するから，法科大学院は予備試験の定員が大きくなることを阻止しようとするであろう。予備試験制度は新制度の問題点を解消することができるのであろうか。

注

1) 浦川（2009）はこの点について次のように述べている。「法科大学院制度については，設計上の欠陥があったことは確かである。法科大学院開設に関係した私は，当初の目論見とは反対に7割近くがいかように努力しても不合格になる司法試験に向かって昼夜を分かたぬ不断の勉学を続けている法科大学院生の姿をみると，このような制度の中に彼らを置いていることに，お詫びをしたい気持ちになる」。

2) 文部科学省（中教審，法科大学院特別委員会）は「法科大学院教育の質の向上のための改善方策について（中間まとめ）」（平成20年9.30）において今後の方策を提案している。これによれば，①司法試験合格率の低い②入学者が減少し，入学競争率の低い大学院は入学定員を減らすべきである」ことを勧め，「これらの取り組みによって法科大学院全体の入学定員が縮小され，法科大学院修了者が相当の割合で法曹資格を取得できるようになれば，優秀な法曹志望者の法科大学院への入学を促進することにつながることが期待される」と述べている。文科省の予想は，自然淘汰（市場原理）によって理想的な均衡状態に達するというものであるが，これは過度に楽観的であろう。なぜなら，ある産業がその総供給力を半分に減らすというのは，大変なコストと調整努力を要するからである。したがって，認可段階で総定員数を十分絞るべきであったのではないだろうか。

3) 法制度的には，法科大学院制度は次の三法（平成14年成立）に基づいている。1．「学校教育法の一部を改正す法律（平成14年）」2．「司法試験法及び裁判所法の一部を改正する法律」3．「法科大学院の教育と司法試験等の連携等に関する法律」。また，法律以外の主要なものとして，「専門職大学院設置基準（平成15年文部科学省令第16号）」がある。

4) プロセスとしての法曹養成という考えは，旧司法試験制度への反省からきている。旧制度では，そもそもプロフェッションとしての法曹を養成するという考えはなかったし，また各大学の法学部のカリキュラムは，司法試験の受験を目指したものではなかった。司法試験を目指す者は，独自に受験勉強を行い，あるいは受験予備校で受験勉強を行った。このような状況が生じた背景には，年当りの合格者数が500人規模に厳しく制限されていたことと，合格までに平均で数年を要していたということなどがある。そして改革審の意見書が打ち出した3,000人／年の法曹養成を行うためには，もはや合格枠を量的に3,000人に増やすだけでは不十分であり，そこから法曹養成を専門的に行う法科大学院が構想されたのであった。

5) 厳密にいえば合格確率だけではなく，学生個人の資金的状況も重要になる。すなわち，大学4年次に1,000万円程度の余裕資金がないと大学院進学は困難になろう。文科省は奨学金制度を整えている（原資／年は130億円程度）し，また民間の銀行ローン利用も可能ではあるものの，多くは有利子である。したがって自己資金

に余裕のある学生ほど有利であることは否めない。なお，米国においてもロースクールやメディカルスクールの学生は多額のローンを学費にあてているといわれる。ただし，米国では資格取得の合格率は高い（8割以上）から，この点はわが国とは事情が異なる。

6) 韓国の旧司法試験制度は日本の旧制度と酷似していたが，2009年にスタートした新制度は日本の新制度とは大きく異なったものになっている。それは法科大学院の入り口で（司法試験合格者の定員に合わせて）絞るようになっている（法科大学院の総定員数は2,000人，認可は25校）。そして1校当りの入学定員も制限された。また，大学院の開校を認められた大学は法学部を閉じることが条件であった。一方，認可を認められなかった大学の不満は大きく，訴訟に発展したりした。また大統領との軋轢から教育部長官が辞任する騒ぎもあった。産みの苦しみは韓国の方が大きかったといえる。なお，司法試験の合格定員は流動的であるものの，合格率を80％程度に高めるものになるといわれている。

7) 米国のロースクールと弁護士試験との関係は福田（2007）によれば，「ロースクールの学習内容と司法試験で試される知識・能力には殆ど関係がない。多くの学生はロースクール修了後に2ヶ月間予備校に通い，予備校の問題集を勉強する。したがって，1年間しか在学しない外国人でも合格できるような仕組みになっている」という。日本のロースクールは米国のそれを真似たというが，その中身は全く異なるものになったといえる。なお，米国のロースクールについては村上（2003），中綱（2007）をも参照されたい。

8) リスク回避度とは，不確実な現象を嫌う度合いの尺度である。例えば株式投資Aでは，4億円の利益と－2億円の損失がそれぞれ確率0.5で予想されるとしよう。この投資収益の期待値は＋1億円（1＝4×0.5＋－2×0.5）である。いま，もう一つの株式投資Bがあり，それは確実に＋1億円の収益があるとする。そしてAとBを比べたとき，二つの投資物件に対して無差別な人を危険中立的（リスク回避度が0）な人といい，Bの方を選ぶ人をリスク回避的な人という。またリスク回避的な人も，＋4億円の確率が0.5より大きくなるほどA物件を選ぶようになる可能性が高まる。逆の言い方をすれば，リスク回避度の高い人ほどより大きな（＋4億円を得る）確率を要求することになる。なお，リスク回避度の尺度には，相対的リスク回避度と絶対的リスク回避度があるが，本章では前者の尺度を用いている。より詳細については，例えば武隈（1989）を参照。

9) 相対的危険回避度一定の効用関数は $U(A+所得) = [1/(1-k)](A+所得)^{1-k}$ で与えられる。

10) 早稲田大学法科大学院は当初「内部振り分け」という方式を採用していた。この方式は，入学時には全員を未修者コースとしてとり，その中から1割程度を内部

試験により既修者コースに認定するというものであった。これは'幅広い人材を法曹へ'という意見書の理念にそうものであったが、この方法は多くの既修コース志望者から敬遠され、結果的に早稲田大学法科大学院の司法試験合格率を低迷させる結果になった。このために同大学院は、2011年度の入学者から入学試験時に既修コースと未修コースを分ける方式に変更した（なお、法科大学院入学者の出身大学は分散しており、他大学の出身者が過半を占めている大学院も少なくない）。

11) 多数の小規模校の設置を認めたのは、政府の規制緩和政策と文部科学省の専門職大学院行政とを反映したものではないかと言われている。しかし、単純な規制緩和政策の適用には問題が多い。より具体的に言えば、新規法曹需要（司法試験合格者数3,000人）に対して、その2〜3倍もの総供給力（入学定員数）を認可するというのは、あまり例をみない産業政策ではないだろうか。

12) もし18歳で素質を見抜くことが不可能であるとしても、それは可能な限り早い方が望ましい。これに関して田中（1999）p.66は「大人の学問と言われる法学を学ぶにあたって、高校までの教養では不十分であることは明白であり、とくに（大学の）一・二年次は幅広く深い教養を身につける時期である」と述べている。とすれば医学部のように18歳時点で絞り込むことは適切ではないかもしれない。しかし旧制度のように大学4年次（21〜22歳）で絞り込むことが可能であれば、それは新制度より遥かに勝るであろう。また新司法試験において、既修コース者の合格率が未修コース者のそれより30％も高いということは、大学4年次での絞り込みが可能であることを示唆するものであろう。

13) 米国の法科大学院について村上（2003）が詳細である。また韓国のロースクールについては、韓・大久保（2008）、金昌禄（2007）を参照されたい。

14) 弁護士サーヴィスを公共財と考える観点からも、法律扶助制度や訴訟費用保険制度をより拡大していくことが必要である。改革審意見書も、これらの制度の拡充を提言している。なお、公共財に関する議論については宇沢（2000）を参照されたい。

15) 鳩山法務大臣（2007.8〜2008.8）は在任中、折りにふれ、司法試験合格者数3,000人は多すぎると記者会見などで述べている。

16) 原資料は、法務省大臣官房人事課「新司法試験の結果」による。同発表によれば合格判定は「論文試験の各科目において、素点の25％点以上の成績を得た者のうち、短答式試験の得点と論文式試験の得点による総合評価の総合得点」がある点数より上位にあるものが合格、となっている。なお平成19年度の試験結果（素点）では、最高点1398.83点、最低点586.32点、平均点941.69点である。

17) 三つの会議とは①司法制度改革審議会（佐藤幸治会長、平成11年7〜13年6）、②同審議会・法曹養成検討会（田中成明座長、平成14年1〜16年9）、③中教審大

学分科会法科大学院部会（佐藤幸治部会長，平成13年8～14年8）である。

18) 専門職大学院設置基準（平成15年.3.31）には，教職大学院（第7章）とならんで法科大学院（第6章）が中核的位置を占めている。しかし，両大学院の共通した問題点は，大学院修了後の進路が十分に確実ではないことである。すなわち，専門職大学院で勉強しても，それに見合った確かな報酬（教員としての採用あるいは昇格，弁護士資格の取得など）が約束されるものにはなっていない。これでは，大学院へ進学しようとするインセンティヴは高まらないであろう。戦前の師範学校制度や養成工制度が成功して優秀な若者を集めたのは，教育投資に対する確かな報酬が約束されていたからではないだろうか。なお，教職大学院と法科大学院の問題点については，それぞれ Kei-Net Gideline (2008)，望月 (2008) をも参照されたい。

19) 佐藤・竹下・井上（2002 p.223）においても「設置基準を満たせば自由に参入していただけるシステムを考えています。法科大学院の数を幾つにすべきか，といったことは決して考えていない」と述べている。すなわち，自由に設立を認めて，合格率が一時的に低くなっても，中・長期的には法科大学院同士の競争と淘汰により，大学院と入学者の数が減ればよいというのが長期的シナリオであったと思われる。

20) 資格試験と受験の年齢制限はどのように考えるべきであろうか。司法書士や行政書士の場合は年齢制限はなく，60歳以上の合格者がでている。また，旧司法試験制度では40歳以上の合格者は必ずしも希ではなかった。一方，医学部の入学試験では，入学試験成績とともに年齢が考慮されているようである。群馬大学医学部を不合格とされた50歳代の女性が，試験成績は合格者の平均以上だったにもかかわらず不合格となったことから訴訟を起こしたが，前橋地裁（平成18年10.27）は請求を棄却した。なお，大学側は不合格の理由を詳細にしてはいないが，年齢がその一因であったことは考えられる。というのは，医師の養成に多額の費用を国が負担しており，そして卒業後に医師として活躍できる年限が短くなるからである。

参考文献

邦　文

青木英五郎（1979）『日本の刑事裁判―冤罪を生む構造』岩波新書。
青山秀夫（1950）『マックス・ウェーバーの社会理論』岩波書店。
秋山賢三（2002）『裁判官はなぜ誤るのか』岩波新書。
浅香吉幹（1999）『現代アメリカの司法』東京大学出版会。
浅見宣義（1992）「二十一世紀の裁判官を育てるために（上）（下）」判例時報，1462号，pp.15-26；1463号，pp.13-24，判例時報社。
芦部信喜（1987）『憲法判例を読む』岩波セミナーブックス21，岩波書店。
─── （2007）『憲法』（第4版），岩波書店。
安倍晴彦（2001）『犬になれなかった裁判官』NHK出版。
家永三郎（1971）「裁判官における思想・良心の自由」法学セミナー臨時増刊，pp.138-141。
石井成一編（1970）『弁護士の使命・倫理』（講座・現代の弁護士1）日本評論社。
石井三記（1999）『18世紀フランスの法と正義』名古屋大学出版会。
五十部豊久（1978）「督促手続きと訴訟手続きの利用状況」ジュリスト，No.664，pp.76-77。
─── （1984）「裁判へのアクセス―金銭債務者のアクセスは保障されているか―」講座民事訴訟①，pp.115-145，弘文堂。
伊東武是（1994）「裁判官の勤務評定と人事について―ドイツの場合と比較して」判例時報，1504号，pp.3-14。
─── （1999）「監督と人事と独立と（上，下）」判例時報，1653号，1654号。
─── （2001）「'裁判官の人事評価のあり方に関する研究会'への意見」最高裁判所。
伊藤彦造（1970）「職務倫理からみた弁護士実務の具体的検討」石井成一編『弁護士の使命・倫理』pp.273-308，日本評論社。
伊藤博（1988）「最高裁憲法裁判の政治的機能／実証分析的アプローチ」『今日の最高裁判所』法学セミナー増刊，pp.58-69，日本評論社。
井上・岡・河合・川端・久保利（1987）座談会「弁護士ニーズの変容と職域開発」ジュ

リスト, No.899。
猪木武徳 (1989)「法律職の市場構造について」日本労働協会雑誌, No.35。
上田徹一郎 (1999)『民事訴訟法』法学書院。
ウェーバー, マックス (1936)『社会科学方法論』富永・立野訳, 岩波書店。
宇沢弘文 (2000)『社会的共通資本』岩波書店。
潮見俊隆 (1982)『司法の法社会学』勁草書房。
潮見・江藤他 (1971), 座談会「司法の危機をどう把握するか」法学セミナー臨時増刊, pp.1-22。
潮見・近藤・新村・山下 (1971),「裁判官は独立しているか」法学セミナー臨時増刊, pp.57-73。
内田武吉 (1997)「弁護士制度の一側面」早稲田法学, 第73巻第2号。
ウォルフレン, K. (1994)『日本／権力構造の謎』篠原勝訳, 早川書房。
浦川道太郎 (2009)「法科大学院の入学定員のあり方」ロースクール研究, 13, 民事法研究会。
江藤价泰 (1966)「準法律家」『岩波講座, 現代法6 現代の法律家』潮見俊隆編, 岩波書店。
――― (1970)「明治初期の弁護士制度について」『裁判法の諸問題, 兼子一博士還暦記念論文集・下巻』pp.1-35, 有斐閣。
大内兵衛・我妻栄 (1965)『日本の裁判制度』岩波新書。
大塚久雄 (1966)『社会科学の方法』岩波新書。
――― (1969)『大塚久雄著作集, 第4巻, 第5巻』岩波書店。
大野正男 (1986)「わが国弁護士の業務広告問題とその意義」『弁護士倫理の比較法的研究』朝日純一・大野正男他編著, 日本評論社。
――― (1965)「弁護士の職業的苦悩―非弁護士活動に関する二つの判決にふれて―」判例タイムス, 269号。
岡邦俊 (1987)「自動車事件の小額処理と弁護士法」ジュリスト, No.899。
沖野威 (1968)「西独の区裁判所における民事訴訟実務について（一）（二）」法曹時報, 第20巻第10, 11号。
奥平昌洪 (1914)『日本弁護士史』巌南堂書店。
尾佐竹猛 (1926)『明治文化史としての日本陪審史』邦光堂。
尾佐竹猛・三谷太一郎校注 (1991)『大津事件―ロシア皇太子大津遭難』岩波文庫。
小田部胤明 (1983)「いわゆるサラ金調停の現状」ジュリスト, No.796, 8.1-8.15。
小田中聡樹 (2008)『裁判員制度を批判する』花伝社。
小野秀誠 (2001)『大学と法曹養成制度』信山社。
加藤陽子 (1996)『徴兵制と近代日本 1868-1945』吉川弘文館。

―――（2007）『戦争を読む』勁草書房。
兼子一・竹下守夫（1990）『裁判法』新版，有斐閣。
金子宏直（1998）『民事訴訟費用の負担原則』勁草書房。
河井克行（2008）『司法の崩壊』PHP研究所。
川嵜義徳（1970）「簡易裁判所の民事事物管轄の改正について」ジュリスト，No.453。
川島武宜（1967）『日本人の法意識』岩波新書。
韓勝憲・大久保史郎（2008）「韓国の司法制度改革と法学専門大学院」法律時報，994号，日本評論社。
木佐茂男（1990）『人間の尊厳と司法権―西ドイツ司法改革に学ぶ』日本評論社。
木下富夫（1996）「わが国における法律サーヴィス市場の経済分析」武蔵大学論集，pp.29-70。
―――（1997）「わが国における弁護士サーヴィス市場はなぜ小さいか」武蔵大学論集，第45巻第2号。
―――（1998）「わが国における司法規模拡大のコストベネフィット分析」武蔵大学論集，第46巻第1号。
―――（2003a）「裁判官におけるキャリア形成とその独立性について」武蔵大学論集，第50巻第2号。
―――（2003b）「簡易裁判所論序説」武蔵大学論集，第50巻第3号。
―――（2003c）「弁護士市場の規制緩和政策と法科大学院の設立」武蔵大学論集，第51巻1号。
―――（2004）「危険回避的行動と弁護士費用支出」武蔵大学 Working Paper Series, No.11（J.5）。
―――（2006）「裁判官選任制度と裁判所組織の日米比較」武蔵大学論集，第54巻第1号。
―――（2007）「わが国における司法書士制度の史的展開」武蔵大学論集，第54巻第3号。
―――（2008）「弁護士需要における資産効果」武蔵大学論集，第55巻第2号。
―――（2009）「裁判員制度の導入と国民の司法参加」武蔵大学論集，第56巻第3・4号。
―――（2010a）「法曹養成メカニズムの問題点について―経済学的観点から」日本労働研究雑誌，No.594，1月号，pp.53-69。
―――（2010b）「弁護士費用敗訴者負担法案（2004）の経済学的分析」武蔵大学論集，第57巻第4号。
金昌禄（2007）「韓国における'ロースクール'論議」『市民社会と法』棚瀬孝雄編著，ミネルヴァ書房，第12章。

Kei-Net Gideline（2008）「教職大学院の現状と課題」www.keinet.ne.jp./doc，9月号。
倉田卓次（1967）「本人訴訟の問題点」判例タイムズ，201。
─── （1987）『裁判官の戦後史』筑摩書房。
グランヴィル（1993）『中世イングランド王国の法と慣習（Granvill 著，1187～1189）』松前勝二郎訳，明石書店。
経済企画庁（1990）『国民経済計算』。
「月報司法書士」日本司法書士連合会（1991～2006），テイハン。
小池和男（1991）『仕事の経済学』東洋経済新報社。
─── （1993）『アメリカのホワイトカラー』東洋経済新報社。
─── （1997）『日本企業の人材形成』中公新書。
公正取引委員会（1998）「専門職業（司法書士，行政書士）の広告規制等に関する実態調査報告について」。
古賀正義（1988）「判例」『平凡社，大百科事典』第23巻，p.313。
─── （1988）「弁護士」『平凡社，大百科事典』第25巻，p.674。
小島武司（1970）「アメリカ合衆国における小額裁判所の実情」ジュリスト，No.449，1970.5.1。
─── （1999）『プレップ新民事訴訟法』弘文堂。
児玉公男（1970）「日本弁護士連合会と臨司問題」『講座現代の弁護士 2 弁護士の団体』大野正男編，pp.243-260。
小林昭彦・河合芳光編（2002）『司法書士法，土地家屋調査士法─平成14年改正法の要点』テイハン。
小山貞夫（1988）「コモン・ロー」平凡社世界大百科事典，vol.10，p.528。
─── （1992）『絶対王政期イングランド法制史抄説』創文社。
小山勉 （2006）『トクヴィル 民主主義の三つの学校』筑摩書房。
最高裁判所事務総局（1900）『裁判所百年史』大蔵省印刷局。
最高裁判所（1990）『司法統計年報』。
─── （2001）「司法制度改革審議会，第1回（平成11年7月27日）～第63回（平成13年6月12日）」，第21回（平成12年6月2日）配布資料「裁判官の人事評価の基準，評価の本人開示，不服申立制度等について」，最高裁事務総局人事課，ジュリスト，No.1208所収，9月18日号，有斐閣。
─── （2002）「裁判官の人事評価に関する研究会，第1回（平成13年9月7日）～第10回（平成14年2月6日）」，http://courtdomino2.2001～02。
斎藤秀夫（1985）『裁判官論』一粒社。
裁判員制度・刑事検討会（2004）http://www.kantei.go.jp/jp/singi/sihou/kentoukai/saibnin。

裁判官懇話会（1973）「裁判官懇話会報告」（中田早苗・田中昌弘編），判例時報，685号。
坂井芳雄（1967）「国民に密着した簡易裁判所の実現（その一〜その五）」判例タイムズ 201, 204〜207号。
座談会（1971a），「司法の危機をどう把握するか」潮見・江藤他，法学セミナー臨時増刊，pp.1-22。
─────（1971b）「裁判官は独立しているか」潮見・近藤・新村・山下，法学セミナー臨時増刊，pp.57-73。
佐藤幸治・竹下守夫・井上正仁（2002）『司法制度改革』有斐閣。
ザーマン・メルビン（1990）『陪審裁判への招待―アメリカの裁判事情』篠倉・横山訳，日本評論社。
司法制度改革審議会（2001）「司法制度改革審議会意見書―21世紀の日本を支える司法制度」ジュリスト，No.1208。
司法制度改革推進本部事務局（2003）「弁護士報酬の敗訴者負担取り扱い」についての御意見募集結果概要，http://www.kantei.go.jp/jp/singi/sihou/kentoukai/access/siryou/0310kekka-g.pdf.。
ジュリスト（2000）「司法制度改革の展望」ジュリスト，No.1170, 1月1・15日合併号，有斐閣。
─────（2001a）「司法改革と国民参加」ジュリスト，No.1198, 4月10日号，有斐閣。
─────（2001b）「司法制度改革審議会意見書をめぐって」ジュリスト，No.1208, 9月15日号，有斐閣。
ジュリスト編（2001）『司法改革と国民参加―司法制度改革中間報告をめぐって』ジュリスト，No.1198。
ジュリスト・編集部（2001）『司法制度改革審議会意見書をめぐって』ジュリスト，No.1208。
昭和53年司法書士法を考える会（1999）『日本の司法書士』民事法研究会。
人事院（1960, 1980, 1990）『給与小六法』学陽書房。
杉原泰雄（1988）「日本国憲法」世界大百科事典，平凡社，21巻，pp.425-429。
鈴木良男（1995）『日本の司法ここが問題』東洋経済新報社。
─────（2001）「司法制度の変遷と改革の歴史」『司法を救え』福井秀夫・川本明編著，第2章，東洋経済新報社。
須藤典明（1989）「連邦最高裁判所判事の選任方法について」判例時報，vol.1305, vol.1308, vol.1317, 判例時報社。
住吉博（1985）『司法書士訴訟の展望』テイハン。
─────（1988）「簡易裁判所」『平凡社大百科事典』所収。

青年法律家協会弁護士学者合同部会（1990）『青法協―憲法とともに35年』日本評論社。
関口正司（1997）「ミルとトクヴィルの思想的交流―往復書簡を中心に」法政研究，vol.63, No.34, pp.521-616, 九州大学。
瀬戸口壮男（2000）「アメリカ合衆国における裁判官選任手続きの実情」判例時報，vol.1702, pp.24-37, 判例時報社。
泉水文雄（1993）「専門職業（自由業）団体と独占禁止法」ジュリスト，No.1025。
武隈慎一（1989）『ミクロ経済学』新世社。
竹下守夫編（2000）『民事訴訟の計量分析』商事法務研究会。
伊達秋雄（1971）「裁判官に求めたきもの」法学セミナー臨時増刊，pp.148-50。
―――（1986）『司法と人権感覚』有斐閣。
田中二郎・兼子一・団藤重光（1954）「法務大臣の指揮権発動」ジュリスト，No.58, pp.2-9。
田中成明（1999）「法曹養成制度改革と大学の法学教育」『京都大学法学部創立百周年記念論文集』第1巻，pp.53-89, 有斐閣。
田中英夫（1973）『英米の司法』東京大学出版会。
―――（1980）『英米法総論』上下，東京大学出版会。
―――（1988）「英米法」平凡社世界大百科事典，vol.3, pp.465-466。
棚瀬孝雄（1984）「司法運営のコスト」講座民事訴訟①，pp.191-224, 弘文堂。
田宮　裕（1989）『日本の裁判』弘文堂。
団藤重光（1953）「法務大臣と検事総長の権限」ジュリスト，No.32, pp.24-25。
出口雄一（2001）「GHQの司法改革構想と国民の司法参加―占領期法継受における陪審制度復活論」『法学政治学論及』49号。
土屋美明（2008）『裁判員制度が始まる―その期待と懸念』花伝社。
東京司法書士会（1998）『東京司法書士会史　上・下』中央印刷。
東京弁護士会（1977）『東京弁護士会百年史』。
戸松秀典（1988）「違憲立法審査権」平凡社世界大百科事典，vol.2― pp.221-222。
トクヴィル，アレクシス（1835）『アメリカにおけるデモクラシィについて』第1巻，岩永健吉郎訳・松本重治編，世界の名著33, 中央公論社，1970。
―――（1840）『アメリカにおけるデモクラシィ』第2巻，岩永健吉郎・松本礼二訳，1972, 研究社叢書。
利谷信義（1966）「司法に対する国民の参加―戦前の法律家と陪審法」岩波講座・現代法6，pp.365-391, 岩波書店。
中綱栄美子（2007）「米国ロースクールの就職事情について」日弁連，法曹養成対策室報，No.2。
中村義孝（1995）「フランス重罪裁判における陪審制」立命館法学，243, 244号。

―――― (2005)「フランス司法権の特徴と重罪陪審裁判」立命館法学, 300, 301号。
中村敦夫 (2000)「裁判官のお給料と在職状況」衆議院法務委員会での最高裁答弁。
　　　 http://www.monjiro.org/tokusyu/saiban/judge-salary.html。
中村治朗 (1989)『裁判の世界を生きて』判例時報社。
ナジタ, テツオ (1974)『原敬─政治技術の巨匠』佐藤・安田訳, 読売新聞社。
夏樹静子 (2010)『裁判百年史ものがたり』文藝春秋。
仁木恒夫 (2002)『少額訴訟の対話過程』信山社。
西尾勝 (1990)『行政学の基礎概念』東京大学出版会。
西尾勝・村松岐夫 (1994)『講座行政学』第1〜6巻, 有斐閣。
西日本新聞社社会部 (1992)『裁きを裁く』西日本新聞社。
日本裁判官ネットワーク (1999)『裁判官は訴える』講談社。
日本司法書士会連合会 (1981)『日本司法書士史 (明治・大正・昭和戦前編)』ぎょうせい。
―――― (1995)『司法書士実態調査分析研究報告書』(個人調査ならびに事務所調査)。
――――「月報司法書士」テイハン, 1990〜2006。
日本弁護士連合会 (1976)『簡易裁判所─庶民の裁判所をめざして』日本評論社。
―――― (1981)『弁護士業務の経済的基盤に関する実態調査基本報告』『自由と正義』vol.32, 臨時増刊号。
―――― (1990)『弁護士報酬規則』。
―――― (1991)『日本の法律事務所'90』,『自由と正義』1991, vol.42, 臨時増刊号。
―――― (1995)『イギリス・フランス・ドイツの法曹養成制度』日本弁護士連合会欧州法曹養成制度調査団報告書。
―――― (2003)『弁護士報酬の敗訴者負担制度調査報告─欧州における制度と運用─』弁護士敗訴者負担問題欧州調査団。
日本民主法律家協会司法制度委員会 (1987, 1990, 1998),『全裁判官経歴総覧』公人社。
野中郁次郎 (1988)「集権・分権」平凡社世界大百科事典, vol.13― p.59。
長谷川正安 (1977)「憲法判例の動向」『法学セミナー増刊, 最高裁判所』pp.138-145。
長谷部由起子 (1998)『変革の中の民事裁判』東京大学出版会。
―――― (2000)「法律扶助」ジュリスト, No.11701.1&15合併号, pp.82-87。
浜田宏一 (1977)『損害賠償の経済分析』東京大学出版会。
林健久・今井勝人編 (1994)『日本財政要覧』東京大学出版会。
林屋礼二 (1994)『民事訴訟の比較統計的考察』有斐閣。
林屋礼二編 (1993)『データムック・民事訴訟』ジュリスト (1993), 臨時増刊, 有斐閣。
林屋礼二・菅原郁夫 (2001)『データムック・民事訴訟 (第2版)』ジュリスト臨時増刊,

有斐閣。
半田吉信（2006）『弁護士報酬敗訴者負担制度の比較研究—ドイツの敗訴者負担原則と日本の裁判実務』法律文化社。
樋口陽一（1989）「権力分立」『世界大百科事典』平凡社，vol.9, pp.217-219。
福井英夫（2006）『司法政策の法と経済学』日本評論社。
福田健治（2007）「日本の法科大学院生がみた海外ロースクール—アメリカ」ロースクール研究，No.5, 民事法研究会。
福村宏之助（1984）「地方における簡裁の実情」判例時報，1137号。
房村精一（2000）「臨時司法制度調査会及びその後の司法制度に関する改革について」司法制度改革審議会第2回会議報告（1999），ジュリスト，No.1170, 1月1・15日号，pp.162-169。
藤田政博（2008）『司法への市民参加の可能性—日本の陪審制度・裁判員制度の実証的研究』有斐閣。
フット，H. ダニエル（2006）『裁判と社会—司法の常識再考』溜箭将之訳，NTT出版。
　　―――（2007）『名もない顔もない司法』溜箭将之訳，NTT出版。
プラクネット，F. セオドア（1956）『イギリス法制史，総説篇，上』伊藤正巳監修，イギリス法研究会訳，東京大学出版会。
古川純一（1967）「本人訴訟の問題点」判例タイムズ，No.201。
プルードン，P. J.（1967）『19世紀における革命の一般概念』「世界の名著42」猪木・脇田編，中央公論社。
ベラー，R. N.（1966）『日本近代化と宗教倫理』堀・池田訳，未来社。
法務大臣官房人事課編（1987）『司法試験改革を考える』ジュリスト臨時増刊，有斐閣。
法務大臣官房司法法制調査部編（1991）『法曹養成制度改革』ジュリスト，臨時増刊号，有斐閣。
法律時報編集部（1960）「弁護士の生活と意識」法律時報，4月号，pp.24-55。
法律扶助制度研究会（1998）「諸外国の民事に関する法律扶助制度」。
毎日新聞社会部（1991）『検証・最高裁判所』毎日新聞社。
前田覚郎（1967）「簡易裁判所制度とその事物管轄」判例タイムズ201号。
松浦馨・加藤毅（1979）「名古屋簡裁における第一審訴訟の実態」ジュリスト，No.686, p.126。
松永憲生（1978）『裁判の内幕』三一書房。
丸田隆（1990）『陪審裁判を考える—法廷にみる日米文化比較』中公新書。
三ヶ月章（1958）「暴力と法律」ジュリスト，No.158。
　　―――（1960）「取立屋と愚連隊」ジュリスト，No.197。
　　―――（1961）「裁判官の総意」ジュリスト，231号。

―――――（1966）「弁護士制度の比較法的研究」『民事訴訟法研究』第4巻, pp.265-286, 有斐閣。
―――――（1981）「少額裁判の理想型」『民事訴訟法研究第』第8巻, 有斐閣, pp.247-276。
―――――（2005）『一法学徒の歩み』有斐閣。
三谷太一郎（1980）『近代日本の司法権と政党―陪審制成立の政治史』塙書房。
―――――（1995a）『大正デモクラシィー論』東京大学出版会。
―――――（1995b）『日本政党政治の形成―原敬の政治指導の展開』東京大学出版会。
―――――（2001）『政治制度としての陪審制』東京大学出版会。
―――――（2004）「裁判員制度の政治史的意義」自由と正義, 2004年2月, pp.26-34。
三宅伸吾（1995）『弁護士カルテル』信山社。
宮本康昭（1972）「簡易裁判所論」法律時報, 44巻10号。
村上政博（2003）『法科大学院』中公新書。
メイトランド, F. W.（1926）『イギリス司法の淵源』（Lectures on the Forms of Action at Common Law）河合博訳, 東京大学出版会。
毛利甚八（2002）『裁判官のかたち』現代人文社。
望月亮佑（2008）『ロースクールへ行く前に』英治出版。
森長英三郎（1984）『新編史談裁判』（第1～4巻）日本評論社。
安村勉（2001）「国民の司法参加―刑事法の立場から」ジュリスト No.1198, 有斐閣 pp.167-172。
柳瀬良幹（1971）「裁判官の任期と再任」ジュリスト, 1971.6.1, pp.80-86。
山本和彦「フランス司法見聞録（18）」判例時報, 1459号。
山本祐司（1994）『最高裁物語, 上・下』日本評論社。
吉原省三（2005）『ガイドブック　弁護士報酬』商事法務研究会。
ライシュ, ロバート（2008）『暴走する資本主義』雨宮・今井訳, 東洋経済新報社。
ラムザイヤー, J. マーク（1987）「日本における法務サービス規制の経済学的批判」宮澤他訳, 判例タイムス, No.625, pp.18-39。
―――――（2009）「日本における司法権の独立」棚瀬孝雄編『司法の国民的基盤』第6章, 日本評論社。
臨時司法制度調査会（1964）「臨時司法制度調査会意見書」ジュリスト, No.307, 有斐閣, 10.1.
ロウィ, セオドア（1981）『自由主義の終焉』村松岐夫監訳, 木鐸社。
労働省（1960, 1980, 1990）『労働統計年報』労働法令協会。
六本佳平（1986）『法社会学』有斐閣。
我妻・兼子他（1964）座談会「臨時司法制度調査会意見書について」ジュリスト,

No.307。
渡辺洋三・江藤价泰・小田中聰樹 (1995)『日本の裁判』岩波書店。
渡部・宮澤・木佐・吉野・佐藤 (1992)『テキストブック現代司法』日本評論社。

欧 文

Abel, Richard (1989), *American Lawyers*, Oxford University Press.
Alexander, A. and H. Tan (1984), "Case Studies of U.S. Service Trade in Japan," RAND Note N-2169.
Arrow, K. J. (1951) *Social Choice and Individual Values*, Yale University Press.
――――(1971) *Essays in the Theory of Risk-Bearing*, North Holland.
Becker, G. (1975) *Human Capital, A Theoretical and Empirical Analysis, with Special Reference to Education*, The University of Chicago Press.
――――, G. (2000) "A Comment on the Conference on Cost-Benefit Analysis," *Journal of Legal Studies*, 29, pp. 1149-52.
Bendix, Richard (1977). *Max Weber, An Intellectual Portrait*, University of California Press, Berkeley.
Braeutigam, R., Owen, B. and Panzar, J. (1984) "An economic analysis of alternative fee shifting systems," *Law and Contemporary Problems*, 47, pp. 173-85.
Calabresi, G. (1970) *The Cost of Accidents: A Legal and Economic Analysis*, New Haven, Yale University Press.
Casper, Gerhard & Zeisel, Hans (1972) "Lay Judges in the German Criminal Courts," *Journal of Legal Studies*, vol. 1, No.1, pp. 135-191.
Cheung, S. N. S. (1968) Private Property Rights and Sharecropping, *Journal of Political Economy*.
Clermont, K. M. and Currivan, J. D. (1978) Improving on the Contingent Fee, *Cornell Law Review*, vol. 63, April.
Coase, R. H. (1960) "The Problem of Social Cost," *Journal of Law and Economics*, 3, pp. 1-44.
Committee on the Judiciary United States Senate, (1997) Judicial Activism: Defining the Problem and Its Impact, Hearings before the Subcommittee on the Constitution, Federalism, and Property Rights, Serial No. J-105-23, US Government Printing Office.
Cooter, Robert D. and Rubinfeld, Daniel L. (1989) "Economic Analysis of Legal Disputes

and Their Resolution," *Journal of Economic Literature*, Vol. XXVII, September.

Danielson, A. L. and Okachi, K. (1971) "Private Rates of Return to Schooling in Japan," *Journal of Human Resources*, Summer, pp. 391-397.

Danzon, M. Patricia, (1983) "Contingent fees for personal injury litigation," *Bell Journal of Economics*.

Dawson, P. John (1960) *A History of Lay Judges*, Harvard University Press.

Devlin, Patrick (1956) *Trial by Jury*, Stevens & Sons.

Devon's Archives (2009) http:www.foda.org.uk/main/about.htm

Doeringer, Peter B. and Piore, Michael, J. (1971), *Internal Labor Markets and Manpower Analysis*, D. C. Heath and Company, Lexington Massachusetts.

Friedman M. and S. Kuznets. (1954) *Income from Independent Professional Practice*, New York, National Bureau of Economic Research.

Gates, John B. and Johnson, Charles A. eds. (1991) *The American Courts, A Critical Assessment*, CQ Press.

Gerth, H. H. and Mills, C. Wright (1946) *From Max Weber: Essays in Sociology*, Oxford University Press, New York.

Glendon Ann, Gordon M. W. and Carozza P. G. (1999), *Comparative Legal Traditions*, West Publishing Co.

Goldman, Sheldon. (1991) "Federal Judicial Recruitment," in *The American Courts*, Gates and Johnson eds. pp. 189-210.

Gould, J. P. (1973) "The economics of legal conflicts," *Journal of Legal Studies*, pp. 279-300.

Gryphon, Marie (2008) "A Loser-Pays Model Would Make Civil Courts System a Winner," *Los Angels Daily Journal*, Dec. 25.

Haley, John O. (1995) "Judicial Independence in Japan Revisited," *Law in Japan*, 25, pp. 1-18.

――――(1998) *The Spirit of Japanese Law*, University of Georgia Press.

――――(2007), "The Japanese Judiciary, Maintaining Integrity, Autonomy, and the Public Trust," in *Law in Japan, A Turning Point*, ed. by D. Foote pp. 99-135.

Hause, J. C. (1989) Indemnity, settlement, and litigation, or I'll be suing you," *Journal of Legal Studies*, 18 pp. 157-79.

Hay, L. Bruce, (1996) "Contingent Fees and Agency Cost," *Journal of Legal Studies*, vol. XXV.

Henderson and Quandt (1980) *Microeconomic Theory: A mathematical approach*, McGraw-Hill.

Hicks, J. R. (1946) *Value and Capital*, Oxford: Clarendon Press.

Houthakker H. S. and Taylor L. D. (1946) *Consumer Demand in the United States, 1929-1970*, Harvard University Press.

Howard, J. Woodford. (1981) *Court of Appeals in the Federal Judicial System*, Princeton University Press, Princeton.

Huges, J. W. and Snyder, E. A. (1995) Litigation and settlement under the English and American rules: theory and evidence, *Journal of Law and Economics*, 38, pp. 225-50.

――――― (1998). Allocation of litigation costs: American rules and English rules. in *Palgrave Law and Economics*.

Hughes, J.W. and Woglom, G. R. (1996) "Risk Aversion and the Allocation of Legal Costs" in *Dispute Resolution: Bridging the Settlement Gap*, ed. by David Anderson, JAI Press, London.

Kakalik, S. J. and M. N. Pace (1986) "Costs and Compensation Paid in Tort Litigation, Testimony before the Joint Economic Committee of the U.S. Congress," Rand P-7243-ICJ.

Karlen, Delmar. (1968) "Judicial Administration" in *International Encyclopedia of the Social Sciences*, ed. by David Sills, Vol. 8, p. 299, The Macmillan & the Free Press.

Katz, A. (1987) "Measuring the demand for litigation: is the English rule really cheaper?" *Journal of Law, Economics, and Organization*, 3, pp. 143-76.

Kinoshita, Tomio (2000) "The Nature and Consequences of Lawyers' Market Regulation in Japan," *Contemporary Economic Policy*, Vol. 18, No. 2, April, pp. 181-193.

――――― (2002) "A Cost-Benefit Analysis of Enlarging the Japanese Judicial System," *Contemporary Economic Policy*, Vol. 20, No. 2, April, 179-192.

――――― (2009) A Comparative Analysis of Wealth Effect on Lawyer's Fee Expenditure: the American Rule vs. the English Rule, Musashi University Discussion Paper, No. 54.

Landes, W. M. (1971) "An Economic Analysis of the Courts," *Journal of Law and Economics*, XIV (1), April, pp. 61-107.

Law Reform Commission, (New South Wales), (2005) Report 109 (2005) - Expert Witnesses.

Leubsdorf, John. (1984) "Toward a History of the American Rule on Attorney Fee Recovery," *Law and Contemporary Problems*, vol. 47, no. 1, pp. 9-36.

Lloyd-Bostock, S. and Thomas C. (1999) "Decline of the little Parliament: Jury Reform in England and Wales," *Law and Contemporary Problems*, Vol. 62, No. 2.

Lowi, Theodore J. (1969) *The End of Liberalism, The Second Republic of the United*

States, Norton & Company.

Mackinnon, F. B. (1964) *Contingent Fees for Legal Services, A study of Professional Economics and Responsibilities, A Report of American Bar Foundations*, Aldine Publishing Company, Chicago.

Maltese, John A. (2005) "Confirmation Gridlock: The Federal Judicial Appointments Process under Bill Clinton and George W. Bush," *The Journal of Appellate Practice and Process*. (http://www.ualr.edu/~japp/maltese.html)

McFadden, Patric M. (1990) *Electing Justice: The Law and Ethics of Judicial Election Campaigns*, American Judicature Society, Washington.

McFeeley, Neil D. (1987) *Appointment of Judges, The Johnson Presidency*, University of Texas Press, Austin.

Miyazawa, Setuo (1991) "Administrative Control of Japanese Judges" in *Law and Technology in the Pacific Community*, ed. by Philip S. C. Lewis, Boulder, CO: Westview Press, pp. 263-81.

Pashigian, B. Peter. (1977) "The Market for Lawyers; The Determination of the Demand for and Supply of Lawyers," *The Journal of Law and Economics*, 20, pp. 53-85.

Percival, Robert V. and Miller, Geofrrrey (1984) "The Role of Attorney Fee Shifting in Public Interest Litigation," *Law and Contemporary Problems*, vol. 47, no. 1, pp. 233-247.

Pinello, Daniel, R. (1995) *The Impact of Judicial-Selection Method on State Supreme Court Policy, Innovation, Reaction, and Atrophy*, Greenwood Press, Westport Connecticut.

Posner, R. (1995) *Aging and Old Age*, Chicago, University of Chicago Press.

――――― (1996a) *The Federal Courts, Challenge and Reform*, Harvard University Press,.

――――― (1996b) *Law and Legal Theory in the UK and USA*, Oxford University Press.

――――― (1998) *Economic Analysis of Law*, Aspen Publishers Inc., 1998.

――――― (2000) "Cost-Benefit Analysis: Definition, Justification, and Comment on Conference Papers," *Journal of Legal Studies*, 29, pp. 1153-77.

Pratt, J. W. (1964) Risk Aversion in the small and in the large, *Econometrica*, Vol. 32, No. 1-2, 122-136.

Priest, George and Benjamin Klein (1984) "The Selection of Dispute for Litigation," *Journal of Legal Studies*, 13, pp. 1-55.

Ramseyer, J. Mark (1986) "Lawyers, Foreign Lawyers, and Lawyer-Substitutes: The Market for Regulation in Japan," *Harvard International Law Journal*, vol. 27,

Special Issue, pp. 499-539.

────── (1994) "The puzzling (in) dependence of courts: a comparative approach," *Journal of Legal Studies*, vol. XXIII, The University of Chicago, pp. 721-47.

Ramseyer, J. M. & Nakazato, Minoru. (1999) *"Japanese Law, An Economic Approach*, The University of Chicago.

Ramseyer, J. M. & Rasmusen, E. B. (1997) "Judicial independence in a civil law regime: the evidence from Japan," *Journal of Law, Economics, & Organization*, Oxford University Press, pp. 259-86.

────── (1999) "Why the Japanese Taxpayer Always Loses," *Southern California Law Review*, 72, pp. 571-95.

────── (2003) *Measuring Judicial Independence*, Univ. of Chicago Press.

Ramseyer, J. M. & Rosenbluth F. M. (1993) *Japan's Political Marketplace*, Harvard University Press.

────── (1995) *The Politics of Oligarchy*, Cambridge University Press.

Rasmusen, E. B. (1994) "Judicial legitimacy as a repeated game," *Journal of Law, Economics, & Organization*, Oxford University Press, pp. 63-83.

Rehnquist, William, H. (2002) *The Supreme Court*, Vintage Books, Random House, New York.

Rosen, Sherwin (1986) "The Theory of Equalizing Differences" in *Handbook of Labor Economics*, vol. 1, pp. 641-92, ed. by Ashenfelter and Layard, North Holland.

────── (1992) "The Market for Lawyers," *The Journal of Law and Economics*, vol. XXXV, pp. 215-246.

Rowe, Thomas D. Jr. (1984) "State Attorney Fee Shifting Statutes: Are we quietly repealing the American Rule (Note)?" *Law and Contemporary Problems*, vol. 47, no. 1, pp. 321-346.

Segal, Jeffrey A. (1991) "Courts, Executives, and Legislatures" in *American Court*, ed. by Gates and Johnson.

Sen, A. (2000) "The Discipline of Cost-Benefit Analysis," *Journal of Legal Studies*, 29, pp. 931-52.

Schwartz, L. Murray & Mitchell, B. Daniel (1970) "An Economic Analysis of the Contingent Fee in Personal-Injury Litigation," *Stanford Law Review*, vol. 22.

Senate Judicial Committee (1997) "Judicial Activism: Defining the Problem and Its Impact, June 11, July 15 and 29", Hearings before the Subcommittee on the Constitution, Federalism, and Property Rights, US Government Printing Office.

Shavell, Steven (1982) "Suit, Settlement, and Trial: A Theoretical Analysis under

Alternative Methods for the Allocation of Legal Costs," *Journal of Legal Studies*, vol. XI..
─────(2004) *Economic Analysis of Law*, Foundation Press, New York.
Snyder, E. A. and Hughes, J. W. (1990) "The English rule for allocating legal costs: evidence confronts theory," *Journal of Law, Economics, and Organization*, 6, pp. 345-80.
Tabarrok & Helland (2005) *Two Cheers for Contingent Fees*, AEI Press, Washington D. C..
Tanaka, Hideo and Smith, M. D. H. (1976) *The Japanese Legal System*, University of Tokyo Press.
Tanenhaus, Joseph (1968) "Judicial Review" in *International Encyclopedia of the Social Sciences*, pp. 303-7, Sills, David L. ed., The Macmillan & the Free Press.
Tate, Neal. (1981) "Personal attribute models of the voting behavior of U.S. Supreme Court justices: Liberalism in civil liberties and economic decisions, 1946-78," *American Political Science Review*, 75 pp. 355-367.
Tullock, Gordon (1987) "Juries" in *Palgrave Dictionary of Law and Economics*, pp. 395-400.
Wasby, Stephen (1978) "Accountability in Courts" in *Accountability in Urban Society*, ed. by Scott Greer, Ronald Hedlund, and James Gibson. Beverly Hills, Calif. Sage.
Webster, Peter, D. (1995) "Selection and Retention of Judges: Is There One 'Best' Method?" *Florida State Law Review*.
Yalof, David A. (1999) *Pursuit of Justices, Presidential Politics and the Selection of Supreme Court Nominees*, The University of Chicago Press, Chicago.
Varian, R. H. (1992) *Microeconomic Analysis*, W. W. Norton Company.
Zander, Michael (2001) "England Wales Report," *International Review of Penal Law*, Vol. 72.

初出一覧

第1章
　「弁護士市場の規制緩和政策と法科大学院の設立」武蔵大学論集 51巻1号，2003年。
第2章
　The Nature and Consequences of Lawyers' Market Regulation in Japan, *Contemporary Economic Policy*, Vol. 18, No. 2, April, 2000, 181-193.
第3章
　「わが国における司法書士制度の史的展開」武蔵大学論集，54巻3号，2007年。
第4章
　「簡易裁判所論序説」武蔵大学論集 50巻3号，2003年。
第5章
　「裁判官におけるキャリア形成とその独立性について」武蔵大学論集 50巻2号，2003年。
第6章
　「裁判官選任制度と裁判所組織の日米比較」武蔵大学論集，54巻1号，2006年。
第7章
　A Cost-Benefit Analysis of Enlarging the Japanese Judicial System, *Contemporary Economic Policy*, Vol. 20, No. 2, April, 2002, 179-192.
第8章
　「弁護士費用敗訴者負担法案（2004）の経済学的分析」武蔵大学論集，57巻4号，2010年。
第9章
　「裁判員制度の導入と国民の司法参加」武蔵大学論集，56巻3・4号，2009年。
第10章
　「法曹養成メカニズムの問題点について―経済学的観点から」日本労働研究雑誌，No.594，2010年。

あとがき

　大学2年の期末試験（西洋経済史）に"明治維新は市民革命であるか否かを論ぜよ"という問題が出た。題意は，ブルジョワ革命論の視点から，明治維新をどのように評価するかを尋ねたものであろう。明治憲法下のわが国は，絶対王政的な性格とブルジョワ資本主義的性格を併せ持っていたから，この問題は学生たちがどれくらい勉強していたかを見る格好のテーマだったのであろうか。大日本帝国憲法を見ると随所に絶対王政的性格が出てくる。例えば第1条は，「大日本帝国ハ万世一系ノ天皇之ヲ統治ス」，とありまた第11条は，「天皇ハ陸海軍ヲ統帥ス」，とある。一方でブルジョワ資本主義的な面としては例えば，第33条，「帝国議会ハ貴族院衆議院ノ両院ヲ以テ成立ス」，そして第35条，「衆議院ハ選挙法ノ定ムル所ニ依リ公選セラレタル議員ヲ以テ組織ス」，とある。要するに明治維新はブルジョワ資本主義的要素をも持っていたものの，それはきわめて不完全なものであった。

　それではわが国の市民革命は何時，どのように進行したと考えればよいのだろうか。おそらく大正期の陪審制の成立は，それが不完全なものであったにせよ，わが国の市民革命のメルクマールの一つではないだろうか。その背景には，大正期デモクラシーの興隆，政友会を中心とした政党政治の成立，そしてそれを支えた資本家階級の勃興，普通選挙制度の成立などがあった。因みに世界各国の歴史を見ると，市民革命の時に陪審制が導入された例を随所に見ることができることからも，大正期は暴力的ではない市民革命の時期と見ることができるのではないだろうか（ただし周知のように原敬は東京駅頭でテロに倒れている）。

　ところで，大正期に成功するかに見えたわが国の民主主義的政党政治は，急速に軍国主義に傾斜し，そして破滅的な太平洋戦争という自壊への道を突き進んだ。その原因は一体どこにあったのであろうか。西欧列強に交じって帝国主

義的対外進出を企てた日本が列強との妥協に失敗したのか，中国の抗日運動に対処しきれなかったのか，あるいは世界大不況による経済的打撃と農村の疲弊が満蒙進出を無理矢理に強行させたのか，はたまた明治憲法体制の政治機構それ自体に問題があったのであろうか。

　明治国家はその成立以来，近代国家としての法制度を着々と整えていった。それは不平等条約の撤廃に不可欠であったし，政府の財政基盤を確立するためにも必要であった。同時にそれは政府が国民を総動員する手段でもあった。加藤（1996）は『徴兵制と近代日本』において，「国民に兵役の義務を課すための法，すなわち徴兵令（昭和二年から兵役法）を通じて，近代国家の特質を見る」ことを企てている。同書は大岡昇平『レイテ戦記』（中央公論社，1971年）を引用しながら「近代国家は一般国民を徴集した軍隊に依存しなければならない。しかし国民は国家の利益のほかに，個人的家族的な幸福追求の権利を持っている。よって，徴集兵に戦いを続けさせる条件を国家が維持できなくなったとき，軍は降伏を命令しなければならなかった……。敗戦前の1年間の戦死者数が，太平洋戦争の全戦死者のかなりの部分を占めた事実を想起する時，やはりこのことは胸にせまる」と述べている。勝利の見込みのない戦争をなおも続行したのは，明治国家の機構それ自体に何か大きな問題があったのであろうか。

　戦後の日本国憲法は平和主義，国民主権，基本的人権の尊重の三つを基本理念にしている。しかし戦後の司法制度は，弁護士数を厳しく規制したことから見ても分かるように，基本的人権の尊重よりも経済復興と経済成長を優先してきたように見える。ただしこれは特殊日本的なことではなく，19世紀の米国においてもセオドア・ロイ（1981）のいうように，自由主義（資本主義）と民主主義が対立するときには常に前者が勝利したのであった。おそらく民主主義の浸透や基本的人権の尊重には，経済的豊かさがある水準に達することが前提になるのであろう。このように考えれば，平成の司法改革は戦後経済成長がもたらした最大の果実であるといえるのかもしれない。

　近時のきびしい事情にもかかわらず出版を引き受けて頂いた日本経済評論社代表取締役栗原哲也氏と，綿密な校正を行って下さった同社編集部の谷口京延

氏には心から感謝申し上げる。また武蔵大学からは本書に対して出版助成金を頂いた。記して謝意を表する次第である。

　最後に本書を，私を育んでくれた亡き両親と，現在の私を支えてくれている妻に感謝を込めて捧げたい。

索　引

【ア行】

明石花火大会歩道橋事件　32
秋山賢三　9
浅香吉幹　168
浅見宣義　138
芦部信喜　12, 13, 15, 16, 139
アテネの民主制　245
安倍晴彦　135, 139
アメリカ弁護士協会（ABA）　169
違憲立法審査権　12, 15, 33
五十部豊久　94
一木喜徳郎　262
伊東武是　136, 138, 140
伊藤博　33
井上正仁　253, 263, 296
入口論と出口論　280, 289
上田徹一郎　108
ウェーバー，マックス　169
ウォルフレン，K.　31
ウォーレン，アール（Warren, Earl）
　165, 241
潮見俊隆　135, 139, 169
内田武吉　32
浦和事件　133
英国ルール（English rule）　200
江藤价泰　61, 65, 81
遠藤光男　102
大内兵衛　33, 100, 104, 107, 171
OJTとoff-JT　120
大津事件　13
大森洪太　249
沖野威　85, 88
尾佐竹猛　32
小田部胤明　94
オプティミズム・モデル（optimism model）
　229

【カ行】

ガースとミルズ（Gerth and Mills）　145
加藤毅　94

兼子一　14, 131
カラブレイジ（Calabresi, G.）　ii, 196
川島武宜　ii, 31
簡易裁判所　87
企業特殊技能（firm specific skill）　110
危険回避度　203, 274, 294
既済事件　39
既修コースと未修コース　268, 276
規制緩和　2, 27
規制緩和委員会　28
起訴陪審　234
期待効用　201, 273
基本的人権　33
旧受件数　9
教育投資　36, 265, 291
教育投資収益率　36, 53
行政改革委員会　27
行政キャリア　111, 125
行政国家　2, 31
京都豚箱事件　247
金昌禄　295
クズネッツ（Kuznets, S.）　41
クライン（Klein, Benjamin）　229
倉田卓次　108, 109
クラレンドン法　232, 234
グリフォン（Gryphon, M.）　197, 230
グレンドン（Glendon, Ann）　32
経済同友会　26
計量モデル　36, 40, 173, 176
ケインズ（J. M. Keynes）　33
検察権の独立　14, 248
検察審査会　32
検察審査会法　32, 264
検察ファッショ　32
権利章典　240
小池和男　123, 125, 147
公共財　283
公共哲学（public philosophy）　3, 17
国民の司法参加　30
コース（R. Coase）　ii
コースの定理　172

コートパッキング政策（Court Packing Policy） 20, 132
児島惟謙 13
小島武司 87, 290
55年体制 18
コスト・ベネフィット分析 171
小林克己 124, 156
コモン・ロー制度 233

【サ行】

最高裁判所 111, 163, 174
斉藤秀夫 139
再任拒否 113, 134
裁判員制度 231, 259
裁判員法（平成16年） 249, 253
裁判価値ゼロの無差別曲線（ICNV） 204
裁判官懇話会 135, 139
裁判官定員 7
裁判官の独立 13, 110
裁判の貨幣等価額（MVT） 199, 210
裁判の審理期間 4, 36, 38, 47
裁判の損失貨幣等価額（MVL） 200, 210
坂井芳雄 89, 95
桜田勝義 71
サッコ・ヴァンゼッティ事件 257
佐藤幸治 28, 263, 289, 295
ザーマン，メルヴィン 264
三権分立 11, 110, 142
参審制度 233, 250
資産弾性値 221
実務キャリア 111, 125
シニアー・ステイタス（上級資格） 159
司法アクセス検討委員会 198, 228
司法研修所 37
司法権の独立 13, 15, 110, 132, 143, 145
司法試験 37, 266
司法試験委員会 267, 270, 284, 286
司法試験管理委員会 27
司法消極主義 15, 21
司法職務定制 61, 62, 64
司法書士実態調査 73
司法書士制度 61
司法書士法 61, 69, 70, 71
司法制度改革審議会 2, 24, 28, 101, 111, 198, 250, 266
司法制度調査会特別報告 28

司法積極主義 16
司法代書人法 68
司法の独立 131
資本の論理 2, 29
社会の純便益 191
州際通商委員会（ICC） 19, 33
自由保有権土地 236, 238
シュトローダー対ウエスト・ヴァージニア州（Strauder v. West Virginia） 241
準地代 35, 36, 40, 57, 58
少額訴訟 71, 87, 104
少額訴訟制度 97
勝訴確率関数 202
小陪審（petit jury） 255
ショーヴェル（Shavell, Steven） 229
ショーフェン 246
ジョンソン大統領 148
白木屋事件 3
鈴木良男 26
砂川事件 iii, 16
住吉博 72, 97
政権交代 30, 32
星室庁裁判所（Star Chamber） 235
青年法律家協会 21, 22, 134, 139
青法協問題 25, 112, 134, 139
説明可能性（accountability） 141
セン（Sen, A.） 195
選考任命判事 96, 100, 103
全裁判官経歴総覧 122
専門職大学院 295
総括判事 116
造船疑獄事件 14, 264
相対的危険回避度 203
訴訟の額（訴額） 175, 194
訴訟保険 197, 228
尊属殺人重罰規定 33

【タ行】

大逆事件 248
大正デモクラシー iv, 18, 23, 253
代書人取締り規則 67
大陪審（Grand Jury） 255
高橋宏志 198
竹下守夫 28, 96, 131, 195, 263, 289
多重共線性 44, 183
多数の暴政 242

伊達秋雄　131, 139
田中成明　295
棚瀬孝雄　176, 190
田中英夫　138, 166
タネンハウス（Tanenhaus, J.）　168
田宮裕　9
タロック（Tullock, G.）　245
団藤重光　14
治安維持法　17
治安判事　87
小さな司法　2, 36
賃金プロファイル　51
津市の隣人訴訟　31
テイラー対ルイジアナ州（Taylor v. Louisiana）　241
ドゥームズデイ・ブック（Doomsday Book）　234
登記法　61, 66, 81
当事者主義　236
統帥権の独立　32, 248
統治行為論　16
謄本保有権土地　236
トクヴィル（Tocqville, Alexi de）　232, 240, 242, 244, 262
独立自営農民　237
特例判事補　117
利谷信義　258
特急組み（Fast Track）　125, 147, 157
トライテル（Treitel, G.）　169
ドーリンジャー＝ピオーレ　142, 146, 161
ドレッド・スコット対サンフォード（Dredd Scott v. Sanford）　19

【ナ行】

内部労働市場論　110, 142
中田早苗　135
長沼事件　iii, 16, 22
中村敦夫　122
中坊公平　28, 263
ナジタ，テツオ　264
夏樹静子　33
仁木恒夫　98
ニクソン大統領　148
西尾勝　31
日本裁判官ネットワーク　138
日本社会の病理と処方　26

日本弁護士連合会（日弁連）　26
日本ルールモデル　199, 202, 208
任官拒否　22, 139

【ハ行】

陪審資格　237, 239
陪審法（大正12年）　247, 253, 257
敗訴者負担法案　197
ハウタッカーとテイラー（Houthakker and Taylor）　47
バーガー，ウォーレン（Burger, Warren E.）　163
パシジャン（Pashigian, B. P.）　44
長谷部由起子　108
浜田宏一　ii
林屋礼二　32, 39, 92, 195
原敬　232, 248, 264
判事補　116, 156
半田吉信　229
ピーターゼンガー事件（Peter Zenger case）　240
ヒックス，J. R.　41
評決不能（hung jury）　257
平賀書簡問題　iii, 22
フォータス（Abe, Fortas）　149
複合財　41
福島重雄　134
福村宏之助　95
藤田耕三　28
ブッシェル事件（Bushell case）　235
フット，H. ダニエル　16, 31, 169, 240
プラトン　245
フランクフルト国民会議　246
フランス革命　245
プリースト（Priest, G.）　229
フリードマン（Friedman, M.）　41
プルードン，P. J.　v, 109
古川純一　108
平均審理期間　4, 35, 39
米国ルール（American rule）　199
ヘイリー（Haley, John）　133, 163
ベッカー（Becker, G.）　49, 195
ベラー，R. N.　31
ペリクレス　244
ペン，ウィリアム　235
弁護士強制主義　32

弁護士サーヴィス価格　35,40
弁護士市場　36
弁護士需要曲線　43
弁護士の人的投資収益率　49
弁護士の判事任官　25
弁護士費用敗訴者負担制度　198,228
弁護士法　65,66
弁護士法72条　71,106
ベンサム（Bentham, J.）　i
ベンディックス（Bendix, Richard）　170
ホイト対フロリダ州（Hoyt v. Florida）　241
法科大学院　2,21,29,265
法曹一元論　21,110
法曹基本問題懇談会　24
法曹三者協議会　22,25,29
法曹有資格判事　96,103
法曹養成制度等改革協議会　26,29
法の無効化　236,240,250,256
法律扶助制度　85,228
ポズナー（Posner, Richard）　144,146,162,166,195
穂積陳重　248
本人訴訟　5,65,75,95

【マ行】

前田覚郎　90,107
松浦馨　94
松永憲生　39
マーベリ対マディソン（Marbury v. Madison）　16
三ヶ月章　3,35,82,89,100
未済事件　39
水原敏博　28,263
三谷太一郎　iv,18,32,170,231,247,262
美濃部達吉　262
宮本判事不再任　iii,22,135
宮本康昭　103,107,113
ミランダ対アリゾナ州（Miranda v. Arizona）　264

ミランダ法理　264
メイトランド　234
毛利甚八　124
モンテスキュー　11

【ヤ行】

柳瀬良幹　138
山本祐司　129
予備試験　270,292
ヨーマン（yeoman）　237,238

【ラ行】

ライシュ，ロバート　33
ラスムセン，E. B.　125,132,138
ラテラン公会議　234
ラムザイヤー，J. マーク　i,31,58,125,132,138
ランデス（Landes, W.）　220,226
利益集団自由主義　18,19
立法国家　2,31
立法府優位の原則　12
リンクェスト（Rehnquist, W.）　149,163
臨時司法制度調査会　21,33,97,99,107,228
連邦裁判所裁判官　150
連邦取引委員会（FTC）　20
ロウィ，セオドア（T. Lowi）　17,18,33
六本佳平　ii,31
ロークラーク　153
ローゼン，S.（Rosen, Sherwin）　i,49
ロック（Locke, J.）　11
ロックナー対ニューヨーク州（Lochner v. New York）　19
ロバーツ，ジョン（Roberts, John）　141

【ワ行】

和解率　214
我妻栄　21,33,99,101,104,107,171,228
割引率　50,190

【著者略歴】

木下富夫（きのした・とみお）
- 1944年　上海生まれ，香川県出身
- 1967年　東京大学経済学部卒業
- 1974年　同大学大学院経済学研究科中途退学
- 1975年　武蔵大学経済学部専任講師
- 1990年　同教授

〈主要著書〉
『労働時間と賃金の経済学』中央経済社，1990年。
"Working Hours and Hedonic Wages in the Market Equilibrium," *Journal of Political Economy*, 1987 December. University of Chicago Press.

戦後司法制度の経済学的分析
――「小さな司法」とそれからの転換――

| 2010年9月15日 | 第1刷発行 | 定価（本体4800円＋税） |

　　　　　著　者　　木　下　富　夫
　　　　　発行者　　栗　原　哲　也
　　　　　発行所　㈱日本経済評論社
　　　　　〒101-0051　東京都千代田区神田神保町3-2
　　　　　電話　03-3230-1661　FAX　03-3265-2993
　　　　　info@nikkeihyo.co.jp
　　　　　URL：http://www.nikkeihyo.co.jp/

装幀＊渡辺美知子　　印刷＊藤原印刷・製本＊高地製本所

乱丁・落丁本はお取り替えいたします。　　Printed in Japan
Ⓒ KINOSHITA Tomio 2010　　ISBN978-4-8188-2119-4

本書の複製権・翻訳権・上映権・譲渡権・公衆送信権（送信可能化権を含む）は，㈱日本経済評論社が保有します。

JCOPY 〈㈳出版者著作権管理機構　委託出版物〉
本書の無断複写は著作権法上での例外を除き禁じられています。複写される場合は，そのつど事前に，㈳出版者著作権管理機構（電話 03-3513-6969，FAX 03-3513-6979, e-mail: info@jcopy.or.jp）の許諾を得てください。

日本近代法学の揺籃と明治法律学校

村上一博編著
明治大学史資料センター編

四三〇〇円

人々の権利と自由に必要な法学の普及とそれを担う法曹の養成を目的として開校された明治法律学校（明治大学の前身）の資料により黎明期日本法学教育の発展を実証的に解明する。

尾佐竹猛研究

四五〇〇円

吉野作造らと明治文化研究会を組織し、明治大学の建学理念と深く関わった尾佐竹の維新史、文化史、憲政史を中心に、人と学問そして実蹟を幅広く論じる。

親の懲戒権はいかに形成されたか
――明治民法編纂過程からみる

小口恵巳子著

五六〇〇円

親が子どもをしつけるときの法的根拠である懲戒権規定にはその範囲が一切記載されていない。懲戒権がいかなる経緯で明治民法に規定されたのか、その根源に遡り検証する。

『男女同権論』の男
――深間内基とその時代

鈴木しず子著

三〇〇〇円

J・S・ミル『男女同権論』を初めて訳し日本に紹介した深間内基。その思想、精神は、仙台の女子自由党結成への道を開いた。彼の仕事と行動、時代状況を積み重ね実像に迫る。

日本国憲法の同時代史

同時代史学会編

二八〇〇円

戦後六〇年をともに歩んできた憲法。日米安保、東アジア、「外国人」問題、終わらない「戦後」、社会政策論、「家族」像など、多彩な視点から憲法を考える論点を提示する。

（価格は税抜）

日本経済評論社